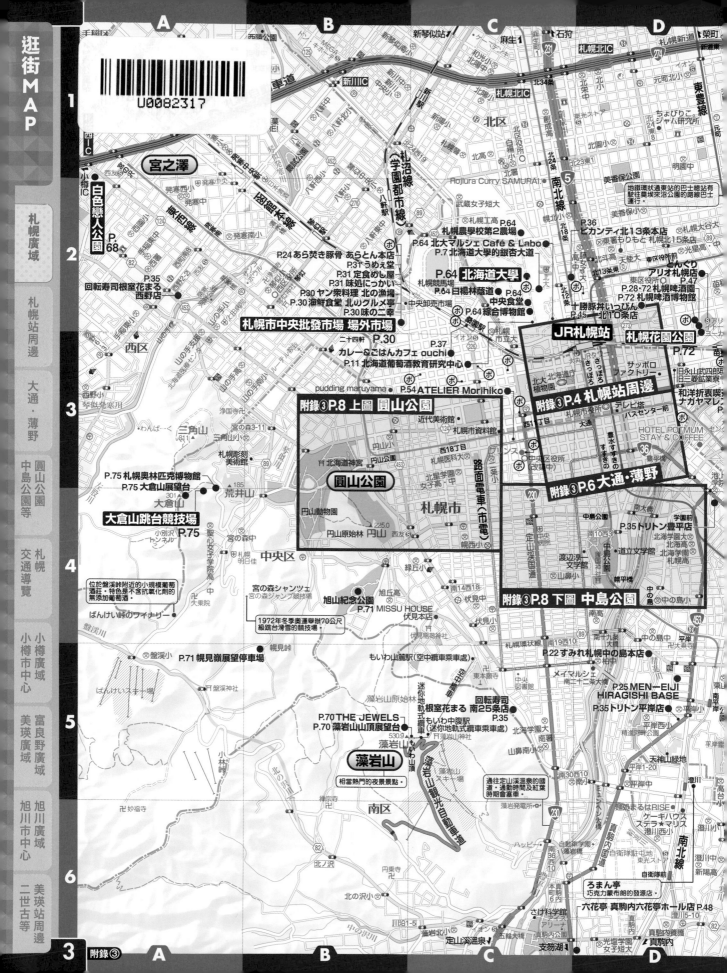

E | F | G | H

共享自行車「Porocle」
(ポ) 站點(自行車租借／歸還)
在札幌市街有超過50個站點供人運用的共享自行車。可以至札幌市中心的合作飯店等處申請，詳情請參照本書P.59、附錄③P.9 站點所在為2023年的資料，最新資訊請至Porocle的官網（https://porocle.jp）確認。

周邊圖
附錄③ P.3

0 50 100m

● 景點・玩樂 ● 美食 ● 溫泉 ● 購物
● 住宿 ①1 地下出入口

1

2

榮町站
北9条西?
札幌北IC 北9条東1
北8条西1
第1合同庁舎
北8条西2
北8条西1 北8条東1 北8条東2
信行寺卍
北8条通
北8条東5
サンルート
メッツ
北7条西2
JR労金
北7条西1 北7条西1 創成川通
北7条東1
北7条東1 北7条東2
北8東3
札幌市 東区
北8東3
雨は、やさしく NO.2
北7条東3
北7条東4
北7条通
プラザ
東横イン
札幌中央局
北7条通
北6条東1
北6条東2 北6条東3 北6条東4
札幌卸センター
まいばすけっと (S) 北6条東5

JR塔展望室T38 P.71・76
17
日航
JRタワー イースト
レンタ サイクル「えきちゃり」
産地直送北海道 札幌駅高架下 ビール園
レールパーク札幌
函館本線
北5条東4 北5条東5
北5条東2 北5条東3
白石站

P.56 串鳥 札幌駅前店
ロフト
19
マエナガ eprerie P.49
北5条西1 北5条橋 北5条西2
北5条手稲通
ホクレン
ラーメン札幌一粒庵 P.23
奥芝商店駅前創成寺 P.37
中央中
北4条東5
北4条東3

札幌東急百貨公司BI 東急食品秀 附錄①P.16
東急
ハンズ
23
14 20
さっぽろ駅
北4条西1
北4条西2
北4条東1 北4条東2 北4条東3
名列「札幌景觀資產」的復古摩登大樓・有甜點店、小劇場等進駐。
中央体育館
北3条東4 北3条東5

4

ウォルツァ ベールシティ
海道料理浜っ子 本店
R&B
24
21
22
ANA クラウンプラザ
東横イン
JRイン 札幌駅南口
リッチモンド
創成川通
JR病院
北3条西1
北3東1
北3東2
北4条通
歩・行・5・分
北4条橋
北3条東2 北3条東3
岩佐ビル

アパ
クロス
ネスト
東豊線
北2西2
北2条西1
北2条西2
台店
ニューオータニイン札幌
モントレ エーデルホフ
ピカンティ札幌駅前店 P.36
北3条橋
北3条通
北2条東1
北2条東2 北2条東3
北2東3
クラビーサッポロ
boulangerie coron本店 P.47
レンガ館
三条館
パーラーエノキ P.50
北2条東5
二条館
札幌工廠 P.84

5

台店
北海道海鮮居酒屋いろりあん
猫バル P.45
P.39
すぎ乃
P.62 札幌市鐘樓
時計台病院卍
時計台店
北1条西1
北1条西2
北2条通
まいばすけっと (S)
tailor P.55
創成隧道入口… 若不使用需事先靠左車道。
北2条東4
北1条東2
北1条東3
一条館
位於札幌啤酒發源地的複合商業設施・商店、餐廳、電影院、飯店等雲集在此。
東光 ストア
FREAKY WARDROBE COFFEE
サッポロファクトリー
厚別

札幌市民交流廣場 P.84
MORIHICO.藝術劇場 P.54・附錄①P.16
北1条雁来通
12
時計台前
札幌市役所
北1条西2
中央区役所(仮庁舎)
豊水薄野站
大通駅
30
31
札幌ターミナル
中央バス ターミナル
北1東1
大通東3
大通東4
大通東5
東3丁目通
あそぶっぺ 公園

6

E | F | 6 | G | H | 附錄③
4

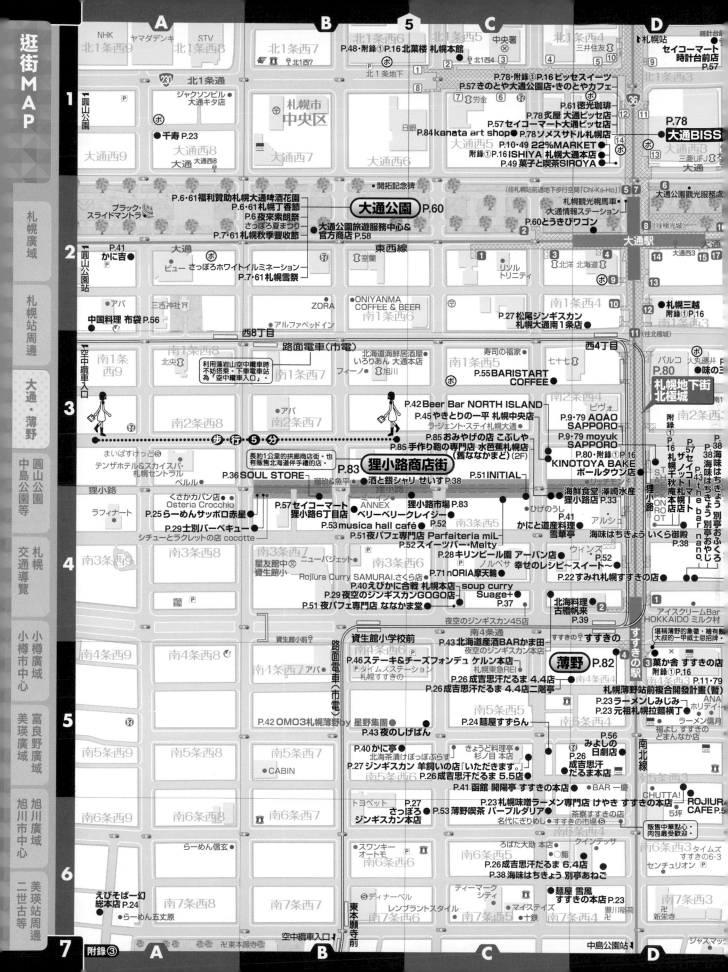

圓山公園

0　　　300m　周邊圖 附錄③ P.3

●景點・玩樂　●美食　●溫泉　●購物　●住宿

宮之澤站1
東光ストア
宮之澤站バス
ターミナル
向陵中

宮の森1条
宮の森
スポーツ倶楽部

宮ケ丘
スターバックス
奥芝商店
おくしばぁちゃん
Molière

P.75
六花亭 神宮茶屋店
参集殿
社務所
P.75 開拓神社
樺太開拓記念碑

北海道神宮 P.75
北海道神宮
引山総合
運動場

圓山公園
宮ケ丘
円山球場
圓山公園的櫻花 P.6
正門

動物園センター
動物科学館
カンガルー館
Zoo Cafe P.67
猛獣舎
こども動物園

札幌市圓山動物園 P.66
モンキーハウス
は虫類
生類館
ダニーズレストラン P.67
熱帯鳥類館
世界の熊館
エゾヒグマ館

円山原始林

円山墓地
さくら公園

札幌市
中央区

円山
▲225.0

共享自行車「Porocle」
(ホ) 站點(自行車租借／歸還)
在札幌市街有超過50個站點供人運用的共享自行車。可以至札幌市中心的合作飯店等處申請。詳情請參照本書P.59、附錄③P.9
站點所在為2023年的資料。最新資訊請至Porocle的官網（https://porocle.jp）確認。

あおぞら公園

円山茶寮 P.49
見真寺
カトリック円山教会
白馬堂印刷

La Santé P.45

すし善 本店 P.34

円山小
北海道
円山まちづくりセンター
社会福祉
総合センター

円山公園前的巴士總站・有軽往圓山動物園、大倉山跳台競技場的路線巴士運行。

札幌独立
キリスト教会

円山公園駅
東西線 ポルト
南1条西

六花亭
円山店 P.48
P.54 森彦
presse

マルヤマクラス
マックスバリュ

サムライ煎兵衛 附録① P.16
フルーツケーキ
ファクトリー

歩行5分
南4条西
円山ばんけい

ミルチ
南5条西

HIT円山センタービル

南6条西

信広寺向陽堂
キイエス栄光教会
つぼみ
パール
チンドール
なかよし公園
P.24 凡の風 杉むら中華そば店

アグリオ
北洋
ツルハ
西友

たんぽぽの丘

DCM

龍谷学園高
二中公園
三岸好太郎
美術館

近代
美術館
知事公館
NTTドコモ

KITAKARO L
附録① P.16
(舊札幌控訴院廳舎) P.60札幌市資料館

大通站
薄野
西15丁目

ラムハウスケベレハミルトン
NTT病院
日曜日のクッキー 附録①P.16
路面電車（市電）
福住桑園通

札幌医大附属病院
二条小

西線6条
東光ストア 北海道
サッポロ
西線7条

旭山
西線
公園9
通
下図

西線11条
空中纜車入口
ショコラティエ マサール
P.85・附録①P.16

ハローワーク
ロッテ

中島公園

0　　　300m　周邊圖 附錄③ P.3

●景點・玩樂　●美食　●溫泉　●購物　●住宿

大通公園
南7条西 東本願寺前
ライン
東本願寺
丸正

P.43サンドイッチ工房 サンドリア 南8条西
北洋東田中央センター
菊水・旭山公園通
山鼻9条

札幌市
中央区

定山渓国道230
南9条西
南9条緑地

南10条西
南10西10

南11条西
南11西8

YMCA
専門学校
南12条西
Kitara
渡辺淳一文学館

P.35回転寿し まつりや山鼻店

南13条西
南13西11

行啓通
路面電車（市電）

P.81
鴨々川
豊平館
中島公園通 天文台

P.81 中島公園
道立文学館

南14条西
札幌護國神社

幌平橋
架橋在豊平川上的橋・拱橋上有階梯可以走上去・

南15条西

静修学園前
静修学園

P.81 Agt

薄野站
園生橋
ベッセルイン
オリエンタル
イビス
マイステイズ
Zepp
エクセル東急
リソル
ピスタ
プレミア
南十条東

P.81
P.39北の海鮮炙りノアの箱舟
八窓庵

TO OV cafe P.81

中島公園駅
水天宮
パーク
ライフォート
味噌ラーメン専門店 狼スープ P.22
豊平川通

豊平
南北線
体育センター
白鶴橋
マイステイズ

テニスコート
平岸

豊水薄野站
豊平川緑地
豊平5条

東豊線
北武記念絵画館
豊平教会

珈琲とほころび
Cafune P.55

北海学園大
豊平キャンパス

旭町

つばめ自動車
水車町

水車町1

幌平橋駅
豊平川

豊平沿岸設有自行車道・也很推薦在天氣晴朗時騎自行車・

歩行5分
札幌市
豊平区
真駒内公園

國道36號
豊平5-5

三岸好太郎
美術館

野球場
体育館

北海商科大
札幌市
豊平区

福住站

中の島
1条

中の島2条
真駒内站

定山渓温泉
石山通

附録③
8

逛街MAP

札幌廣域

札幌站周邊

大通・薄野

中島公園 圓山公園等

交通導覽 札幌

小樽市中心 小樽廣域

美瑛 富良野廣域

旭川市中心 旭川廣域

二世古等 美瑛站周邊

札幌交通導覽

在札幌市中心觀光，搭地鐵加上步行就足夠了。若要走遠一點前往郊外，不妨充分活用完善的大眾運輸工具。

札幌 交通資訊

這裡是旅行據點！札幌觀光的門戶
JR札幌站
☎011-222-7111
（JR北海道電話服務中心）

小樽 快速「Airport」等 札幌—小樽 最快32分／750円（自由席）

※由於融雪受影響，東鹿越站～新得站區間改以巴士行駛（2024年3月為止）

特別快速「Airport」 札幌—新千歲機場 最快33分／1150円（自由席）

札幌WALK 幾乎每隔30分發車，統一圈每次210円，札幌市內1日乘車券750円

札幌地區 交通時間速見表

※下表的移動時間為不考慮轉乘等的大眾運輸乘車時間。詳情確認各機關刊登的資訊。

From \ To	札幌站	大通站	薄野站	圓山公園站	羊之丘展望台	藻岩山山麓站
札幌站		搭地鐵約2分	搭地鐵約3分	搭地鐵約7分	搭地鐵+巴士約32分	搭地鐵+路面電車（市電）+接駁巴士約32分
大通站	搭地鐵約2分		搭地鐵約1分	搭地鐵約5分	搭地鐵+巴士約30分	搭路面電車（市電）+接駁巴士約30分
薄野站	搭地鐵約3分	搭地鐵約1分		搭地鐵約6分	搭地鐵+巴士約30分	搭路面電車（市電）+接駁巴士約30分
圓山公園站	搭地鐵約7分	搭地鐵約5分	搭地鐵約6分		搭地鐵+巴士約35分	搭地鐵+路面電車（市電）+接駁巴士約35分
羊之丘展望台	搭巴士+地鐵約32分	搭巴士+地鐵約30分	搭巴士+地鐵約31分	搭巴士+地鐵約35分		搭地鐵+路面電車（市電）+接駁巴士約1小時
藻岩山山麓站	搭接駁巴士+路面電車（市電）+地鐵約32分	搭接駁巴士+路面電車（市電）約30分	搭接駁巴士+路面電車（市電）約31分	搭接駁巴士+路面電車（市電）+地鐵約35分	搭接駁巴士+地鐵+路面電車（市電）+地鐵約1小時	

地鐵南北線
地鐵東西線
地鐵東豐線
路面電車（市電）
★地鐵與路面電車（市電）指定轉乘站
★地鐵大通、薄野站、豐水薄野站的有完整轉乘電車站
步行
JR線
札幌WALK（北海道中央巴士）
藻岩山空中纜車+迷你軌式纜車

讓在市中心近距離移動更方便！

●共享自行車「Porocle」

可以在札幌市內超過50個站點（專用停車場）租借＆返還的共享自行車。

└4月中旬～11月中旬
休營業期間無休
所札幌市內超過50個（據點）
¥1日PASS 1430円～（參考2022年實績）
HP https://porocle.jp

●腳踏三輪計程車（VELOTAXI）

根據距離跳表計費。行駛範圍從北18條站到中島公園站，圓山地區到札幌啤酒園。

☎080-4075-7806（Eco-Mobility Sapporo）
└4月下旬～10月底的9:00～日落
休雨天時
¥首次乘車1人500m400円，之後每300m200円；包租30分2500円、60分4000円
所札幌市鐘樓、北海道廳舊本廳舍等（可致電預約、調車）
HP https://ecomobility-sapporo.jp/

主要移動方式有這些！

東南西北四通八達的 地鐵

☎011-232-2277
（札幌市交通服務中心）
首班約6時發車，末班約24時發車（視車站而異）。白天每隔約7分一班。大人210～380円。

循環通車好方便的 路面電車（市電）

☎011-232-2277（札幌市交通服務中心）
繞一圈需時約1小時。首班約6時發車，末班約23時發車（視電車站而異）。白天每隔約8分一班。大人每次乘車200円。

繞行觀光景點的 周遊巴士

☎0570-200-600
（北海道中央巴士札幌總站）
北海道中央巴士「札幌WALK」在札幌市中心、「札幌啤酒園」之間繞行。全年運行，每次乘車210円。

從主要地鐵站出發的 路線巴士

☎0570-200-600（北海道中央巴士札幌總站）
☎011-572-3131（定鐵巴士川沿營業所）
市內有北海道中央巴士、定鐵巴士、JR北海道巴士的路線。從地鐵轉乘享有折價優惠。

自由設定行程的 觀光計程車

☎011-561-3333（札幌個人計程車協會）
可以自由設定行程，人數越多越划算這點很吸引人。包1輛車9500円起。人數較多時，也可以考慮搭Jambo計程車。

※刊載內容為2022年10月～2023年1月的資訊，部分包含2021年度實績。內容可能變動，務必事先確認最新資訊再前往。

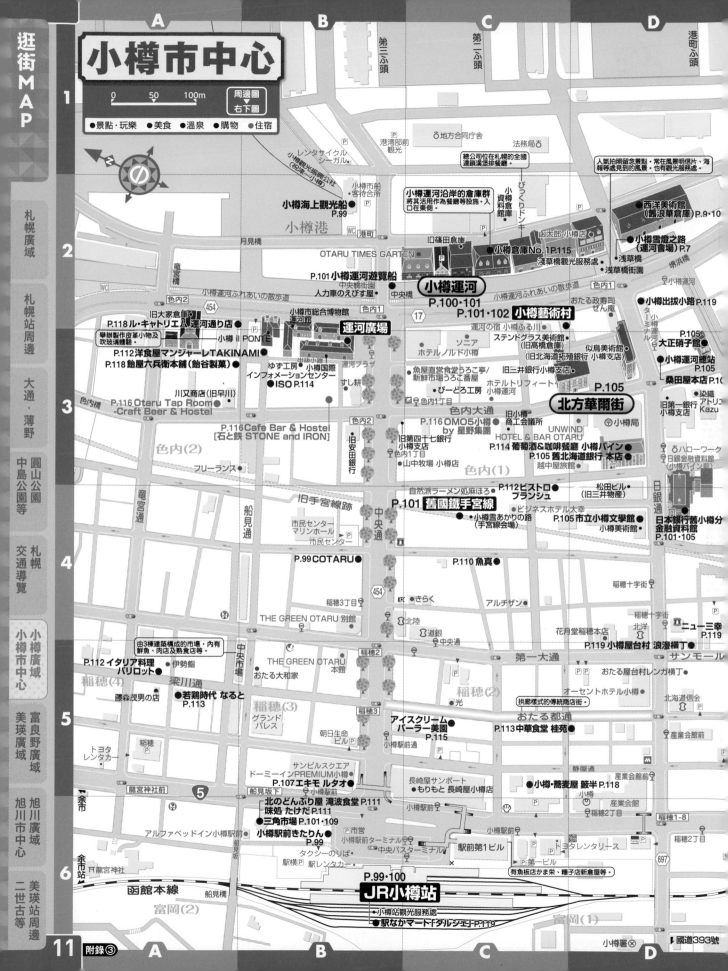

逛街MAP

札幌廣域

札幌站周邊

大通・薄野

中島公園等

圓山公園等

交通導覽

小樽廣域

小樽市中心

美瑛廣域

富良野廣域

旭川廣域

旭川市中心

二世古等
美瑛站周邊

小樽市中心

0　　50　　100m

周邊圖
▼
右下圖

●景點・玩樂　●美食　●溫泉　●購物　●住宿

レンタサイクル
シーガル
（兆東一小場）

小樽觀光振興公社
（兆東一小場）

小樽市船
客待合所

地方合同庁舎

法務局

總公司位在札幌的全國
連鎖漢堡排餐廳・

びっくりドンキ

港灣部前
観光

小樽海上觀光船 ●
P.99

小樽運河沿岸的倉庫群
將其活用作為餐廳等設施・入
口在東側・

小樽資料館

函太郎 小樽店

人氣拍照留念景點・常在風景明信片、海
報等處見到的風景・也有觀光服務處

西洋美術館
（舊浪華倉庫）P.9・10

小樽港

月見橋

竜宮橋

OTARU TIMES GARTEN

旧篠田倉庫

小樽倉庫No.1 P.115

浅草橋觀光服務處

浅草橋

小樽雪燈之路
（運河會場）P.7

堺浜橋

小樽運河ふれあいの散歩道

色内2

小樽運河ふれあいの散歩道

色内1

P.101 小樽運河遊覽船 ●

人力車のえびす屋・

中央橋

小樽運河

P.100・101

小樽出拔小路 P.119

おたる政寿司
ぜん庵

P.118 ル・キャトリエ 運河通り店 ●

旧大家倉庫

小樽 il PONTE

小樽市総合博物館
運河館

運河廣場

17

運河の宿 小樽ふる川 ●

小樽藝術村

P.101・102

大正硝子館 P.105

P.112 洋食屋マンジャーレTAKINAMI ●

P.118 飴屋六兵衛本舗（飴谷製菓）

ゆず工房・

小樽國際
インフォメーションセンター
● ISO P.114

出抜小路

運河プラザ

すし耕・

ホテルノルド小樽

ソニア

ステンドグラス美術館・
（旧高橋倉庫）

似鳥美術館・
（旧北海道拓殖銀行 小樽支店）

魚屋直営食堂うろこ亭/
新鮮市場うろこ番屋

びーどろ工房

小樽運河

P.105

小樽運河總館 P.105

桑田屋本店 P.10

川又商店（旧早川）

P.116 Otaru Tap Room
-Craft Beer & Hostel

色内橋

色内1丁目

旧三井銀行小樽支店・

旧第一銀行
小樽支店

染織
アトリエ
Kazu

P.116 Cafe Bar & Hostel
[石と鉄 STONE and IRON]

色内(2)

旧安田銀行

色内2

旧小樽
商工会議所

旧第四十七銀行
小樽支店

ホテルトリフィート・

北方華爾街

P.105

日本銀行舊小樽分
金融資料館

フリーランス ●

色内1丁目

山中牧場 小樽

色内(1)

UNWIND
HOTEL & BAR OTARU

P.114 葡萄酒&咖啡餐廳 小樽バイン ●

P.105 舊北海道銀行 本店 ●

越中屋旅館

松田ビル・
（旧三井物産）

ハローワーク

日銀金融資料館
（小樽バイン前）

竜宮通

旧手宮線跡

自然派ラーメン処麻ほろ

P.112ビストロ
ブランシュ

P.101 舊國鐵手宮線

小樽雪あかりの路
（手宮線會場）

ビジネスホテル大幸

P.105 市立小樽文學館

小樽美術館

日本銀行舊小樽分
金融資料館
P.101・105

日銀通

船見通

市民センター
マリンホール

市民センター

中央通

P.99 COTARU ●

P.110 魚真 ●

454

稲穂十字街

稲穂3丁目

KFC

きらく

アルチザン

稲穂十字街

北陸

花月堂稲穂本店

北洋

ニュー三幸
P.119

THE GREEN OTARU 別館

道銀

中央通

P.119 小樽屋台村 浪漫橫丁

サンモール

由3棟建築構成の市場、內有
鮮魚、肉品及熟食店等・

中央市場

THE GREEN OTARU
本館

稲穂2

第一大通

おたる屋台村レンガ橫丁・

北海道信金

P.112 イタリア料理
バリロット ●

伊勢館

おたる大和家

拱廊樣式的傳統商店街・

オーセントホテル小樽

稲穂(4)

梁川通

稲穂(3)

光

おたる都通

産業会館前

産業会館前

藤森茂男の店

若鶏時代 なると
P.113

グランド
パレス

朝日生命
ビル

稲穂3

アイスクリーム
パーラー美園 ●
P.115

P.113中華食堂 桂苑 ●

稲穂(2)

静屋通

トヨタ
レンタカー

稲穂
P

サンビルスクエア

小樽駅前通

小樽・蕎麦屋 籔半 P.118

ドーミーインPREMIUM小樽

P.107 エキモ ルタオ ●

長崎屋サンポート
もりもと 長崎屋小樽店

小樽

龍宮神社前

5

船見坂下

小樽駅前

稲穂1-8

余市

北のどんぶり屋 滝波食堂 P.111
味処 たけだ P.111

小樽駅前ターミナル

駅前第1ビル

トヨタレンタリース

稲穂2丁目

アルファベッドイン小樽駅前

三角市場 P.101・109

小樽駅前きたりん P.99

中央バスターミナル

タクシーのりば

駅横

駅P 駅レンタカー

船見坂

小樽駅前

駅前第1ビル

第一ビル

697

稲穂2丁目

余市站

函館本線

船見橋

JR小樽站

P.99・100

有板店かま栄、糀子店新倉屋等・

トヨタレンタリース

富岡(2)

龍宮神社

小樽站觀光服務處

富岡(1)

小樽署

駅なかマート「タルシェ」P.119

國道393號

11 附録③

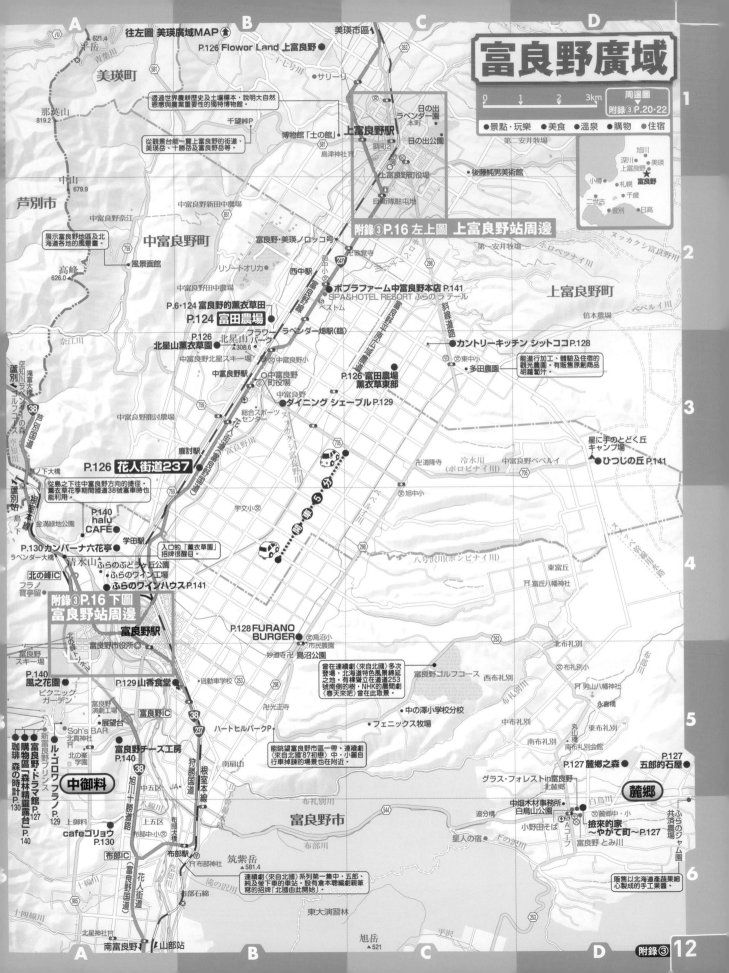

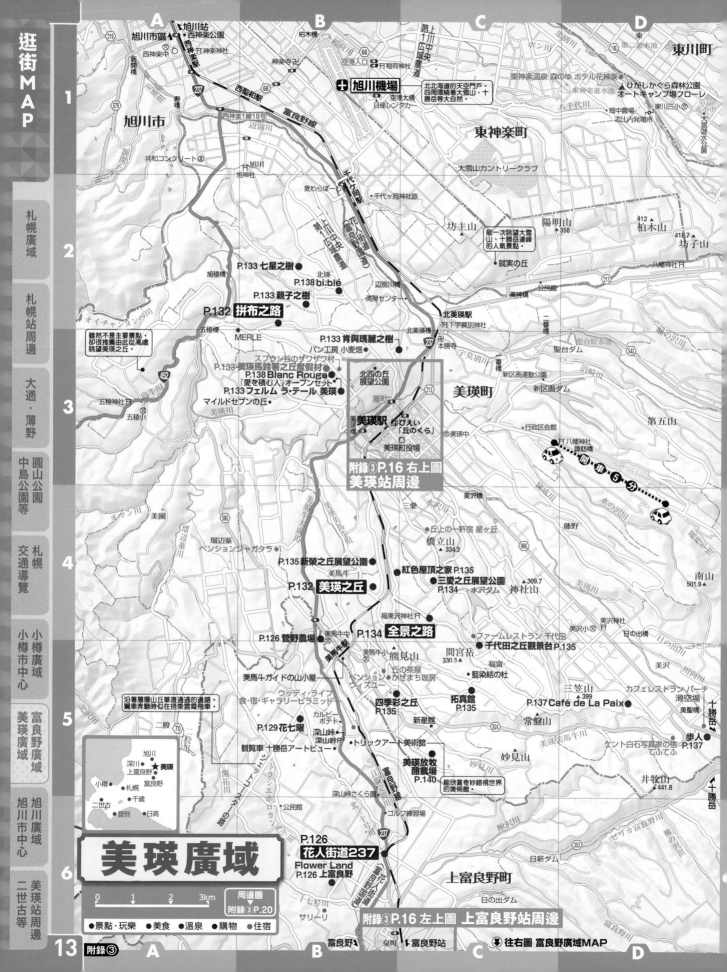

美瑛廣域

逛街MAP

札幌廣域

札幌站周邊

大通・薄野

中島公園等

圓山公園

交通導覽

札幌

小樽市中心

小樽廣域

美瑛廣域

富良野廣域

旭川廣域

旭川市中心

美瑛站周邊

二世古等

旭川廣域

建於作家井上靖出生地旭川的文學館。除了展示手寫筆記、親筆原稿之外，也有展示與其來往的藝術家作品。

北海道最古老的愛奴文化資料館。展示生活用具及服飾等，還會不定期舉辦愛奴舞蹈表演。

架設在旭川市中心石狩川的橋，與札幌的豐平橋、釧路的幣舞橋並列為北海道三大名橋。不過仍保有架橋當時風貌的只剩這一座旭橋。

可以看到北美落葉松、歐洲落葉松、歐洲雲杉等外國樹種，是三浦綾子小說《冰點》的舞台。

以小說《冰點》聞名的旭川作家三浦綾子的文學館。

P.141 日本醬油工業直賣店

P.140 高砂酒造

P.141 壺屋 き花の杜

0　　0.5　　1km

周邊圖 附錄③ P.20

●景點・玩樂　●美食　●溫泉　●購物　●住宿

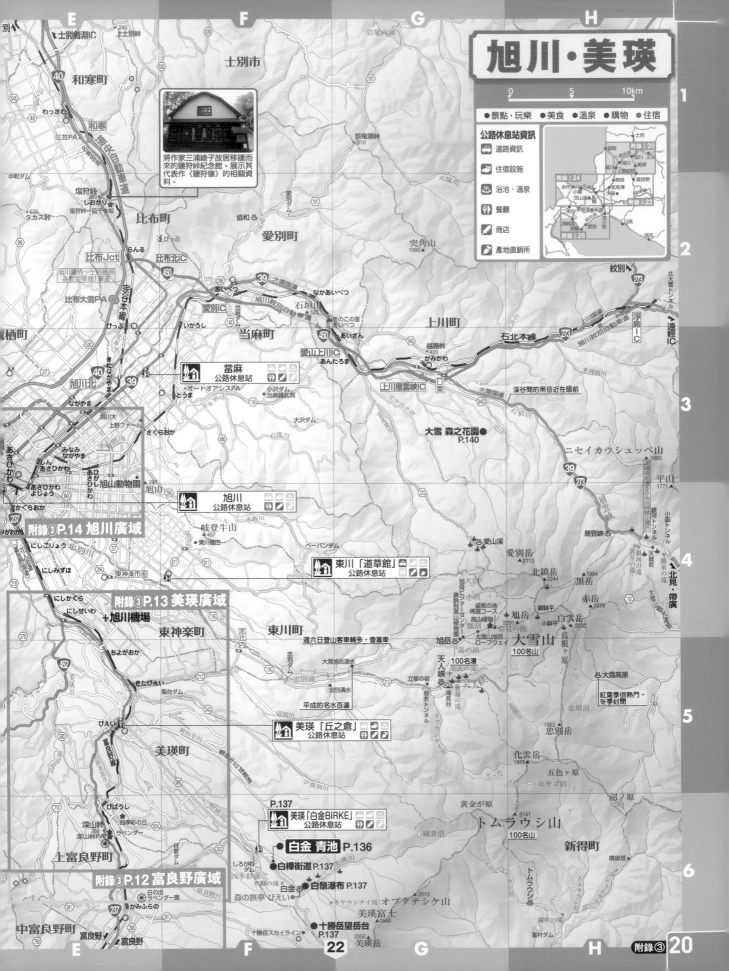

0　　　5　　　10km

●景點・玩樂　●美食　●溫泉　●購物　●住宿

公路休息站資訊
🚌 道路資訊
🏠 住宿設施
♨ 浴池、溫泉
🍴 餐廳
🛒 商店
🏪 產地直銷所

將作家三浦綾子故居移建而來的鹽狩峠紀念館。展示其代表作《鹽狩嶺》的相關資料。

士別市

和寒町

比布町

愛別町

當麻町

當麻 公路休息站

旭川 公路休息站

附錄③ P.14 旭川廣域

上川町

大雪 森之花園 ● P.140

東川 「道草館」 公路休息站

附錄③ P.13 美瑛廣域 +旭川機場

東神楽町

東川町

大雪山 100名山

美瑛 「丘之倉」 公路休息站

美瑛町

美瑛 「白金BIRKE」 公路休息站

白金 青池 P.136

白樺街道 P.137

白金 白鬚瀑布 P.137

上富良野町

附錄③ P.12 富良野廣域

トムラウシ山 100名山

新得町

オプタテシケ山

美瑛富士

十勝岳望岳台 P.137

中富良野町

富良野

附錄③P.14 旭川廣域
附錄③P.13 美瑛廣域
附錄③P.12 富良野廣域

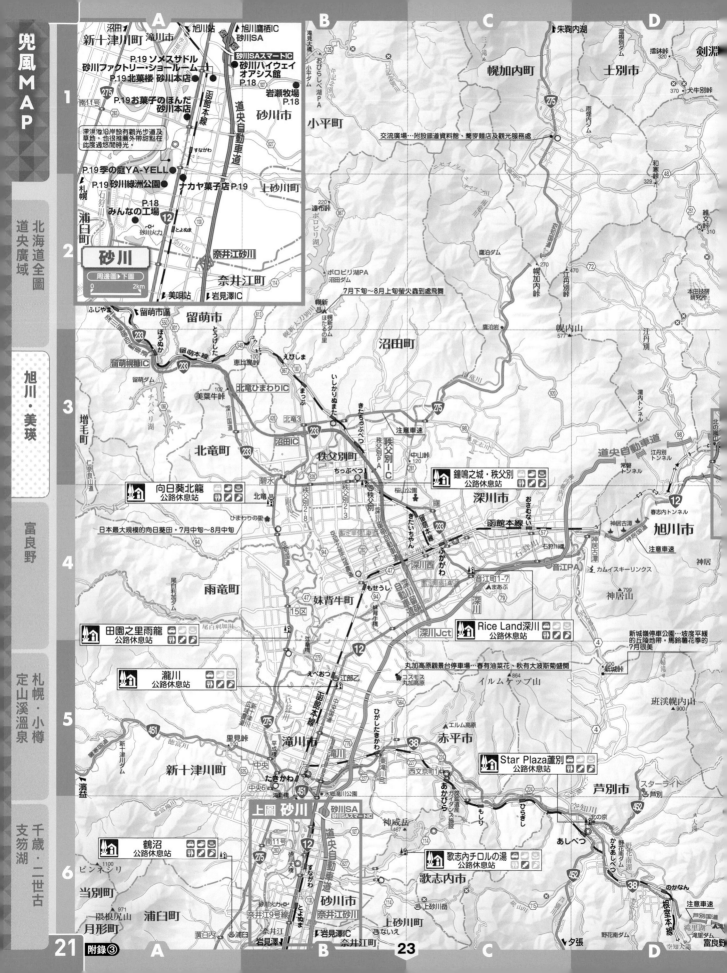

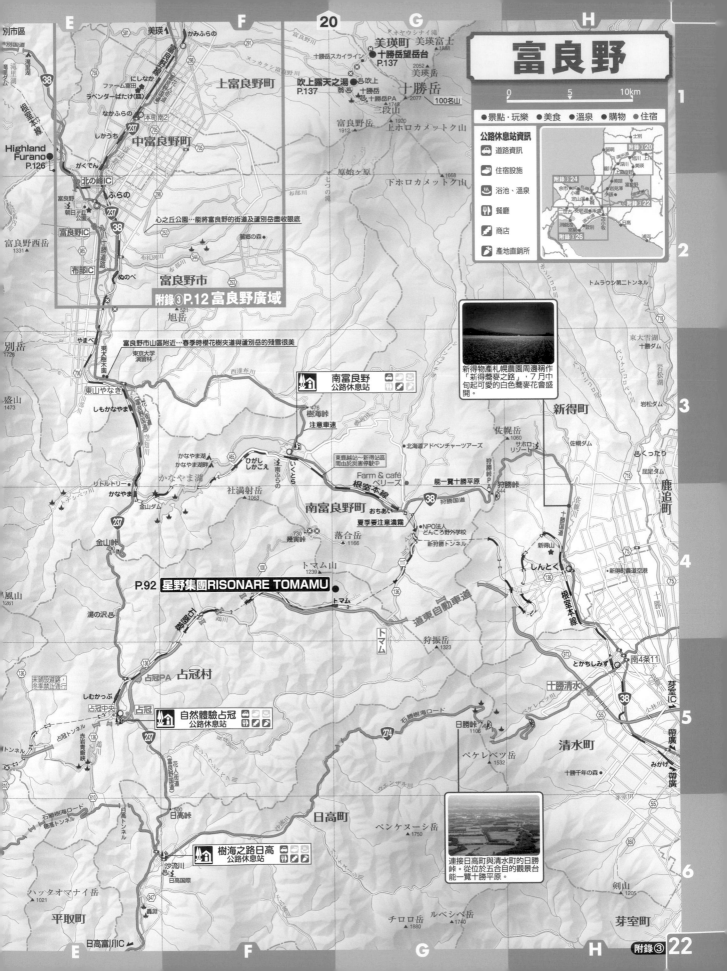

富良野

●景點・玩樂 ●美食 ●溫泉 ●購物 ●住宿

公路休息站資訊

🛣 道路資訊

🏨 住宿設施

♨ 浴池・溫泉

🍴 餐廳

🛒 商店

🏪 產地直銷所

別市區
別國道
竜里湖
滝里湖
根室本線
38

Highland
Furano
P.126

美瑛
かみふらの
にしなか
ファーム富田
ラベンダーばたけ
なかふらの
本町南2
しかうち
がくでん
中富良野町
上富良野町

オサウシナイ滝
美瑛町 美瑛富士
十勝岳望岳台
P.137
十勝岳スカイライン
吹上露天之湯
P.137 吹上
十勝岳
翁温泉
三段山

北の峰IC
ふらの
富良野
朝日ヶ丘
公園
富良野IC
布部IC
富良野西岳
1331

心之丘公園…能將富良野的街道及蘆別岳盡收眼底
蘆郷の森

富良野市

富良野岳
1912
上ホロカメットク山
原始ヶ原
七つの滝
布部川
ドホロカメットク山

附錄③P.12 富良野廣域

旭岳

別岳
1726

富良野市山區附近…春季時櫻花樹夾道與蘆別岳的殘雪很美
東大樹木園
東京大學演習林
やまべ
しもかなやま
東山やなぎ

南富良野
公路休息站

樹海峠
注意車速

かなやま湖
ひがし
しかごえ
いくとら
北海道アドベンチャーズ
東鹿越站〜新得站區
間由於災害停駛中
根室本線
Farm & cafe
ベリーズ
能一覽十勝平原

新得物產札幌農園周邊稱作
「新得蕎麥之路」，7月中
旬起可愛的白色蕎麥花會盛
開。

佐幌岳
1060
サホロ
リゾート
くったり
屈足湖

新得町

東大雪湖
十勝ダム

ペンケニコロベツ川
岩松湖
岩松ダム

盛山
1473

かなやま湖
リトルトリー
かなやま
金山ダム

社満射岳
1063
南ふらの
おちあい
南富良野町
夏季要注意濃霧
落合岳
1166

38
狩勝峠
844
狩勝峠PA
狩勝國道
NPO法人
どんころ野外学校
新狩勝トンネル
新得山
しんとく

十勝國道

鹿追町

南富
風山
1261
湯の沢

金山峠
490

幾寅峠
トマム山
1239

P.92 星野集團RISONARE TOMAMU

トマム

道東自動車道
トマム

狩振岳
1323

とかちしみず
南4条11

占冠PA
占冠村
占冠中央
占冠
占冠トンネル
赤石山厳岳
トンネル

しむかっぷ

自然體驗占冠
公路休息站

237
136
花人之湖

274
日勝峠
1106
ペケレベツ岳
1532
十勝千年の森

十勝清水
清水町

帶廣
芽室IC
みがけ

石勝樹海ロード
穂高トンネル
日高トンネル

日高峠

日高町

樹海之路日高
公路休息站

沙流川
日高国際

ペンケヌーシ岳
1750

連接日高町與清水町的日勝
峠。從位於五合目的觀景台
能一覽十勝平原。

ハッタオマナイ岳
1021

平取町

日高富川IC

チロロ岳
1880
ルベシベ岳
1740

剣山
1205

芽室町

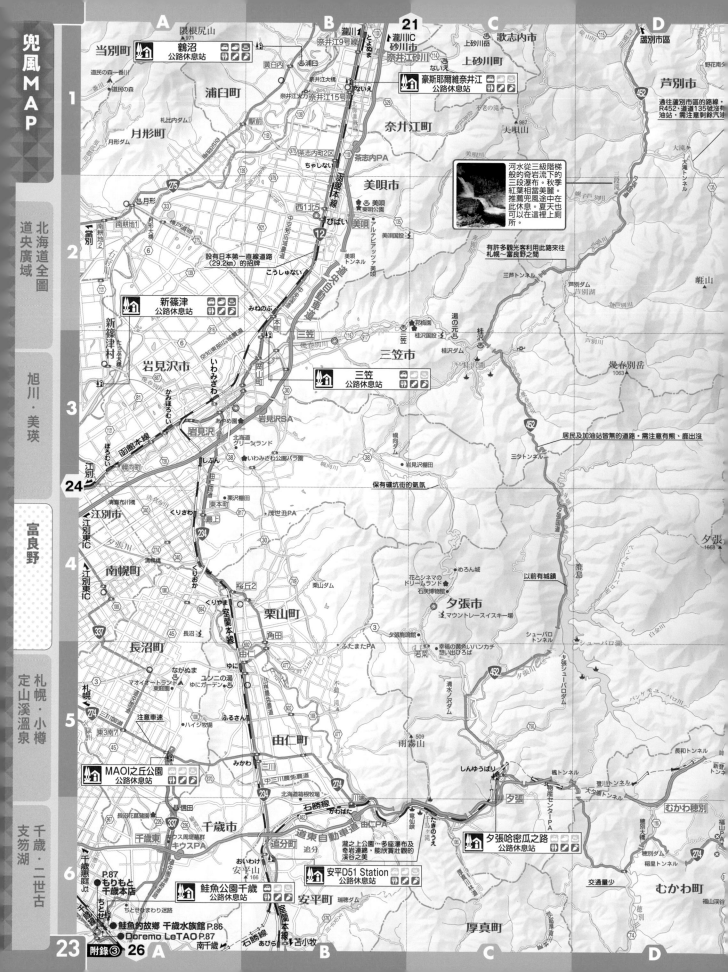

札幌・小樽

兜風MAP

北海道全圖

道央廣域

旭川・美瑛

富良野

札幌・小樽

定山溪溫泉

千歳・二世古

支笏湖

公路休息站資訊
- 道路資訊
- 住宿設施
- 浴池、溫泉
- 餐廳
- 商店
- 產地直銷所

- 景點・玩樂
- 美食
- 溫泉
- 購物
- 住宿

0 5 10km

日本海

渚100選
P.121 島武意海岸
道路沿岸海臨其店林立，海臨於6月下旬解禁

P.121 神威岬

積丹岬

積丹町神威岬周邊…能觀賞神威岬及神威岩

夫婦岩

マッカ岬

お食事処 みさき P.121

御宿鮮味生処

武威トンネル

積丹 神威觀光船 P.121

余別漁港

積丹町

積丹町沼前停車場…神威岬與日本海一覽無遺・夕陽也很美

P.121 ふじ鮨 積丹本店

余別岳
1298

積丹岳
1255

美國川

P.121 黄金岬

水中觀景船新積丹號 P.121

229

丸山岬

厚苦岬

積丹神威道路防災祈念公園…可以欣賞奇岩積丹神威與海岸線

新日本海頴崎（舞鶴→小樽）（新潟→小樽）

沼前岬

ジュウボウ岬

連續降雨量80mm時禁止通行

西の河原トンネル

積丹半島

穿過好幾個隧道，行經險峻的斷崖絕壁海岸線

沖漁港

連續降雨量80mm時禁止通行

ワッカケ岬

Space Apple余市
公路休息站

古平町

天狗岳
872

余市町

出足平岬

青之洞窟

海水浴肝季時塞車特別嚴重

小樽塩谷

後志自動車道

小樽市

P.120 一甲威士忌 余市蒸餾所

P.120 柿崎商店

北海道遺產

P.120 NIKI Hills Winery

余市ワイナリー

フレッシュフルーツファクトリー FRUTICO 余市本店 P.120

エルラプラザ P.120

宜得利觀光果園 P.120

神惠内町瑠內漁港周邊…一邊眺望日本海一邊垂釣

トーマル峠
610

當丸沼

觀音滝

北海道內少數的長壽道・無民宅，車流量極少

當丸峠

神惠内村

Osukoi！神惠内
公路休息站

竜神岬

229

神惠内村祈石停車場…最遠能看到喬都

斷崖絕壁連綿的「Kabuto Line」。因其美麗而名列「後志十景」。

泊村

しかりべつ

仁木町

大黒山
725

赤井川村

大江PA

稻穂トンネル 稻穂峠 266

ぎんざん

赤井川
公路休息站

阿女鱒岳
1014

共和町

共和ダム

5 國富

赤井川村

樺立トンネル

本倶登山
1009

岩內
公路休息站

野束川

岩內神社

こざわ

共和町小澤周邊…一邊眺望羊蹄山一邊在森林中奔馳

ワイス

393

長隧道綿延不斷

鳴神の滝 いわない

Iwanai Resort

岩內町

岩內岳
1085

朝日岳

雷電トンネル

雷電

雷電岬

雷電山
1211

精進川

229

尻別川

貝殻廣場・港 公路休息站

蘭越町

コックリ湖

目国内岳
1220

新見峠 白樺山
1074

シャクナゲ岳
1074

チセヌプリ

ウオヌプリ
1116

ニトヌプリ

倶知安峠
250

くっちゃん

名水之鄉京極 名水廣場
公路休息站

雙葉ダム

京極町

276

95

羊蹄山
1898

ニセコ高原
ニセコアンヌプリ 1308

ニセコ五色

倶知安

倶知安町

附録③P.17上圖 二世古

ニセコモイワ

蝦夷富士

ニセコ湯本温泉

ニセコマウンテンリゾートグラン・ヒラフ

ひらふ

ニセコ

吹出公園
P.97

京極町更進地區觀景停車區…能眺望羊蹄山尻別川及尻別岳等

寿都町

瀬棚

里兔尾島

ニセコ

ニセコ町

羊蹄山
（蝦夷富士）
1898

黑松內

支笏湖

搭「向日葵號」來趟舒適船旅

能配合人數、預算提供多種客房，餐廳、觀景浴池、狗公園等設施也很完善。

→ 商船三井渡輪的「向日葵號」

☎ 0120-489850
☎ 029-267-4133（大洗船客預約中心）
☎ 0144-34-3121（苫小牧船客預約中心）

🚢 大洗～苫小牧(1天1～2班)19:45～翌13:30、1:45～19:45
※有停航日　🎫旅客9800円～、汽車5m以下29700円～
※運費可能變更・詳情需洽詢

新千歳機場內的店舗　MAP附錄③26 H-1

店舗	參照	店舗	參照
● Royce' Chocolate World	附錄①P.14・15	● さっぽろ東急百貨店 新千歳空港売店	附錄①P.16
● HELLO KITTY HAPPY FLIGHT	附錄①P.15	● センカ	附錄①P.16
● 哆啦A夢空中樂園SKY PARK	附錄①P.15	● スノーショップ出発売店	附錄①P.16
● 札幌味噌ラーメン専門店 にとりのけやき 新千歳店	P.23	● BLUE SKY 新千歳空港出発ロビー店	附錄①P.16
● えびそば一幻 新千歳空港店	附錄①P.12	● シレトコ スカイ スイーツ	附錄①P.16
● きくよ食堂 新千歳空港店	附錄①P.12	● 函館洋菓子 スナッフルス 新千歳空港店	附錄①P.16
● グルメ回転すし 函太郎 新千歳空港店	附錄①P.12	● 柳月 三方六 studio店	附錄①P.16
● 旭川ラーメン 梅光軒 新千歳空港店	附錄①P.12	● ロイズ新千歳空港店	附錄①P.16
● 函館麺厨房あじさい 新千歳空港店	附錄①P.12	● ヌーベルバーグ ルタオ ショコラティエ	附錄①P.16
● 松尾ジンギスカン 新千歳空港店	附錄①P.13	● 札幌平秋庵 新千歳空港店	附錄①P.16
● 花畑牧場RACLETTE	附錄①P.13	● もりもと 新千歳空港店	附錄①P.16
● ドライブインいとう 豚丼専門店 豚丼名人	附錄①P.13	● わかさいも 新千歳空港店	附錄①P.16
● 北の味覚 すず花	附錄①P.13	● 花畑牧場	附錄①P.16
● ANA FESTA 千歳7番ゲート店	附錄①P.14	● 出塚水産株式会社 新千歳空港店	附錄①P.16
● きのとや新千歳空港ファクトリー店	附錄①P.14・16	● JAびえい 美瑛選果 新千歳空港店	附錄①P.16
● きのとや 新千歳空港店	附錄①P.14・16	● 札幌中央卸売市場水産仲卸札幌シーフーズ	附錄①P.16
● 北菓楼 新千歳空港店	附錄①P.14・16	● 佐藤水産 新千歳空港店	附錄①P.16
● ルタオ新千歳空港店	附錄①P.14・16	● 知床三佐ヱ門本舗	附錄①P.16
● ショコラティエ マサール 新千歳空港 出発ロビー店	附錄①P.14・16	● 十勝VALLEYs	附錄①P.16
● ショコラティエ マサール 新千歳空港 ゲートラウンジ店	附錄①P.16	● Wine&Cheese 北海道興農社	附錄①P.16
● スカイショップ小笠原	附錄①P.16	● Craft Studio	附錄①P.16
● 1st HOKKAIDO	附錄①P.16	● 紀伊國屋書店 千歳店	附錄①P.16
● 北海道本舗 総合土産店	附錄①P.16	● 北海道くらし百貨店 新千歳空港	附錄①P.16
● きたキッチン新千歳空港店	附錄①P.16	● スターバックス コーヒー 新千歳空港店	附錄①P.16
● ANA FESTA 千歳ロビー店	附錄①P.16		

支笏湖温泉（周邊圖）

P.94 スイーツショップ パティシエ・ラボ
支笏湖温泉
Ocean Days P.94
碧の座
P.94 memere
P.94 支笏湖觀光船
山線鐵橋　北海道最古的現役鐵橋，明治末期為了興建發電廠及搬運木材而鋪設的輕便鐵道遺跡。
支笏湖遊客中心 P.94
支笏湖
周邊圖→上圖
0　200m

名列「新日本觀光地百選」的地球岬。可以毫無遮蔽地看到圓弧海平面延伸。

交通方式速見表

● 本表刊載的交通方式為轉乘次數少的一般方法，未必距離最短或時間最少。
● 所需時間刊載的是標準時間，可能視使用時段、交通狀況而變更，敬請知悉。

※ 2022年12月～2023年1月時的資訊。所需時間及費用可能視時刻表修正等而變更。

範 例

新千歲機場 ┆JR快速Airport 37分1150円 札幌站、札幌站前總站 ┆北海道中央巴士「高速小樽號」等1小時680円 ＝鐵道（※特急為普通車對號座；其他為普通車自由席的狀況）／＝巴士

目的地＼現在地	新千歲機場	JR札幌站	JR小樽站	旭川機場	JR富良野站	JR美瑛站	JR旭川站
新千歲機場	（出發地）	新千歲機場 →JR快速「Airport」37分1150円→ 札幌站 ／或／ 新千歲機場 →北海道中央巴士、北都交通巴士1小時5～15分1100円→ 札幌站前總站	新千歲機場 →JR快速「Airport」1小時15分1910円→ 小樽站	新千歲機場 →JR快速「Airport」37分1150円→ 札幌站 →特急「神威號」、「丁香號」1小時25～35分5220円→ 旭川站、旭川站前 →旭川電氣軌道巴士、富良野巴士35～40分750円→ 旭川機場	新千歲機場 →JR快速「Airport」37分1150円→ 札幌站、札幌站前總站 →北海道中央巴士「高速富良野號」2小時35分2500円→ 富良野站前	新千歲機場 →JR快速「Airport」37分1150円→ 札幌站、札幌站前總站 →北海道中央巴士「高速富良野號」2小時35分2500円→ 富良野站前 →JR富良野線30～50分750円→ 美瑛站	新千歲機場 →JR快速「Airport」37分1150円→ 札幌站 →特急「神威號」、「丁香號」等1小時25～35分5220円→ 旭川站
JR札幌站	札幌站 →JR快速「Airport」37分1150円→ 新千歲機場 ／或／ 札幌站前總站 →北海道中央巴士、北都交通巴士1小時5～15分1100円→ 新千歲機場	（出發地）	札幌站 →JR快速「Airport」等33分750円→ 小樽站 ／或／ 札幌站前總站 →北海道中央巴士「高速小樽號」等1小時680円→ 小樽站前	札幌站 →特急「神威號」、「丁香號」等1小時25～35分5220円→ 旭川站、旭川站前 →旭川電氣軌道巴士、富良野巴士35～40分750円→ 旭川機場	札幌站前總站 →北海道中央巴士「高速富良野號」2小時35分2500円→ 富良野站前	札幌站前總站 →北海道中央巴士「高速富良野號」2小時35分2500円→ 富良野站前 →JR富良野線30～50分750円→ 美瑛站	札幌站 →特急「神威號」、「丁香號」1小時25～35分5220円→ 旭川站 ／或／ 札幌站前總站 →北海道中央巴士等「高速旭川號」2小時5分2300円→ 旭川站前總站
JR小樽站	小樽站 →JR快速「Airport」1小時15分1910円→ 新千歲機場	小樽站 →JR快速「Airport」等33分750円→ 札幌站 ／或／ 小樽站前 →北海道中央巴士「高速小樽號」等1小時680円→ 札幌站前總站	（出發地）	小樽站 →JR快速「Airport」等33分750円→ 札幌站 →特急「神威號」、「丁香號」等1小時25～35分5220円→ 旭川站、旭川站前 →旭川電氣軌道巴士、富良野巴士35～40分630円→ 旭川機場	小樽站 →JR快速「Airport」等33分750円→ 札幌站、札幌站前總站 →北海道中央巴士「高速富良野號」2小時35分2500円→ 富良野站前	小樽站 →JR快速「Airport」等33分750円→ 札幌站、札幌站前總站 →北海道中央巴士「高速富良野號」2小時35分2500円→ 富良野站前 →JR富良野線30～50分750円→ 美瑛站	小樽站 →JR快速「Airport」等33分750円→ 札幌站 →特急「神威號」、「丁香號」等1小時25～35分5220円→ 旭川站
旭川機場	旭川機場 →旭川電氣軌道巴士、富良野巴士35～40分750円→ 旭川站、旭川站前 →特急「神威號」、「丁香號」等1小時25～35分5220円→ 札幌站 →JR快速「Airport」37分1150円→ 新千歲機場	旭川機場 →旭川電氣軌道巴士、富良野巴士35～40分750円→ 旭川站、旭川站前 →特急「神威號」、「丁香號」等1小時25～35分5220円→ 札幌站	旭川機場 →旭川電氣軌道巴士、富良野巴士35～40分630円→ 旭川站、旭川站前 →特急「神威號」、「丁香號」等1小時25～35分5220円→ 札幌站 →JR快速「Airport」等33分750円→ 小樽站	（出發地）	旭川機場 →富良野巴士1小時790円→ 富良野站前	旭川機場 →富良野巴士16分380円→ 美瑛站前	旭川機場 →旭川電氣軌道巴士、富良野巴士35～40分750円→ 旭川站前
JR富良野站	富良野站前 →北海道中央巴士「高速富良野號」2小時35分2500円→ 札幌站、札幌站前總站 →JR快速「Airport」37分1150円→ 新千歲機場	富良野站前 →北海道中央巴士「高速富良野號」2小時35分2500円→ 札幌站、札幌站前總站	富良野站前 →北海道中央巴士「高速富良野號」2小時35分2500円→ 札幌站、札幌站前總站 →JR快速「Airport」等33分750円→ 小樽站	富良野站前 →富良野巴士1小時790円→ 旭川機場	（出發地）	富良野站 →JR富良野線30～50分750円→ 美瑛站 ／或／ 富良野站前 →富良野巴士45分650円→ 美瑛站	富良野站 →JR富良野線1小時～1小時25分1290円→ 旭川站 ／或／ 富良野站前 →富良野巴士1小時40分900円→ 旭川站前
JR美瑛站	美瑛站 →JR富良野線30～50分750円→ 富良野站前 →北海道中央巴士「高速富良野號」2小時35分2500円→ 札幌站、札幌站前總站 →JR快速「Airport」37分1150円→ 新千歲機場	美瑛站 →JR富良野線30～50分750円→ 富良野站前 →北海道中央巴士「高速富良野號」2小時35分2500円→ 札幌站、札幌站前總站	美瑛站 →JR富良野線30～50分750円→ 富良野站前 →北海道中央巴士「高速富良野號」2小時35分2500円→ 札幌站、札幌站前總站 →JR快速「Airport」等33分750円→ 小樽站	美瑛站前 →富良野巴士16分380円→ 旭川機場	美瑛站 →JR富良野線30～50分750円→ 富良野站前 ／或／ 富良野站前 →富良野巴士45分650円→ 富良野站前	（出發地）	美瑛站 →JR富良野線30～40分640円→ 旭川站 ／或／ 美瑛站 →富良野巴士55分750円→ 旭川站前
JR旭川站	旭川站 →特急「神威號」、「丁香號」等1小時25～35分5220円→ 札幌站 →JR快速「Airport」37分1150円→ 新千歲機場	旭川站 →特急「神威號」、「丁香號」1小時25～35分5220円→ 札幌站 ／或／ 旭川站前 →北海道中央巴士等「高速旭川號」2小時5分2300円→ 札幌站前總站	旭川站 →特急「神威號」、「丁香號」1小時25分5220円→ 札幌站 →JR快速「Airport」等33分750円→ 小樽站	旭川站前 →旭川電氣軌道巴士、富良野巴士35～40分750円→ 旭川機場	旭川站 →JR富良野線1小時～1小時25分1290円→ 富良野站前 ／或／ 旭川站前 →富良野巴士1小時40分900円→ 富良野站前	旭川站 →JR富良野線30～40分640円→ 美瑛站 ／或／ 旭川站前 →富良野巴士55分750円→ 美瑛站	（出發地）

可以拆下使用！

SPECIAL 3大附錄

特別附錄❶ 讓旅行加倍愉快！
北海道伴手禮 & 新千歲機場導覽

特別附錄❷ 看看動物有多「厲害」！
旭山動物園總覽BOOK + 旭川TRIP

特別附錄❸ 附解說更清楚易懂！
逛街 & 兜風MAP

20 SAPPORO 美食全明星大集合

嚐遍15種美食吧！

欲領取免費電子書者，請掃描右方的QRcode，進入「旅遊書贈送電活動專區」，上傳購買證明並填寫相關資料，待審核通過即會發送GOOGLE圖書兌換券及兌換步驟說明。

札幌地區的旅遊資訊　昭文社編輯部官方Twitter

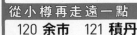

旭山動物園&旭川地區記得確認特別附錄②！

從地圖 迅速掌握

→P.140・附錄②P.16
石狩沼田站 **旭川**

→附錄②
旭山動物園

旭川站

✈ **旭川機場**

美瑛站

🚆搭JR1小時～1小時25分
🚌搭巴士1小時40分
🚗開車55km、1小時30分

→P.132
美瑛
・白金 青池

留萌本線
函館本線

砂川站

富田農場・
富良野站

道央自動車道

富良野線

→**富良野**
→P.122

根室本線

🚆搭JR2小時～2小時30分
🚌搭巴士2小時35分
🚗開車114km、2小時5分

TOMAMU

室蘭本線

石勝線　道東自動車道

千歲站

→附錄①
✈ 新千歲機場

日高本線

鵡川站

太平洋

北海道在來線(舊線)睽違20年有新車站開業

📷 **NEWS**

**睽違20年的新車站
ROYCE'TOWN站開業！**
2022年3月開業的JR札沼線（學園都市線）「ROYCE'TOWN站」是當別町與知名生巧克力製造商「ROYCE'」請願設置的車站。附近亦有ROYCE'的工廠直營店，參觀暨體驗設施於2022年11月開幕。

旅行前先
確認！
Part❶

札幌周邊旅行地圖

集結了看點、美食等魅力於一身的札幌及小樽；散布著花海與花園，當令美食也很吸引人的富良野、美瑛及旭川……先掌握各地區的位置關係吧！

札幌在這裡

稚內
旭川
知床
網走
小樽・札幌
阿寒
根室
二世古
帶廣
釧路
室蘭
函館

薰衣草田與繽紛的山丘
富良野・美瑛・旭川

●ふらの
びえい
あさひかわ

隨處可見薰衣草、花田及花園的地區。不妨租車自駕，在寬廣的道路上暢快兜風，欣賞美麗的風景。

熱門景點
★富田農場
★白金 青池

札幌市區圖

麻生站
小樽站
北海道大學
札幌站
新千歲機場站
宮之澤站
南北線
大通公園
●札幌市鐘樓
狸小路
札幌電視塔
東西線
薄野
東豐線
中島公園
真駒內站
福住站
N

札幌站～薄野大約2公里！

能看到動物生龍活虎模樣的「旭山動物園」(附錄②)

必知！ 札幌圈的地方特色

北海道的中心都市**札幌**是日本數一數二的**美食之都**，集結了北海道各地盛產的多種食材。**拉麵、成吉思汗烤肉及湯咖哩**等，都是必吃的當地美食！

小樽在明治中期至昭和初期作為北方商都繁盛一時。可以享受**運河、復古街道漫步**，以及港都特有的**海鮮**。

從札幌北上即可抵達北海道第二大都市**旭川**，以能觀賞動物原本面貌的「行為展示」聞名的**旭山動物園**為其一大看點。

近郊也有**富良野、美瑛**，可以看到**花田、山丘**等隨四季更迭的**上相景觀**自眼前展開。每到產季，就能在眾多餐廳品嘗嚴選**時蔬料理**也是一大特色。

伴手禮 湯咖哩、生巧克力、海產品、農產品、加工品

必吃美食 拉麵、成吉思汗烤肉、壽司、海鮮丼、牛奶甜點

從札幌出發時……

從札幌到小樽	◆搭JR33分 ◆搭巴士1小時 ◆開車39km、45分
從札幌到旭川	◆搭JR1小時25分 ◆搭巴士2小時5分 ◆開車140km、2小時
從札幌到富良野	◆搭巴士2小時35分 ◆開車114km、2小時5分
從札幌到新千歲機場	◆搭JR快速37分 ◆開車55km、50分

\這裡是北海道的中心/
札幌 SAPPORO

綠意盎然的北海道中心都市
札幌 ●さっぽろ

全國數一數二的大都市。市內隨處可見留有開拓時代面貌的歷史建築。即使位處市中心仍能欣賞充滿自然的風景。

熱門景點
★大通公園
★札幌電視塔

漫步於復古街道與運河
小樽 ●おたる

自古以來就是以貿易、商業及漁業繁盛一時的港都。有許多改建自明治至大正時代歷史建築的商店及餐廳。

熱門景點
★小樽運河
★舊國鐵手宮線

🚃搭JR快速33分
🚌搭巴士1小時
🚗開車39km、45分

→P.98
小樽

石狩灣

●神威岬

積丹

余市

小樽站

→P.58
札幌

後志自動車道

札樽自動車道

札幌站

日本海

定山溪溫泉

🚃搭JR快速37分
🚌搭巴士1小時5〜15分
🚗開車55km、50分

二世古

函館本線

羊蹄山

支笏湖

道央自動車道

洞爺湖

有珠山▲

登別溫泉

白老

內浦灣
(噴火灣)

長萬部站

室蘭本線

室蘭站

☑這是常識!? 北海道兩三事

紅綠燈為細長垂直型

獨特的道路標誌

リス橫斷注意

在北海道的道路上，經常會看到繪有動物的標誌。這些動物有時會衝到路上，需特別留意。

南9西6
South 9 West 6

為了避免紅綠燈被厚重的積雪壓壞，所以特意採用這種形狀來減少積雪面積。

☑ 規劃行程時的要點

●掌握移動時間擬定計畫

●在札幌市內也能透過步行＋地鐵觀光

●札幌以外的地區以一天逛一區為基本

●前往旭川、富良野及美瑛租車比較方便

●也很推薦在新千歲機場一次買完伴手禮

夏

7月上旬～下旬
富良野的薰衣草田
薰衣草為富良野丘陵地帶染上清爽香氣與一片鮮艷色彩。是北海道最具代表性的花海風景。
MAP 附錄③12 B-2 ▶P.124

5月中旬～下旬
札幌丁香節
配合札幌市樹 —— 丁香的開花時期舉辦。在大通公園與川下公園舉辦。
MAP 附錄③7 B-2 ▶P.61

氣候如何?
光年曆

來確認在什麼時節去，能享受哪些四季活動與風景！當月的季節重點、氣溫及服裝建議，也有助於做好旅行準備。

春

7月下旬～8月中旬
福利贊助
札幌大通啤酒花園
在大通公園舉辦，全長長達1公里的巨大啤酒花園。每區的啤酒廠商不同，不妨試喝比較看看。
MAP 附錄③7 B-2 ▶P.61

6～10月中旬
定山溪自然彩燈節
能欣賞以國家公園散步道為舞台的光雕投影等，與大自然共演的精彩燈光秀。
MAP 附錄③24 E-2 ▶P.89

提供：YOSAKOIソーラン祭り
6月7~11日
夜來索朗祭
手拿鳴子響板的舞者配合索朗節民謠，展現魄力十足的舞蹈表演。有眾多隊伍參加。
MAP 附錄③7 B-2

4月下旬～5月上旬
圓山公園的櫻花
有蝦夷山櫻、染井吉野櫻綻放。與鄰近的北海道神宮同為札幌市民的賞櫻名勝而深受喜愛。
MAP 附錄③8 A-2

8月	**7月**	**6月**	**5月**	**4月**
各地有夏日祭典	**薰衣草是看點**	**爽朗的天氣**	**櫻花等花卉綻放**	**春天盎然生機**
白天日照變強，頗有夏季風情。各地會舉辦夏日祭典，享受短暫的夏天。盂蘭盆節一過，秋意就會開始慢慢變濃。	舒適宜人，最適合北海道觀光的季節。富良野從中旬起迎來薰衣草田的賞花期。玉米、哈密瓜及海膽等北海道特有食材也正值美味季節。	天氣晴朗，舒適的初夏時期。下旬飄舞的白楊毛絮是札幌的風情畫。	黃金週迎來賞櫻期，之後鬱金香、丁香花會一同綻放。	天冷的日子會持續到下旬，不過春意會逐漸變濃。札幌的櫻花始開。

季節重點！

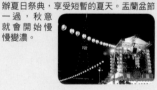

服裝建議

針織衫
天熱時可以披上針織衫遮陽，相當方便

帽子
雖說是北海道，夏季陽光也不容小覷，還是要做足準備以防中暑

夏季觀光打扮

8月
札幌、旭川等內陸地區夏日較長，穿短袖短褲也很舒適。盂蘭盆節過後天氣會驟冷，帶件薄上衣為佳。

7月
要戴帽子、擦防曬等，以防範紫外線。有時候視間帶及地區，天氣可能偏冷，最好帶件薄針織衫。

披肩
脖子要保暖，以免身體著涼。挑選色彩繽紛的款式是穿搭重點。

連帽衫
薄者可以疊穿，厚者也可以當外衣，相當好用

春季觀光打扮

6月
溫暖的日子變多，短袖也可以。早晚氣溫驟冷，最好準備長袖衣物。

5月
暫時變冷的「倒春寒」，一早晚需穿防寒上衣。

4月
氣溫相當於東京的冬天，上旬穿上靴子、外套及手套等比較安心。

	8月	7月	6月	5月	4月	
	26.9℃ / 154.7㎜	25.7℃ / 156.2㎜	21.9℃ / 167.8㎜	18.8℃ / 139.7㎜	14.3℃ / 133.7㎜	◀東京
平均氣溫 降雨量	22.3℃ / 126.8㎜	21.1℃ / 90.7㎜	17.0℃ / 60.4㎜	13.0℃ / 55.5㎜	7.3℃ / 54.6㎜	◀札幌
	20.8℃ / 168.6㎜	20.6℃ / 116.0㎜	16.8℃ / 64.5㎜	12.1℃ / 67.5㎜	5.3℃ / 55.4㎜	◀富良野

©HTB

確認有什麼活動！
Part②

冬 季節觀

秋

2月上旬
札幌雪祭
國際性的冰雪祭典。3個會場內陳列著大約200座雪冰雕。也能享受吃溫暖當地美食與玩雪的樂趣。
MAP 附錄③7 B-2
▶P.61

10月下旬～11月上旬
北海道大學的銀杏大道
校內的北13條通有一條種了70棵銀杏的林蔭夾道。到了樹葉由綠轉黃的黃葉時節，景色美不勝收。
MAP 附錄③3 C-2 ▶P.64

2月上旬～中旬
小樽雪燈之路
手工雪蠟燭及擺設發出光芒，浮球蠟燭照亮了運河水面。
MAP 附錄③11 D-2(運河會場)

12月下旬～3月中旬
旭山動物園的企鵝散步
為解決企鵝缺乏運動的問題而開始的活動。能近距離觀看企鵝搖搖晃晃的走路模樣。
※可能中止、變更
MAP 附錄③14 H-4 ▶附錄②P.4

10月上旬～中旬
定山溪的紅葉
定山溪溫泉位於國家公園內。秋季時環繞溪谷的群山被紅葉染色，從二見吊橋及錦橋看到的景緻一絕。
MAP 附錄③24 E-2 ▶P.89

9月上旬～10月初旬
札幌秋季豐收節
秋季的一大美食活動。全北海道的美食齊聚一堂，每隔幾天就會更換店家，不管來幾次都能吃得開心。
MAP 附錄③7 B-2 ▶P.61

3月	2月	1月	12月	11月	10月	9月

冬季氣候仍然持續
2月的氣溫即使在白天也是負的。2月上旬開始舉辦「雪祭」使札幌萬分熱鬧，各飯店一房難求。3月時有融雪也有積雪，仍殘留著冬季的寒意，準備好冬季用品再出發吧。

燈飾璀璨耀眼
札幌到了12月，會開始在大通公園舉辦「慕尼黑聖誕市集」及彩燈秀，頓時充滿冬季氣氛。1月開始準備「雪祭」，在大通公園可以看到堆滿雪的卡車。

降初雪而變冷
進入需要暖爐的季節。小樽運河的「青之運河」活動也開始了。

正是賞楓時期
街上的銀杏會在中旬轉黃。也別錯過北大的銀杏大道夜間點燈。

豐富的活動
殘暑中可以感受到秋天的氣息。「秋季豐收節」等美食活動好不熱鬧。

襪套
腿部冰冷往往容易被忽視。套在褲子上，身體就不容易著涼

內襯羽絨衣
穿在外套內可以確實禦寒。能隨身攜帶也是優點之一

冬季觀光打扮

3月 雪慢慢減少，但還是很冷。

2月 選擇方便穿、易穿脫的服裝來應對室內外溫差。

1月 是最寒冷的季節，最好穿羽絨外套、厚質配件。以平底冬鞋為佳。

12月 建議穿連帽外套來應對下雪狀況。

手套
在氣溫驟降的10～11月最好準備。能感應智慧型手機的款式更方便

圍巾
圍在脖子上能提高保溫效果，抵擋寒冷的北風

秋季觀光打扮

11月 下雪的日子變多，氣溫大幅下降而且早晚有時甚至會降至零度以下，攜帶羊毛外套或薄羽絨衣比較放心。

10月 氣溫驟降，白天也需要穿毛衣及外套。

9月 上旬有幾天近似夏天，以後搭配薄針織衫即可。中旬短

◀東京	9.4℃ / 116.0mm	6.1℃ / 56.5mm	5.4℃ / 59.7mm	7.7℃ / 57.9mm	12.5℃ / 96.3mm	18.0℃ / 234.8mm	23.3℃ / 224.9mm
◀札幌	1.1℃ / 77.6mm	−2.7℃ / 91.9mm	−3.2℃ / 108.4mm	−0.9℃ / 114.5mm	5.2℃ / 113.8mm	12.1℃ / 109.9mm	18.6℃ / 142.2mm
◀富良野	−2.2℃ / 49.8mm	−7.4℃ / 36.5mm	−8.3℃ / 44.3mm	−5.1℃ / 71.2mm	2.1℃ / 104.2mm	9.2℃ / 106.8mm	16.1℃ / 147.3mm

※氣溫與降雨量的數據為1991～2020年的平均數據（氣象廳）。此外，刊載資訊可能由於各活動防範新冠肺炎所制定的應對與對策而變動。請事先確認最新狀況。

包括北海道日本火腿鬥士隊
新球場的區域
北海道棒球園區
F村正式完工！

A ── ES CON FIELD HOKKAIDO

E F VILLAGE GARDEN
園區內有3座花園，能感受到北海道特有的四季自然景色！任何人都能在此隨意散步，是嶄新的交流場所

D BALLPARK TAKIBI TERRACE ALLPAR

E

THE LODGE **B**

VILLA BRAMARE **C**

©H.N.F.

最新 Part ❸

帶來最值得一聽的資訊！
News & Topics

©H.N.F.

集結最新潮流、新設施等眾多矚目資訊！
不妨詳加了解並納入旅行計畫中。

A
ES CON FIELD HOKKAIDO
● えすこんふぃーるどほっかいどう

日本首座附可開闔屋頂的天然草坪球場

讓觀眾從觀戰到賽後都能盡興，設有許多裝置的新球場。諸如光是漫步其中就很愉快的360度遊覽型廣場、在球場內能暢飲的橫丁區、世界首座球場內溫泉暨三溫暖設施等，提供從觀戰到賽後前所未有的完整體驗。

（介紹部分令人在意的設施！）

TOPICS

©H.N.F.

北廣島 **2023年3月OPEN**
北海道棒球園區 F村
● ほっかいどうぼーるぱーくえふびれっじ

從新千歲機場搭電車約20分即可抵達北廣島市，這裡有以北海道日本火腿鬥士隊新球場為中心的區域。約32公頃與自然共存的廣大園區內，設有不少如特產直銷商店、體驗設施、花園及住宿設施等，在無賽程的日子也能玩得盡興的設施。以打造文化交流活躍的城鎮為目標，成為新的交流空間。

🕙休視設施而異 🏠北広島市Fビレッジ 🚃JR北廣島站搭接駁巴士約5分 🖥https://www.hkdballpark.com/
MAP 附錄③24 H-5

©H.N.F.

B THE LODGE
● ざろっじ

宣揚最新潮流及北海道的魅力

連接球場與水邊區域的雙層商業設施。有販售北海道特產品的選物店、咖啡站等6家店鋪進駐。1樓亦有提供最適合用來享受北海道自然環境的E-bike、公路自行車的出租服務。

©藤井ビル

C VILLA BRAMARE
● ゔぃらぶらまーれ

整棟包租的私人別墅

9棟別墅均備有按摩浴缸、三溫暖、冷水池及休息空間（外氣浴）。其中一棟可與愛犬一起住宿。在被旭川家具包圍的室內，可以使用護膚等原創備品、享用以北海道食材所做的餐點等，度過一段忘卻日常生活的奢侈時光。

©POWERSTATION

D BALLPARK TAKIBI TERRACE ALLPAR
● ぼーるぱーくたきびてらすおるぱ

空手也能輕鬆體驗豪華露營

由篝火空間、住宿棟、備有餐飲空間的管理棟所構成的豪華露營及戶外活動體驗設施。晴天時能野餐、圍著篝火BBQ等，一邊感受四季各異的自然景觀，一邊體會戶外活動的樂趣。

將北海道「旅行×生活」結合的市集開幕！

TOPICS 4

札幌 **2022年11月OPEN**

北海道四季マルシェ ➡P.77、附錄①P.16

● ほっかいどうしきまるしぇ

從北海道各地深受喜愛的名點，到拌飯香鬆、調味料、當令蔬菜及海產品等，集結了北海道美味的食品選物店。不僅多種伴手禮一應俱全，亦有販售現做甜點、人氣店家的北海道炸雞。還有陳列北海道各地時蔬及水產品，能享用四季不同的北海道美味。

☎011-209-5337　**MAP** 附錄③5 D-3

⬆在北海道初次登場的「現烤奶油紅豆餡夾心餅乾」

TOPICS 5

北海道各地的美食應有盡有！

札幌 **2022年8月OPEN**

狸COMICHI ➡P.83

● たぬきこみち

發布北海道各地飲食文化的美食景點，2022年8月在狸小路2丁目誕生。在氛圍復古的空間內能品嘗壽司、海鮮丼、義式料理及甜點等北海道美食，豐富多樣的餐飲店櫛比鱗次。也很推薦在小巷內逐店一間一間遊逛。

☎視店鋪而異　**MAP** 附錄③6 E-3

⬆可以品嘗極富特色的菜色

TOPICS 2

預定以水槽展示為主

都市型水族館在札幌市中心登場！

札幌 **2023年7月OPEN**

AOAO SAPPORO ➡P.79

● あおあおさっぽろ

這間都市型水族館位在於狸小路商店街入口處開業的重新開發大樓「moyuk SAPPORO」內。其展示飼育業務與「小樽水族館」合作。

⏰休 準同moyuk SAPPORO
🏠 札幌市中央区南2西3-20 moyuk SAPPORO4〜6F
🚇地鐵大通站步行3分
MAP 附錄③7 D-3

TOPICS 3

小樽藝術村的新設施在運河沿岸開幕！

小樽 **2022年4月OPEN**

西洋美術館 ➡P.102

● せいようびじゅつかん

從1925年完工的倉庫建築改建而來的美術館。展示19世紀後半葉至20世紀初之間在歐美製作的彩繪玻璃、玻璃工藝品及家具等西洋美術品。

MAP 附錄③11 D-2

⬆館內展示著玻璃藝術品、圓頂玻璃器具
⬅建築位於小樽運河沿岸

旅行使用說明書 Part③ 最新 News&Topics

札幌 2022年6月OPEN

22%MARKET ● にじゅうにぱーせんとまーけっと

以「白色戀人」聞名的ISHIYA旗下新商店，附設3家新品牌店鋪。可以在北海道品嘗講究的甜點及麵包。店名的「22%」是取自北海道占全日本的面積比。

🕙10:00～19:00　無休　所札幌市中央区大通西4-6-1 札幌大通西4ビルB2　地鐵大通站即到　P無

視店鋪而異
MAP附錄③ 5 D-6

Over the moon
以使用北海道食材的丹麥麵包為傲的麵包店。

SIROYA（→ P.49）
使用各種起司製成的甜點大受好評的咖啡廳。也有供應能飽腹的克拉芙緹草莓＆安茹白乳酪蛋糕（1400円）等豐富菜色。

傳遞北海道魅力！新市場全新開幕

22% MARKET

TOPICS 6

TOPICS 8

升級了！洞爺湖展望台

洞爺湖 2022年4月OPEN

有珠山空中纜車「Mt.USU Terrace」
● うすざんろーぷうぇいまうんとうすてらす

設置在洞爺湖展望台的露台升級了，變得更寬廣！這次新設的私人座位可以不必顧慮他人眼光，比以前更能盡情享受大自然。不妨在此專用於附設咖啡廳購買的餐點，度過片刻悠閒時光。

☎0142-75-2401
（WAKASARESORT株式會社 有珠山事業部）
MAP附錄③ 17 C-6 （→ P.91）

藝術祭典 札幌國際藝術祭 於2024年舉辦！

TOPICS 7

↑會場之一莫埃來沼公園
攝影:詫間のり子

札幌 2024年1月開幕

札幌國際藝術祭2024
● さっぽろこくさいげいじゅつさい

睽違六年半舉辦的札幌國際藝術祭2024首次於冬季舉辦。除了現代藝術，冬季特有作品之外，也會展示結合科學與科技的作品。

☎011-211-2314（執行委員會）
🕙2024年1月20日～2月25日※
視會場而異　所札幌藝術之森美術館、北海道立近代美術館、札幌雪祭大通2丁目會場等市內各地

TOPICS 10

在小樽天狗山空中纜車體驗道地的戶外活動

↑感受勁速及四季分明的景色

小樽 2022年4月START

TENGUU空中飛索＆ TENGUU熱氣球（→ P.118）
● てんぐうじっぷらいん、てんぐうねつききゅう

兩太嶄新戶外活動在天狗山登場。能眺望小樽的大海與街道，欣賞不同於平時的特別景色而蔚為話題。可以體驗在空中暢快飛馳，也可以在熱氣球上悠閒度過。不妨體驗看看特別的空中散步。

●TENGUU空中飛索　🕙4月下旬～11月上旬的10:00～17:00　休營業期間無休　¥需洽詢

●TENGUU熱氣球　🕙4月下旬～11月上旬的晚上1小時（預定）　休遇到強風時　¥需洽詢　所小樽市最上2-16-15

☎0134-33-7381　MAP附錄③ 24 E-3

↑在夜晚飛行，可以享受欣賞小樽夜景的浪漫時光

旭川近郊的美食都在這裡！

旭川 2022年7月OPEN

旭川Harete ● あさひかわはれて

建於旭川買物公園的FOOD PARK。有許多能感受北北海道特色的餐飲店及雜貨店林立，發揚以旭川為中心的「北北海道」地區飲食文化。腹地內的花園也會隨時舉辦活動。

🕙視店鋪而異　所旭川市平和買物公園5条通8丁目　旭川站步行15分　P無

視店鋪而異
MAP附錄③ 14 H-5

TOPICS 9

↑所有店鋪都採用無現金支付

由三溫暖專家監修
以「鬼」為主題的
三溫暖完工！

登別格蘭飯店「鬼三溫暖」

● のぼりべつぐらんどほてるおにさうな

以地獄谷為意象的「鬼三溫暖」。除了與「鬼」之名相稱的110度高溫三溫暖之外，還有仿造鬼金棒的三溫暖石、充滿厚實感的羽釜浴池等，到處都是匠心之作。

↑看瀑布流水、聽潺潺流水聲的療癒休息空間

☎0143-84-2101
MAP附錄③ 17 D-6 ⇒P.90

←以鬼為意象的雙色浴槽。藍色是冷水池，紅色是溫水池

🕐不住宿入浴7:00～10:00、12:30～20:00(週一四為14:30～20:00、早上7:00～10:00也有營業) 🈲無休(4月10～12日為維護檢修公休，視情況可能中止不住宿入浴) 💴不住宿入浴2000円、1泊2食15400円～ 🏠登別市登別溫泉町154 🚌JR登別站搭往登別溫泉的道南巴士15分，終點下車即到 🅿100輛

山ノ風マチ

● やまのかぜまち

作為能輕鬆感受非日常的空間而誕生的新區域。四周樹木環繞，以義式冰淇淋、披薩店、麵包店、西點店為首，特色豐富的餐飲店齊聚一堂。腹地內亦備有木板平台及足湯，可以隨意享受。

🏠札幌市南區定山溪溫泉西2-2
MAP附錄③ 24 F-1

位於定山溪溫泉的順道景點！

↑2021年月開幕的「エクスクラメーションベーカリー」

TOPICS 13

經過改建的「舊昆蟲學及養蠶學教室」化身為以西洋建築巧思點綴的摩登建築

TOPICS 12

在北海道大學校內誕生的葡萄酒新景點

北海道葡萄酒教育研究中心

● ほっかいどうわいんきょういくけんきゅうせんたー

近年備受矚目的北海道產葡萄酒研究暨人才培育據點在北大校內誕生。該建築是將名列國家文化財的建築重新利用。建築內也有附設能品嘗北海道葡萄酒的咖啡廳。

北海道大學建築設計學研究室

🏠札幌市北區北9西8 🚌JR札幌站步行10分 🅿無
MAP附錄③ 3 C-2

札幌薄野站前複合開發計畫(暫)

● さっぽろすすきのえきまえふくごうかいはつけいかく

新建於直通地鐵薄野站的薄野Lafiler舊址的複合商業設施。有餐飲店、商店、市集等各種店鋪進駐，是不論晚上或白天都能盡興的新興繁華區。

TOPICS 15

薄野的新興繁華鬧區！

MAP附錄③ 7 D-5 ⇒P.79

界 波羅多 ● かいぽろと

在北海道內，活用地區特色的星野集團旅館陸續開幕。位於波羅多湖畔，所有客房都能欣賞湖景的「界 波羅多」，坐擁世界罕有的植物性褐碳溫泉供人享受。

☎050-3134-8092(界預約中心)
MAP附錄③ 26 F-3 ⇒P.95

TOPICS 14

北海道內第一家星野集團「界」品牌的高級旅館

TOPICS 16

在北海道各地陸續商品化的精釀酒。時尚的瓶身也很適合當作伴手禮！　精釀酒值得矚目！

積丹

「火之帆 [KIBOU 希望]」
500㎖ 5940円
堅持使用赤蝦夷松等積丹半島的植物釀製

札幌

澄川麥酒Weizen
330㎖ 700円(未稅)
使用小麥麥芽釀製的白啤酒。特徵是帶有果香且甜味醇厚

余市

Nobori farm house Ale
350㎖ 655円
使用積丹岳的伏流水釀造的無過濾啤酒。特徵是帶有果香

二世古

ohoro GIN
720㎖ 4620円
使用二世古安努普利的伏流水、香楊梅及和薄荷釀製。味道純淨

上富良野

忽布古丹釀造 藍靛果酒
330㎖ 704円
使用富良野產藍靛果。鮮紅色讓人印象深刻的水果麥酒

札幌

使用札幌的伏流水釀製的精釀琴酒
精釀琴酒
700㎖ 5500円

岩內

岩內地啤酒
440円
岩內是發現野生啤酒花的地方。使用海洋深層水作為釀造用水

超級完美！
Part 4

行程範例

這裡要介紹能好好享受札幌、小樽、富良野、
美瑛及旭川王道景點的旅遊行程。
盡情欣賞北海道特有的風景吧！

PLAN.1
札幌‧小樽
3天2夜 🚶步行＋🚃電車

盡情享受札幌、小樽的必去熱門景點，以及廣大土地孕育的極品美食！

必去熱門景點 & 必吃美食完全制霸

第1天

先在札幌盡情玩樂！

在拉麵激戰區
札幌享用人氣拉麵

寄放行李後就出發！

1 `11:00`
札幌站
JR札幌站是札幌觀光的據點！
➡ P.76,77

在市中心移動騎自行車也方便！
不必花時間等地鐵，所以能夠節省移動時間。推薦騎Porocle ➡ P.59

2 `12:00`
在車站周邊吃午餐
一定要品嘗炒蔬菜鮮甜、味噌醇厚的札幌拉麵！

先到外頭拍照留念！內部展示也值得一看

➡ 外觀自不用說，食材及味道也彰顯出各店的特色

3 `13:30`
在鐘樓、大通公園拍紀念照
步行約3分鐘即可抵達鐘樓與大通公園。也很推薦坐在公園內樹蔭下的長椅享受片刻悠閒。
➡ P.60,62

↑隨處可見花壇及噴水池的療癒景點

6 `21:00`
在薄野吃芭菲收尾！
酒後通常會吃點滋味清爽的芭菲！也有許多店家營業到深夜。
➡ P.50

在札幌市中心住宿

提供無腥味、美味又健康的羔羊肉

4 `15:30`
在大通的咖啡廳享受點心時光
大通公園～札幌站一帶有許多知名品牌直營店分布其中。店鋪限定菜色必吃！➡ P.48,49

5 `18:30`
在札幌啤酒園大啖成吉思汗烤肉！
成吉思汗烤肉是北海道民眾的靈魂美食，搭配工廠直送的生啤酒一起享用吧！
➡ P.28,72

↑能品嘗北海道特有的濃郁甜點

第1天

6	**5**	**4**	**3**	**2**	**1**
在薄野吃芭菲收尾！	在札幌啤酒園大啖成吉思汗烤肉！	在大通的咖啡廳享受點心時光	在鐘樓、大通公園拍紀念照	在札幌站周邊吃午餐	札幌站
搭地鐵＋步行約30分	搭地鐵＋步行約30分	搭地鐵＋步行約30分	步行5分	步行10分	步行約15分

在札幌市中心住宿

第2天
漫步於復古港都小樽

仍保有港都昔日繁盛風貌的運河

順道去舊手宮線遺址拍照留念

北海道最古老的鐵道遺址。現在已整修為散步道，可以在此隨意漫步。 ➡P.101

← 在歷史建築內欣賞彩繪玻璃等藝術

8 9:30
在小樽運河散步
全長1140公尺的運河沿岸設有散步道。能一邊欣賞倉庫群，一邊享受復古散步的樂趣。 ➡P.100

7 8:30
在小樽的市場吃早餐
能品嘗在小樽近海捕獲的當令新鮮海產。 ➡P.109

價格實惠！在車站地下街的市場食堂享用豪華海鮮丼

盛裝在小樽玻璃器皿上的正統握壽司

將明治時期傳承至今的小樽玻璃製品當作伴手禮

9 12:00
嘗嘗當令海鮮握壽司
品嘗以現捕海鮮直接捏製而成的「蝦夷前壽司」。 ➡P.110

10 13:30
在堺町通購物
在歷史建築林立的觀光主道上，尋找中意的物品吧。 ➡P.104

11 15:30
在 Le TAO 享受甜點時光
堺町通上隨處可見特色各異的Le TAO直營店。 ➡P.106

在札幌市內住宿 從JR小樽站前往

↑嘗嘗現做的「原味雙層起司蛋糕」吧

13 11:00
前往札幌羊之丘展望台
和站在山丘上俯瞰市區的克拉克博士像合影留念吧 ➡P.65

少年要胸懷大志！

第3天
前往感受開拓者精神之地

保留當時原貌的札幌農學校第2農場

12 9:00
北海道大學漫步
廣大的校園內散布著能感受北海道開拓時代的歷史建築。 ➡P.64

↑校內的克拉克像

↑北大的名勝白楊林隧道

14 13:00
在新千歲機場吃午餐＆購物
伴手禮店、餐飲店等形形色色的設施齊聚於此。建議伴手禮最後再一次採買吧。 ➡附錄①

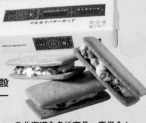

↑北海道內各地商品一應俱全！

14 新千歲機場
搭巴士＋電車約1小時30分
13 札幌羊之丘展望台
搭地鐵＋巴士約30分
12 北海道大學漫步
第3天
在札幌市內住宿
JR小樽站
步行25分
11 在Le TAO享受甜點時光
步行即到
10 在堺町通購物
步行10分
9 嘗嘗當令海鮮握壽司
步行10分
8 在小樽運河散步
步行10分
7 在小樽的市場吃早餐
第2天

2 `11:00`
在富田農場欣賞花田
7月是薰衣草的最佳觀賞期。也設有販售原創產品的商店及咖啡廳。 → P.124

富良野地區的代表性賞薰衣草景點！

`8:30`
~~~~◁ **START!**
1 新千歲機場
→ 附錄❶ P.12

租車出發！

PLAN.2
富良野・美瑛・旭川
3天2夜 🚗租車

享受嚮往的絕景 & 旭山動物園

很有北海道特色的山丘與花田景觀，以及這裡才能看到的動物模樣令人感動！

第1天
嚮往的花田與甜點
讓人雀躍不已

富良野美食大集合！

在景觀絕佳的露台座享用限定菜色

4 `15:30`
在富良野農夫市集尋找伴手禮
位於富良野市區的人氣市集。在地的當令美味及外帶美食菜單都很豐富。 → P.131

3 `14:00`
在カンパーナ六花亭享受甜點時光
「六花亭」的直營店。在能眺望廣大葡萄田及大雪山山巒的地方享受悠閒時光。 → P.130

⬆添加富良野紅豌豆的富良野麻糬110円

夜晚變成更夢幻的空間

在富良野市內住宿

5 `17:00`
在森林精靈露台盡情購物
位於森林中的浪漫購物區。可以買到極富特色的工藝作品。 → P.140

也很推薦這裡！

早起眺望壯觀的雲海 → P.92
位於星野集團RISONARE TOMAMU的雲海平台。搭乘雲海纜車到山上，可以從各種觀景點欣賞景色。

在富良野市內住宿

5	**4**	**3**	**2**	**1**	**第1天**
購物區「森林精靈露台」	富良野農夫市集	カンパーナ六花亭	富田農場	新千歲機場	
開車約10分	開車約10分	開車約20分	開車約10分	開車約2小時10分	

水池的顏色會隨時段及天氣變化！

第2天 遊逛「知名風景」的絕景兜風

6 `10:00`
四季彩之丘
腹地內所到之處盡是大片色彩鮮艷的花田。在羊駝牧場與羊駝互動也很熱門。 → P.135

↑春～秋季有數十種花卉爭妍鬥豔

7 `12:30`
白金 青池
鈷藍色水池與枯萎的日本落葉松及白樺交織成一片夢幻光景，萬分美麗。 → P.136

開車即到！
白鬚瀑布

落差30公尺。從自然岩壁間流出地下水，是日本罕見的瀑布

8 `13:30`
在餐廳吃午餐
午餐就享用在富良野、美瑛採收的鮮甜蔬菜！ → P.137,138

每家店都會供應講究食材及味道的料理

9 `14:30`
拼布之路
五顏六色的大片田地宛如拼布，上相的丘陵地帶。 → P.132

電視廣告、海報中的景色就在這裡！

第3天 在旭山動物園盡情遊玩！

11 `10:00`
參觀旭山動物園
透過能看到動物原本樣貌的行為展示等，盡情感受動物的魅力。 → 附錄❷

能看到動物們生龍活虎的模樣！

10 `18:00`
晚餐吃旭川拉麵
以豬骨、雞骨搭配海鮮熬製高湯，雙重美味極具特色！ → 附錄❷ P.16

→醬油口味比較大眾

在旭川市內住宿

↓妖精居住的「地精的庭園」

在移動路上吃些砂川絕品甜點 → P.18,19

砂川市內有超過20家各式各樣的甜點店！不妨順道前往甜點之城。

12 `10:00`
前往上野農場的花園
由園藝家上野砂由紀一家打造的花園。可以欣賞四季花草。 → 附錄❷ P.16

13 `13:30`
在新千歲機場尋找伴手禮
→ 附錄❶

13		12		11	第3天		10		9		8		7		6	第2天
新千歲機場	開車約2小時20分	上野農場	開車約10分	旭山動物園		在旭川市內住宿	旭川拉麵	開車約30分	拼布之路	開車約10分	在餐廳吃午餐	約25分	白金 青池	開車約20分	四季彩之丘

+α 隨喜好自由變化！

行程範例

PLAN.4 二世古 | 1day | 🚗租車

悠閒地待在羊蹄山山麓

1 9:00
從札幌出發
開車約2小時

2
兜風途中眺望羊蹄山
初夏可以看到大片馬鈴薯花海的絕倫光景。

又名「蝦夷富士山」的名峰

3 11:00
在ニセコ高橋牧場ミルク工房品嘗牧場甜點 ➡P.97
邊欣賞風景邊享用牧場甜點。也有附設咖啡廳與餐廳。
開車約25分

ピーカンロールピザ
使用北海道產小麥及天然酵母製成的披薩捲。 ➡P.97

也能在這吃午餐！

4 13:00
在五色溫泉旅館悠哉享受 ➡P.97
能眺望二世古安努普利的源泉放流式美肌溫泉。
開車約2小時20分

二世古地區有許多溫泉！

5 17:00
前往新千歲機場

PLAN.3 余市・積丹 | 1day | 🚗租車

享受積丹藍&海膽丼

1 9:30
從小樽出發
開車約30分

創業當時的復古建築群

2 10:30
一甲威士忌余市蒸餾所 ➡P.120
前往日本威士忌創業之地！
開車約1小時

積丹的夏季美味

3 14:00
午餐吃奢侈的海膽丼 ➡P.121
鋪滿前濱捕獲的濃郁甘甜天然海膽！
開車約15分

ふじ鮨 積丹本店
大量使用積丹海鮮的壽司店。

吃壽司當午餐吧

4 15:00
從神威岬的前端眺望日本海 ➡P.121
走觀光步道到海岬的前端，盡情欣賞積丹藍！
開車約2小時

前端朝海面突出的神威岩

5 18:30
從積丹到札幌

PLAN.6 白老·洞爺湖 | 2days | 🚗租車

親近愛奴文化與大地氣息的旅程

藉由家屋等重現聚落的傳統部落

第1天

1 `9:00`
從札幌出發

開車約 1 小時 20 分

2 `10:30`
在 Upopoy 沉浸於愛奴的世界 P.95

學習、傳揚愛奴歷史及文化的國家文化中心。有豐富多樣的節目，供人用五感體驗愛奴文化。

照片提供：(公財)アイヌ民族文化財団

開車約 25 分

⤵ 也很推薦添加自社農園栽種有機香草的護手霜

3 `10:30`
在ナチュの森 散步、購買化妝品 P.95

買完自然派化妝品後，前往花園享受悠閒時光。

開車約 25 分

4 `18:00`
在界 波羅多住宿

在能享受褐碳溫泉的溫泉旅館放鬆過夜。 P.95

也可以在登別溫泉住宿！

登別溫泉
能享受9種泉質，全國數一數二的溫泉勝地。 P.90

第2天

5 `10:00`
搭有珠山空中纜車 感受大地能量 P.91

從觀景台往下俯瞰，洞爺湖和昭和新山盡收眼底。

開車約 15 分

6 `12:00`
在洞爺湖畔吃午餐&散步 P.91

在溫泉街吃完午餐後，前去欣賞四季各異的美麗湖景。

開車約 1 小時 30 分

湖中央的「中島」是北海道內數一數二的能量景點

7 `16:30`
前往新千歲機場

PLAN.5 千歲·支笏湖 | 1day | 🚗租車

在搭機前後享受大自然的兜風之旅

1 `9:00`
從札幌出發

開車約 1 小時 20 分

2 `10:30`
享受支笏湖藍 P.94

支笏湖在世界上是透明度首屈一指的火口湖，能看見湖底有柱狀節理的獨特風景。

丸駒溫泉旅館
興建於湖邊沿岸，散發祕湯氣息的獨棟旅宿。

觀光船、獨木舟等戶外活動也很豐富

開車約 45 分

➔ 也很推薦漫步溫泉街，品嘗原創甜點 P.94

3 `13:00`
在北國優駿公園 與馬互動 P.86

能在大自然中與馬互動的主題公園。

HAPPY PONY SHOW

開車約 20 分

➔ 亦可品嘗使用北海道產食材的料理

4 `15:30`
在もりもと 千歲本店享用限定甜點 P.87

在本店位於千歲的甜點品牌咖啡廳小歇片刻。

開車約 15 分

使用大量在地食材

5 `17:00`
前往新千歲機場

維繫煤礦產業的眾多甜點
造訪 砂川甜蜜道路
～北海道砂川市～

從札幌開車約1小時

招牌是現擠牛乳製成的新鮮義式冰淇淋

●雙球400円。招牌是「草莓千層派」×「現擠牛乳」（左）

本頁面與網站連動！
關於地方食材及優質店家等詳細資訊，請掃描右方QR碼進一步了解。

MAPPLE 旅遊導覽

我推薦這裡！

幾乎位在札幌與旭川中間的砂川市，在北海道內也是知名的甜點城鎮。有許多讓人想特地前往的商店與咖啡廳。

MAPPLE編輯部 OHYAMA

自從這一帶以煤礦業興起的時代以來，砂川甜點持續為勞動人口舒緩疲勞、使人嶄露笑容。穿過城鎮中心的國道12號沿線散布著大約20間店鋪，從全國規模的廠商到街上的甜點店、咖啡廳等都有，被人們稱作「砂川甜蜜道路」。除了極富特色的甜點，交通方便性也很有魅力。不妨來趟當地獨有的甜點巡禮。

岩瀬牧場
いわせぼくじょう

牧場直營的義式冰淇淋店。使用現擠牛乳製成的義式冰淇淋十分濃醇，以驚人的清爽味道為特色。店面常備12～18種口味的冰淇淋。

☎0120-113-529
⏰9:00～18:00 🈶無休
📍砂川市一の沢237-6 🅿50輛
🗺附錄③21 B-1

除了義式冰淇淋，還有其他絕品甜點！

↑現擠牛乳布丁360円（左）、手工布丁360円（右）

↑外觀相當可愛！上相的瓶裝蛋糕各450円

以製造、觀光為主題 SHIRO經營的新設施

みんなの工場
みんなのこうじょう

2023年5月時OPEN

砂川發源的化妝品牌「SHIRO」的新工廠。腹地內不僅附設直營店及咖啡廳，還能透過參觀工廠等多元角度了解SHIRO的生產製造過程。

☎0120-275-606（SHIRO客服中心）
⏰休未定
📍砂川市豐沼町54-1
🅿未定
🗺附錄③21 A-2

→販售以大量籠目昆布等自然素材製成的商品

→焦點是隨時都能參觀工廠的玻璃牆空間

北海道的美食 伴手禮一應俱全！

砂川ハイウェイオアシス館
すながわはいうぇいおあしすかん

直通砂川SA的高速公路綠洲。館內有伴手禮店、商店、產直市場、北菓樓直營店等，供應豐富齊全的北海道內美食及特產。從一般道路也能前往。

☎0125-53-2460
⏰9:00～18:00（10～4月至17:00）※可能變更
🈶無休 📍砂川市北光336-7
🅿大型126輛／小型650輛
🗺附錄③21 A-1

→這裡才有的限定菜色！北菓樓人氣芭菲

鈴薯塊290円

零嘴！印加覺醒馬鈴薯

→很適合作為兜風零嘴

遊逛北海道砂川市的方法

推薦！中途路經的景點

砂川市幾乎位於札幌到旭川的中間，位在札幌～旭川間的路線上，兜風途中需要休息時也便於順道前往。由於商店散布各處，如要觀光的話，建議開車自駕。欣賞完交通景點及品嘗甜點後，不妨了解一下砂川的產品製造業。

旭川
砂川
札幌

🚃 **JR**
所需時間約45分
單程3360円

JR札幌站
特急丁香號、神威號、鄂霍次克號、宗谷號（僅下行停車）
JR砂川站

🚗 **開車**
所需時間約1小時
單程2210円（週六日優惠價1550円）

札幌IC
道央自動車道約76km
砂川SA SMART IC
※ETC車專用

↑蘋果派超熱門的老字號甜點店

↑ナカヤ蘋果派430円

ナカヤ菓子店

創業七十多年的老店。招牌商品蘋果派皆為手工烤製。以機器生產無法打造的柔和酥脆口感自豪。

☎0125-52-2575 🕐9:30～17:30
🈺週一，每月1次週日不定休 📍砂川市東1南10-2-13 🅿28輛 MAP附錄③21 A-2

→三角屋頂風格的外觀很醒目

↑蛋糕套餐825円

直立在水邊的隱蔽咖啡廳

誕生於砂川北海道首屈一指的甜點品牌

北菓樓 砂川本店

北菓樓的商店＆咖啡廳。咖啡廳以招牌蛋糕套餐、蛋包飯最有人氣。購買商品後，可以到附設於店舖旁的洋風庭園及森林享受閒靜時光。

☎0125-53-1515 🕐9:00～18:00
🈺無休 📍砂川市西1北19-2-1
🅿50輛 MAP附錄③21 A-1

↑除了其他分店的限定商品，幾乎所有品項都能買到

↑還有讓知名度大增的泡芙

↑最受歡迎的綜合水果口味（中）

藉由蘋果甜點傳遞幸福！

お菓子のほんだ 砂川本店

以砂川為中心廣設6家分店的老字號甜點店。主力商品為使用蘋果製成的甜點。講究的自製蘋果派特徵在於層次豐富的味道，以及酥脆輕盈的口感。

☎0125-52-6321 🕐9:00～18:00
🈺無休 📍砂川市西1北11
🅿8輛 MAP附錄③21 A-1

沙布列餅乾內夾白巧克力及蘋果內餡

↑蘋果派460円

↑人氣No.1的蘋果浪漫200円

季の庭YA-YELL

位於砂川綠洲公園沿岸，開放自宅後院營業的咖啡廳。推薦餐點是手工霜淇淋冰棒（450円起）。雄壯的景色與甜點療癒身心。

☎090-1523-8833 🕐4月下旬～10月底的10:00～18:00 🈺週二～四（7～8月僅週三）📍砂川市西4條南5丁目1-20 🅿9輛 MAP附錄③21 A-1

↑能眺望眼前的滯洪池

用**故鄉稅**來支援！

以下介紹部分砂川市的回禮品

SHIRO皂香淡香水
（SHIRO株式會社）
捐款金額：12000円
男女都適用，能享受華麗香氣的淡香水。

SOMES M-01皮帶
（寬33㎜）(黑色)(SOMES SADDLE株式會社)
捐款金額：40000円
受到各年齡層喜愛的牛皮製均碼皮帶。作為禮品也受到好評。

北菓樓 年輪蛋糕妖精之森（北菓樓）
捐款金額：12000円
以獨特溫潤口感自豪。活用嚴選食材細心烤製的年輪蛋糕。

申請辦法
・前往砂川市官網的故鄉納稅網頁
・移動至連結的納稅入口網站
・根據捐款金額申請回禮品
・如要扣除稅金，請依規定手續辦理

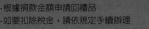

砂川綠洲公園
すながわおおあしすぱーく

隨著石狩川工程一同整頓的滯洪池。除了帆船這類水上運動，冬季還能享受釣西太公魚的樂趣。也可以隨心所欲地在水池周圍散步，或坐在草地上休息。

☎0125-52-3141（滯洪池管理棟）
🕐自由入園（管理棟週一休，逢假日則翌日休）
📍砂川市西5南8 🅿150輛 MAP附錄③21 A-2

ソメスサドル 砂川ファクトリー・ショールーム
そめすさどる すながわふぁくとりー・しょーるーむ

日本國內唯一一家馬具製造商的總工廠＆商店。活用馬具製作技術生產的皮革製品皆為手工製作。商店也有提供自家產品的維修服務。

☎0125-53-5111
🕐10:00～18:00
🈺全年無休（過年期間除外）📍砂川市北光237-6 🅿有很多
MAP附錄③21 A-1

屋頂上有馬的風向儀！

風光明媚的休息空間

#彷彿歐洲
#絕景

↑尖屋頂是水閘

以能長久受用的產品為目標

↑光是身處打理漂亮的廣大庭園就有種特別的心情

↑飾有韁繩、鞍釘的托特包63800円

↑每年春～秋季都會在中庭放牧馬匹

※刊載內容為2023年1月時的資料。回禮品可能視捐款金額變動，或有缺貨、受理截止的情況。

非常好吃！ SAPPORO 美食 全明星大集合

全力採訪 長達38頁 129家店

札幌是日本數一數二的美食之都。以下將隆重介紹來到札幌必去的人氣店，從拉麵、成吉思汗烤肉、海鮮丼等經典美食到當今熱門的甜點應有盡有！

嘗遍15種 美食吧！

看圖示一目了然！ **check營業時段！**

早	…8:00~10:00左右
午	…11:00~17:00左右
晚	…18:00~23:00左右
深夜	…24:00左右~

必吃★美食都在這裡

SAPPORO 美食的 **必知常識！**

相當常 見呢。

並非尋常炸雞塊的 **北海道炸雞**
北海道炸雞（ザンギ）是將雞肉下鍋油炸而成，是居酒屋一定會有的菜色。據說起源於釧路，有時也會沾醬食用。

說到山葵就想到 **辣根**
西洋山葵（辣根）是牛排等的招牌佐料。在北海道可以在超市買到生辣根。

居酒屋的沙拉會 加進拉麵
「沙拉拉麵」是北海道居酒屋的招牌菜色。以大量蔬菜淋上芝麻醬為主流。

鮭魚卵 可以在家中醃漬
對北海道民眾而言，醬油漬鮭魚卵是家庭料理。家居建材超市也有剝散鮭魚卵用的網子。

酒後以芭菲收尾
札幌不為人知的飲食文化變成一大潮流。在市中心有許多深夜營業的店家，能品嘗芭菲與美酒。

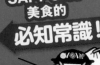

SAPPORO美食全明星大集合《札幌拉麵

醬油拉麵 900円
●焦香撲鼻、略帶甘甜。罕見地以海水味鮮明的岩海苔為配料

必吃！
味噌拉麵 900円
使用2種白味噌的味噌醬加上豬骨清湯湯頭。再擺上叉燒肉片及叉燒肉塊。

拉麵DATA
麵條 中粗捲麵
湯頭 清爽‥☆‥濃郁

豐平區 預算900円

麵屋 彩未
★めんやさいみ

午 晚 深夜

曾 在札幌味噌拉麵名店「すみれ」進修的店主於2000年開店。發揮獨特巧思、味道均衡的味噌拉麵受到好評，如今已成為北海道的代表性拉麵店。在店主真摯的態度與努力不懈下所誕生的拉麵，即使要排隊也值得品嘗！由於店內經常人潮洶湧，平日14時30分以後是比較容易入店的時段。

☎ 011-820-6511 MAP附錄③2 E-4
🕐11:00～15:15、17:00～19:30（週二三僅11:00～15:15） 休週一（每月2次臨時公休）所札幌市豐平區美園10条5-3-12 地鐵美園站步行5分 P19輛
席 吧檯座、桌位座 預約✕

➔店內氣氛整潔。即使排隊，店員也會事先詢問點餐，相當貼心

➔位於住宅區，總是大排長龍的拉麵店

薑泥的清爽後勁讓人一吃就上癮！總是大排長龍的超人氣店

實吃報告
將拉麵上的薑泥溶於湯頭再吃，風味會更豐富，能享受味道的層次變化！

「彩未」所在的豐平區有眾多名店，是拉麵愛好者的聖地。

每每大排長龍的

札幌拉麵 超有名店

一旦有人問起：「推薦哪間拉麵店？」這些店都會上榜。光顧時要有排隊等候的心理準備！

★札幌拉麵的小知識★

始祖店在這！
兼顧營養均衡的美味拉麵

味の三平
★あじのさんぺい

☎ 011-231-0377
MAP附錄③7 D-3
🕐11:00～18:30
休週一、週二不定休（夏季有臨時公休）所札幌市中央区南1西3大丸藤井セントラル 4F 地鐵大通站步行3分 P無

⬆味噌拉麵900円。三平流是使用粗豬絞肉的味噌口味

●配料●
擺上大量口感清脆的炒蔬菜，分量十足。尤其豆芽菜更是味噌拉麵不可或缺的配料。

●湯頭●
以豬骨湯底的味噌口味為主流，不過同時供應醬油、鹽味的店也很多。細心熬煮的湯頭與自豪的醬汁互相調合。

●麵條●
一般都是使用較粗且彈牙的多加水捲麵。各店都有自己的講究之處，像是使用自製麵或向製麵公司特別訂貨等。

●歷史●
以戰後的路邊攤為中心，濃郁的豬骨湯頭拉麵登場。原本以醬油湯頭較為常見，後由於「味の三平」研發出味噌湯頭而逐漸普及。

⬆活用木質溫暖感的裝潢有種沉穩的氣氛

味道濃郁且
香氣豐富的味噌湯頭

實吃報告

熱騰騰的濃郁湯頭可以喝到最後一口！也很推薦加桌上的辣柚子胡椒改變味道！

薄野 預算1500円

すみれ札幌すすきの店

★すみれさっぽろすすきのてん

午 晚 深夜

自 1964年創業以來，持續守護傳統美味的店。深具特色的濃郁湯頭影響了許多家拉麵店。招牌菜色是味噌拉麵，味噌香氣與蔬菜的甘甜相互融合，滋味濃郁有層次。

📞011-200-4567　MAP 附錄③7 D-4

🕐17:30～翌0:30　休不定休
📍札幌市中央区南3西3-9-2 ピクシスビル2F　🚇地鐵薄野站即到
Ｐ無　🪑吧檯座、桌位座
預約×

分店也要CHECK！

札幌中の島本店　MAP 附錄③3 D-5
札幌里塚店　MAP 附錄③24 G-5

必吃！

味噌拉麵 980円
浮在表面上的豬油能防止熱氣散逸，香醇的湯頭喝到最後一口都還是熱的

拉麵DATA
麵條 中粗捲麵
湯頭 清爽‧‧‧★濃郁

如果第一次吃札幌拉麵，還是選味噌口味比較好！

拉麵只有味噌口味！
品嘗強勁的濃郁湯頭

實吃報告

湯頭雖然濃郁，卻誘人大口喝完！蛋也很好吃，讓人喜歡。

有彈性的黃色捲麵搭配濃郁湯頭！

味噌

濃郁的味噌湯頭加上有嚼勁的黃色麵條，這就是札幌拉麵！各店講究的叉燒肉及配料也值得矚目。

⬅位於萊福特札幌酒店後。店內飾有知名人士的簽名

必吃！

味噌拉麵 900円
將佐渡白味噌與信州的發芽玄米味噌調合成味噌醬。提味用的馬鈴薯能增添稠度與甘甜

拉麵DATA
麵條 中粗捲麵
湯頭 清爽‧‧‧★濃郁

也想吃這個！

雞蛋拌飯 350円
⬆使用深川增田農園直送的放養雞蛋。如同鏡餅般層層分明，蛋白相當潤口

中島公園 預算900円

味噌ラーメン專門店 狼スープ

★みそらーめんせんもんてんおおかみすーぷ

午 晚 深夜

靠 口碑而聞名，連知名人士也經常光顧的拉麵店。店主是非常講究味道的實力派。從拉麵只有味噌口味一種，就能看出店主有多麼講究。

📞請至官網確認資訊　MAP 附錄③8 C-5
http://www.ohkami-soup.net

🕐11:00～15:00、17:00～19:30(有時湯頭售完打烊)　休週二三　📍札幌市中央区南11西1-5-1 萊福特札幌酒店後　🚇地鐵中島公園站步行約5分　Ｐ1輛
🪑吧檯座、桌位座　預約×

札幌

SAPPORO美食全明星大集合

札幌拉麵

必吃！ 味噌拉麵 950円

特徵是使用慢火熬煮的豬骨湯頭與3種味噌，搭配加入蔬菜甘甜製成的味噌醬。

拉麵DATA
麵條 中粗捲麵
湯頭 清爽‧‧★‧‧濃郁

薄野　預算900円

札幌味噌ラーメン専門店 けやき すすきの本店

★さっぽろみそらーめん せんもんてんにとりのけやき

午｜晩｜深夜

提 供講究拉麵的味噌拉麵專賣店。色彩鮮艷的蔬菜配料與中粗捲麵的彈牙口感讓人上癮。也可以加點配料。

☎011-552-4601
MAP 附錄③7 D-5

↑位於薄野中心區，飲酒後順道入店的人很多

🕙10:30～翌3:00（週日、假日至翌2:00）
休無休　所札幌市中央区南6西3 睦ビル 1F
地鐵豐水薄野站步行3分
P無　席吧檯座
預約×

分店也要CHECK！
新千歲店　**MAP** 附錄③26 H-1

推薦作為收尾
想試吃評比就來這裡！

薄野

元祖札幌拉麵橫丁

★がんそさっぽろらーめんよこちょう

在大樓的夾縫間有多家拉麵店林立，可以嘗到攤上海鮮、玉米的古早味札幌拉麵。在深夜營業也是一大魅力。

共17家店

↑位於薄野的街道（橫丁），也有許多深夜營業的店

☎視店鋪而異
MAP 附錄③7 D-5

🕙以較早的店鋪11:00～，較晚的店鋪至翌5:00為基準
休視店鋪而異
所札幌市中央区南5西3
地鐵薄野站即到
P無

薄野　預算950円～

麵屋 雪風すすきの本店

★めんやゆきかぜすすきのほんてん

午｜晩｜深夜

可 以嘗到講究食材的濃郁味噌拉麵、雞骨湯底的鹽味拉麵，非常受歡迎。味噌拉麵則以口感圓潤、尾韻無窮的王道滋味而聞名。

☎011-512-3022
MAP 附錄③7 C-6

🕙18:00～翌3:00（所有湯頭售完打烊）
休僅逢假日時週一休　所札幌市中央区南7西4-2-6 LC拾壱番館1F　地鐵薄野站步行8分
P無　席吧檯座　預約×

濃縮大地的鮮美！
地產地消的拉麵！

↑店面位於札幌站附近的HOKUREN大樓地下

必吃！
恢復活力的味噌拉麵
（加大）1250円

使用大量北海道民眾熟悉的山菜及莙薹。是營養十足、大排長龍的人氣美味。

拉麵DATA
麵條 中粗捲麵
湯頭 清爽‧‧★‧‧濃郁

薄野　預算1000円

ラーメンしみじみ

★らーめんしみじみ

午｜晩｜深夜

使 用網走產蜆，名產是使用大量有益健康的蜆熬煮而成的原創海鮮湯頭。除了招牌菜色──濃淡適中的味噌拉麵之外，還有札幌拉麵（味噌、鹽味、醬油）等多種菜單。

↑位於元祖札幌拉麵橫丁內的店

☎011-521-4323
MAP 附錄③7 D-5

🕙11:00～16:00、19:00～翌2:00（週五六至翌4:00）休無休　所札幌市中央区南5西3-6 N‧グランデビル 1F 元祖札幌拉麵橫丁　地鐵薄野站即到　P無　席吧檯座　預約×

必吃！
濃淡適中的蜆味噌拉麵 850円

蜆高湯中加入雞白湯的招牌菜色。味道清淡卻層次豐富

拉麵DATA
麵條 中粗捲麵
湯頭 清爽‧★‧‧‧濃郁

滋味圓潤
齒頰留香的濃郁湯頭

必吃！
濃郁味噌拉麵
950円

在使用3種味噌、豬骨與雞骨熬成的白湯底中，加入小魚乾、鮪魚柴魚片一起熬煮湯頭，以焦香的油來提升香氣

拉麵DATA
麵條 中粗捲麵
湯頭 清爽‧‧‧★濃郁

↑店內總是很熱鬧，店外經常大排長龍

札幌站周邊　預算1500円

ラーメン札幌一粒庵

★らーめんさっぽろいちりゅうあん

午｜晩｜深夜

堅 持使用北海道產食材地產地消的拉麵深受歡迎。從湯頭用的豬骨到自製麵，都是使用北海道產食材。

☎011-219-3199
MAP 附錄③4 E-3

🕙11:00～15:00、17:00～19:00（食材用完打烊）　休週日不定休（詳情在官網公告。https://ichiryuan.com/）
所札幌市中央区北4西1 ホクレンビルB1　JR札幌站步行3分
P50輛　席吧檯座、桌位座
預約○

能品嘗正統派札幌味噌的名店

必吃！
味噌拉麵 830円

以豬骨為湯底加上雞、海鮮，調和成平衡絕妙的濃郁湯頭。薑的風味使尾韻變得清爽

拉麵DATA
麵條 中粗捲麵
湯頭 清爽‧‧★‧‧濃郁

以蜆為湯底的清爽湯頭！

大通　預算1000円

千寿

★せんじゅ

午｜晩｜深夜

能 嘗到曾在洋食店、札幌知名拉麵店工作過的店主所煮的拉麵。人氣最高者為正統派札幌味噌拉麵，風味香醇的醬油拉麵、湯頭清澈的鹽味拉麵也有許多粉絲支持。

☎011-281-1101
MAP 附錄③7 A-1

🕙11:00～15:00　休週日　所札幌市中央区大通西8-2-39 北大通ビルB1　地鐵西11丁目站步行5分　P無　席吧檯座、桌位座　預約×

↑復古氛圍洋溢的店內一過中午，就聚集許多上班族

提到薄野的收尾拉麵就會想到這裡！

美食 全明星大集合
札幌拉麵

必吃！
1 鮮蝦鹽味拉麵
900円
添加蝦油、蝦殼粉末等製成，充滿了蝦味的拉麵

拉麵DATA
麵條　粗直麵
湯頭　清爽‥‥★濃郁

實吃報告
最推薦能嘗到鮮蝦美味的鹽味拉麵！鮮蝦飯糰也很好吃

濃縮了鮮蝦的
高湯與鮮美
蝦味十足的拉麵

口味清淡的醬油及鹽味拉麵也能當作酒後的收尾料理品嘗喔。

必吃！
4 雞乃中華麵
930円
只用北海道產雞肉熬製的醬油湯頭味道醇厚，尾韻卻很清爽

拉麵DATA
麵條　中細直麵
湯頭　清爽‥★‥濃郁

雞湯的鮮味
讓人上癮！

必吃！
2 雞湯鹽味拉麵
830円
慢火熬煮北海道產土雞，加入和風高湯調製湯頭

拉麵DATA
麵條　中細直麵
湯頭　清爽‥★‥濃郁

實吃報告
味道清爽有深度的拉麵，最適合酒後來一碗！

豬骨與海鮮交融的濃郁湯頭！

必吃！
3 醬油拉麵
920円（中／大碗等價）
有咬勁的粗麵與濃郁的湯頭絕配

拉麵DATA
麵條　中粗捲麵
湯頭　清爽‥‥‥★濃郁

令人安心的柔和滋味
澄澈透明的頂級湯頭

在地人氣店大集合！
醬油&鹽味

雖然味噌拉麵與札幌的連結性比較強烈，但是以醬油、鹽味拉麵為主的店也很多。不妨嘗嘗這些年輕店主所煮的講究拉麵。

西線9條旭山公園通 預算850円

4 凡の風 杉むら 中華そば店
★ほんのかぜすぎむらちゅうかそばてん

午　晚　深夜

以中華麵為主，2019年10月整新開幕。以小魚乾湯頭為主的中華麵為首，可以品嘗濃縮了食材鮮味的講究湯頭。

☎011-512-2002　**MAP** 附錄③8 D-3

🕙11:00～15:40（湯頭售完打烊）
🏠札幌市中央区南8西15-1-1 ブランノワールAMJ815 1F　🚋市電西線9條旭山公園通即到　🅿7輛　🪑吧檯座、桌位座
預約×

場外市場 預算1000円

3 あら焚き豚骨 あらとん本店
★あらだきとんこつあらとんほんてん

午　晚　深夜

特徵是將豬骨熬煮8小時，再加入場外市場才能備料的新鮮當令魚骨，熬煮12～13小時製成的濃郁湯頭。「あらとん沾麵」也相當有人氣。

☎011-612-6312　**MAP** 附錄③3 B-2

🕙10:30～14:30，亦有不定期夜晚營業（湯頭售完打烊）　🏠週一（逢假日則翌日休）🏠札幌市中央区北10西21-15-1 場外市場　🚋JR桑園站步行10分　🅿100輛

薄野 預算850円

2 麵屋 すずらん
★めんやすずらん

午　晚　深夜

以北海道產土雞慢火熬湯，再加入和風高湯調成的清透湯頭很有魅力。低溫調理的叉燒雞肉等嚴選配料也值得矚目。最適合作為酒後的收尾菜。

☎011-512-3501　**MAP** 附錄③7 C-5

🕙22:00～翌4:30　🏠週日
🏠札幌市中央区南5西4
🚋地鐵薄野站即到　🅿無
🪑吧檯座

薄野周邊 預算900円

1 えびそば一幻 総本店
★えびそばいちげんそうほんてん

午　晚　深夜

每個大排長龍的人氣店。萃取大量甜蝦頭滋味的濃郁湯頭加上蝦油、蝦粉等，可以嘗到鮮蝦精華的拉麵。

☎011-513-0098　**MAP** 附錄③7 A-6

🕙11:00～翌3:00　🏠不定休　🏠札幌市中央区南7西9-1024-10　🚋市電東本願寺前步行3分　🅿11輛　🪑吧檯座　預約×

分店也要CHECK！
えびそば一幻 新千歳空港店
→附錄①P.12

札幌拉麵

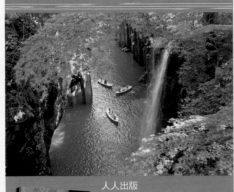

人人出版
日本絕景之旅
作者：K&B PUBLISHERS
規格：224頁 / 14.6 x 21 cm
定價：450 元

安排2天1夜
深入奇觀美景！

精選全日本美景 67 個絕景行程

行程範例 . 交通方式 . 最佳造訪季節 . 在地人貼心叮嚀

源自江戶
合掌造民宅

日本絕景之旅　人人出版

在二條市場
大啖古早味

必吃！
6 醬油拉麵
900円
自製麵會因應天候狀況
放在熟成室熟成。與味
道樸素的湯頭很搭

實吃報告
味道樸素的醬油
拉麵是每天都想
吃的懷舊美味

拉麵DATA
麵條 中細捲麵
湯頭 清爽・★・・濃郁

CP值驚人的
500円拉麵

5 必吃！
鹽味拉麵 500円
以雞白湯頭加入蛤仔等
為基底的特製高湯提味

拉麵DATA
麵條 中細直麵
湯頭 清爽・・★・・濃郁

魚湯凍是關鍵！
活用食材的
高濃度湯頭

實吃報告
魚湯凍融化在熱騰
騰的湯頭中，海鮮
風味在口中擴散開
來！

7 必吃！
海鮮豬骨醬油拉麵 950円
將食材鮮味均衡調和的湯頭。
海鮮高湯凍在湯頭中融化，味
道更有深度

拉麵DATA
麵條 中粗直麵
湯頭 清爽・・・★・濃郁

豐平區 預算900円	創成川東 預算900円	狸小路 預算500円

**7 MEN-EIJI
HIRAGISHI BASE**

★めんえいじひらきしべーす

午 晩 深夜

憑藉熟悉食材優點進行細膩作業，來發
展極品美味的人氣店家。除了「海鮮豬
骨醬油拉麵」，「EIJI拌麵」（中碗900
円）也相當有人氣。

☎011-813-7233
MAP 附錄③3 D-5

🕐11:00～14:45、17:00～20:45
休週三，每月1次不定休
札幌市豐平區平岸2条11-1-12
地鐵平岸站步行6分
P4輛
席吧檯座、桌位座 預約×

6 だるま軒

★だるまけん

午 晩 深夜

這家店發源於1947年開業的札
幌代表性製麵公司「西山製
麵」。使用豬骨加雞骨等熬製
湯頭，味道清爽。

☎011-251-8224
MAP 附錄③6 F-3

🕐9:00～14:00，材料售完打烊
休週四
札幌市中央区南3東1 新二條
市場內　地鐵大通站步行7分
P無
席吧檯座、桌位座 預約×

**5 らーめん
サッポロ赤星**

★らーめんさっぽろあかぼし

午 晩 深夜

提供一碗只要500円，平價卻
相當講究的拉麵。吃到一半
時，不妨添加桌上的原創「鯖
魚大蒜粉」，享受味道的變化。

☎011-272-2065
MAP 附錄③7 B-4

🕐11:00～23:00
休無休
札幌市中央区南3西7-1
地鐵薄野站步行8分
P無 席吧檯座
預約×

用專用鍋烤的北海道靈魂美食

成吉思汗烤肉

絕品新鮮生羊肉與
不外傳的祕傳醬汁！

實吃報告
由於肉質新鮮，自然沒有腥味且好入口！是可以拍胸脯推薦的好店！

必吃！
成吉思汗
1280円
將紅肉、梅花肉切成方便食用的大小。數量有限，也有上等肉及菲力（各1680円）

成吉思汗烤肉DATA	
肉的種類	成羊肉
烤肉形式	七輪炭烤
醬汁	醬油基底

歡迎蒞臨本店，品嘗講究的醬汁與羊肉。

老闆娘
金官 澄子小姐

羊肉及醬汁都很講究！
市中心的人氣店

以薄野為中心，能以七輪炭烤爐品嘗烤羊肉的名店齊聚一堂！

分店也要CHECK！

6.4店	MAP	附錄③7 D-6
4.4店	MAP	附錄③7 D-5
4.4店二階亭	MAP	附錄③7 D-5
5.5店	MAP	附錄③7 C-5

薄野 預算2000円

成吉思汗だるま本店
★じんぎすかんだるまほんてん

午 晚 深夜

1954年創業以來，堅持使用新鮮成羊肉的老店。以手工刀切方式，將每天開店前送達的羊肉仔細分切。老闆娘遵循傳承自上一代的食譜製作醬汁，藉此突顯羊肉的鮮美。將羊肉與蔬菜放入剩餘的醬汁內，再倒入220円的白飯，最後點一道以原創特調熱茶煮成的茶泡飯收尾，也是很受推崇的品味方式。

☎ 011-552-6013　MAP 附錄③7 C-5
🕐 17:00～22:30　休 無休　所 札幌市中央区南五西4 クリスタルビル1F　地下鐵薄野站步行3分　P 無　座 吧檯座　預約 ×

招牌上繪有店名中的達摩，能以此為路標

也想吃這個！
媽媽的手工辛奇
385円
老闆娘定期醃漬、每天送到店內供應的辛奇，味道相當講究

★成吉思汗烤肉的小知識★

●肉●
一般使用味道較為清爽的「羔羊肉（lamb）」與「成羊肉（mutton）」。也有店家提供介於兩者之間的小羊肉（hogget）。

●鍋具●
使用專用的成吉思汗烤肉鍋。以中央隆起、有溝槽使肉汁容易流出的款式（照片）最常見。

●歷史●
大正時代盛行飼育綿羊，農業實驗場等處在研究羊肉調理法時所誕生。亦有一說是源自於滿州（現在中國）的肉類料理。

●蔬菜●
起初蔬菜為招待居多。以豆芽菜、洋蔥最常見，也有使用蔥與南瓜等。

●醬汁●
分成先用醬料醃過肉片再烤的「已調味」與先烤肉再沾醬吃的「沾醬」。亦有沾鹽食用的店。

去之前必知的
★成吉思汗烤肉的吃法★
成吉思汗烤肉的烤法有幾個步驟。以下介紹如何將羊肉和蔬菜烤得更好吃！

3 趁熱享用！
沾醬式需要醬料，已調味式則不需沾即可享用。都很下飯！

2 將肉片鋪在鍋具中央
等肉汁及油脂滲透蔬菜，紅色部分烤熟以後，就是最佳食用時機。

1 先鋪滿蔬菜
將大量豆芽菜、洋蔥等蔬菜沿著鍋具邊緣鋪一圈，空出中央部分。

北海道的代表性鄉土料理。在地人氣店不論哪家都是使用上等肉，也很講究調味料。好想搭配冰涼的啤酒一起享用！

羊肉富含鐵質等營養，搭配蔬菜一起吃讓人胃口大開，而且又健康。

自家牧場飼育的上等薩福克羊肉

大通　預算⑮1000円～⑯3000円

松尾ジンギスカン
札幌大通南1条店
★まつおじんぎすかん さっぽろおおどおりみなみいちじょうてん

午｜晚｜深夜

超　源自瀧川的「松尾ジンギスカン」直營店，使用蘋果與洋蔥製成微甜特製醬汁，以此醃漬的成吉思汗烤肉很有人氣。

📞011-219-2989　MAP 附錄③7 D-2

🕐11:00～14:30、17:00～22:15（可能縮短營業時間）　休無休　所札幌市中央区南1西4-16-1 南舘ビル1F　P無　🚃地鐵大通站即到　席桌位座　包廂　預約○

其他直營店也要CHECK！
すすきの4・2店　MAP 附錄③6 E-4

↑位於大通的中心地帶，午餐時段也能享用這點令人高興

也想吃這個！
特級成吉思汗烤羔羊肉丼套餐(一人份)1200円 午餐限定

➡將特級烤羔羊肉以最美味的狀態鋪在熱白飯上的丼飯

薄野　預算⑮2000円⑯4000円

ジンギスカン 羊飼いの店『いただきます。』
★じんぎすかんひつじかいのみせいただきます

午｜晚｜深夜

能　嘗到自家牧場飼育的優質薩福克羊肉。由於是牧場直送所以肉質新鮮，特色是能嘗到羊里肌肉、羊舌、羊肝等各種部位。

📞011-552-4029　MAP 附錄③7 C-5

🕐11:00～20:30　休週三　所札幌市中央区南5西5-1-6　🚃地鐵薄野站步行3分　P3輛　席吧檯座　預約○

↑以吧檯座為主。最好事先預約

必吃！
成吉思汗烤肉 1078円
使用肩肉、五花肉及腿肉。肉質新鮮柔軟，沒什麼腥味

成吉思汗烤肉DATA
肉的種類	羔羊、小羊肉
烤肉形式	七輪炭烤
醬汁	醬油基底

也想吃這個！
羊肝 1078円

➡沒有腥味、容易入口，稍微烤過再食用

上等薩福克羊肉

以邊烤肉邊煮蔬菜的形式聞名

成吉思汗烤肉DATA
肉的種類	羔羊、成羊
烤肉形式	瓦斯火烤
醬汁	醬油基底＋果汁等

必吃！
特級成吉思汗烤羔羊肉
(一人份・附蔬菜) 1580円
使用嚴選羔羊當中以紅肉為主、特別柔軟的肉。
※圖片為示意圖

店主以熟練技巧手工切肉

必吃！
新鮮羔羊成吉思汗烤肉
一盤 1170円
有紅肉、五花肉及排骨，依照顧客喜好端上桌

成吉思汗烤肉DATA
肉的種類	羔羊肉
烤肉形式	七輪炭烤
醬汁	醬油基底＋果實、昆布及鰹魚等

也想吃這個！
貓飯(小) 330円

➡在白飯上灑柴魚片再淋醬製成的本店名產

薄野　預算2000円

さっぽろジンギスカン本店
★さっぽろじんぎすかんほんてん

午｜晚｜深夜

羊　肉使用紐西蘭產、出生未滿1年的羔羊肉。仔細去除油脂及筋後，順著纖維切成直角，就能讓優質羊肉的美味更上一層樓。

📞011-512-2940　MAP 附錄③7 C-6

🕐17:00～21:30（羊肉售完打烊）　休不定休　所札幌市中央区南6西6-7 第6旭觀光ビル1F　🚃地鐵薄野站步行5分　P無　席吧檯座　預約×

↓2019年10月遷移到大樓的1樓

成吉思汗烤肉

在復古的大型大廳享用始祖美食吃喝到飽

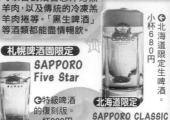

札幌啤酒園

苗穗 預算⊕2000円 ⊗4000円

★さっぽろびーるえん

午 晚 深夜

名 產是1966年開始的成吉思汗烤肉,以及工廠直送生啤酒的吃喝到飽方案。備有超過2000席座位,活用明治時代紅磚建築、大正時代啤酒釀造釜的復古大廳氛圍極具魅力。

☎0120-150-550(綜合預約中心)

MAP 附錄③3 D-2

🕙11:30～21:30 休無休 所札幌市東區北7東9-2-10 🚇地鐵東區役所前站步行10分

P180輛

所桌位座、包廂

預約○

→直接保留明治時代所建的紅磚建築面貌

啤酒園內的餐廳

溶隆美爾大廳
位於開拓使館1樓。可享用桌面點餐式吃到飽。

花園燒烤
以巨大玻璃窗、多樣化的包廂為特徵。4人起可使用包廂。

凱賽爾大廳
位於開拓使館2、3樓。名稱源自於大廳內的啤酒釀造釜凱賽爾。

丁香廳
採用玻璃窗戶,氣氛充滿開放感。可以在靠窗座位眺望紅磚開拓館。

🐷能品嘗成吉思汗烤肉的餐廳

必吃!

成吉思汗烤肉招牌吃喝到飽
(120分) 5280円

可以嘗到成吉思汗烤羔羊肉,以及傳統的冷凍羔羊肉捲等。「黑生啤酒」等酒類都能盡情暢飲。

成吉思汗烤肉DATA
肉的種類 羔羊肉
烤肉形式 瓦斯火烤
醬汁 醬油基底、果實、蔬菜等

札幌啤酒園限定

SAPPORO Five Star
→特級啤酒的復刻版。一杯880円

北海道限定
SAPPORO CLASSIC(桶裝生啤)

小杯680円
←北海道限定生啤酒。

要喝就選這款啤酒!

Half＆Half
710円
→黑啤酒與黑標的美味很搭。一杯

680円
SAPPORO生啤酒黑標(桶裝生啤)
→SAPPORO的招牌,小杯為

實吃報告
可以搭配工廠直送的現釀生啤酒大快朵頤!

在大型大廳內和大家一起熱鬧吃肉就是好吃!

在大型大廳內用餐真美味!

啤酒園

在啤酒廠商直營的店內享用美食吃到飽、工廠直送啤酒。

時尚的都市型啤酒館

必吃!

兩大成吉思汗烤肉吃到飽
(100分) 3718円

從澳洲指定工廠直送的新鮮羔羊肉吃到飽。亦有附海鮮的方案。

成吉思汗烤肉DATA
肉的種類 羔羊肉
烤肉形式 瓦斯火烤
醬汁 醬油基底

キリンビール園 アーバン店

薄野 預算4000円

★きりんびーるえんあーばんてん

午 晚 深夜

時 尚的氣氛為其魅力。成吉思汗烤肉有「醃肉」及「生羔羊肉」2種任選。從麒麟千歲工廠直送的桶裝生啤酒也頗受好評。

☎011-207-8000　MAP 附錄③7 C-4

🕙17:00～22:00 休無休 所札幌市中央区南3西4 アーバン札幌ビル7F 🚇地鐵薄野站即到

P無 所桌位座、包廂 預約○

Braumeister
→道地德國啤酒。中杯748円

要喝就選這款啤酒!

→主要大廳

←有挑高的寬敞

必吃!

特選羔羊肉成吉思汗烤肉吃到飽(100分) 3500円

羔羊肉與烤蔬菜的套餐。再加1400円享有飲料喝到飽

成吉思汗烤肉DATA
肉的種類 羔羊肉
烤肉形式 無煙烤爐
醬汁 醬油基底、鹽味基底

能盡情享用羊肉! 郊外型啤酒園

アサヒビール園 白石 はまなす館

白石 預算⊕1000円 ⊗4000円

★あさひびーるえんしろいしはまなすかん

午 晚 深夜

擁 有1、2樓共計千人以上座位的巨大啤酒館。可以盡情享用成吉思汗烤肉、燒肉、涮涮鍋等美味的肉。也有提供羊肋排吃到飽的方案。

☎011-863-5251　MAP 附錄③2 F-4

🕙11:30～21:00 休需洽詢 所札幌市白石区南郷通4南1-1 🚇地鐵南郷7丁目站步行5分 P100輛 所桌位座 預約○

←1、2樓共計可供1000名顧客使用

要喝就選這款啤酒!

ASAHI SUPER DRY
←也包在喝到飽方案中,令人開心。中杯620円

多樣化的成吉思汗烤肉店♪

精選幾家烤肉好吃，也很講究店內氣氛、位置等的特色店家！

在設有露台座的店內，一邊呼吸新鮮空氣一邊吃肉也很不錯喔。

以BBQ的形式品嘗薩福克羊肉

必吃！

羊肋排 1塊1298円

肉厚柔軟又相當多汁。可以豪邁地大口咬下

成吉思汗烤肉DATA
肉的種類	羔羊肉
烤肉形式	BBQ形式的炭烤
醬汁	醬油基底

⬆炭烤台配置在中心，可以在室內享受BBQ的感覺

狸小路　預算⊕1000円 ⽉5000円

士別バーベキュー
★しべつばーべきゅー

午 晚 深夜

北海道產、澳洲產薩福克羊肉的炭烤專賣店。從士別、上士幌及美深的農場直送的羔羊肉質地軟嫩，連油脂都相當甘甜。

☎011-209-3210 ＭＡＰ附錄③7 B-4
🕐12:00～15:00、17:00～23:00（週六日、假日為12:00～23:00）⊗不定休 🏠札幌市中央区南3西7-7 狸小路7丁目 🚇地鐵大通站步行10分 🅿無 🪑桌位座 預約○

月寒　預算⊕2000円 ⽉3500円

ツキサップ じんぎすかんクラブ
★つきさっぷじんぎすかんくらぶ

午 晚 深夜

可 以一邊眺望難以想像是在札幌市內的寬廣用地，一邊品嘗使用新鮮成羊肉的傳統成吉思汗烤肉。可以自行挑選酒窖內超過150種葡萄酒。

☎011-851-3341 ＭＡＰ附錄③2 F-5
🕐11:00～20:00（週四為17:00～）⊗週三、第3週二 🏠札幌市豐平区月寒東3条11-2-5 八紘学園農場內 🚇地鐵福住站步行10分 🅿50輛 🪑桌位座 預約×

⬅露台前方就是寬廣的前庭

必吃！

成吉思汗烤肉
（附蔬菜、飯糰） 1600円

僅使用嚴選成羊肉，完全沒有羊騷味，非常好入口

在寬廣的綠地及藍天下享受炭火烤肉

成吉思汗烤肉DATA
肉的種類	成羊肉
烤肉形式	七輪炭烤
醬汁	醬油基底

在時尚的氛圍中品嘗講究的成吉思汗烤肉

必吃！

GOGO5種拼盤
（1～2人份） 2600円

可以品嘗比較5種該店自豪的成吉思汗烤肉的套餐

成吉思汗烤肉DATA
肉的種類	羔羊、成羊肉
烤肉形式	瓦斯火烤
醬汁	醬油基底等

薄野　預算4000円

夜空のジンギスカン GOGO店
★よぞらのじんぎすかんごーごーてん

午 晚 深夜

可 以試吃比較北海道產、澳洲產、法國產羊肉及羊舌等，各種產地及部位的羊肉。亦有以圓木盛裝人氣羊肉拼盤，適合放到社群網站的上相菜單。

☎011-252-2929 ＭＡＰ附錄③7 C-4
🕐17:00～24:30 ⊗無休 🏠札幌市中央区南4西5 F45ビル10F 🚇地鐵薄野站步行3分 🅿無 🪑吧檯座、桌位座 預約○

⬅設有磚塊風格的吧檯座、寬敞舒適的桌位座

海鮮丼

白飯上堪稱現捕新鮮海產天堂！

一碗丼飯就能嘗到眾多新鮮海產，非常吸引人。早點起床，前往市場，吃一頓奢侈的早餐吧！

擺盤相當豪華！
在老店食堂品嘗海鮮丼

也想吃這個！
海膽鮪魚腹肉
鮭魚卵丼(中) **4000円**
➡ 擺滿厚切鮪魚、新鮮海膽與鮭魚卵的奢華丼飯

必吃！
海鮮丼(中) **4000円**
此外還有小碗3000円、大碗5000円等，不同分量供人任選。附味噌湯及醃菜
海鮮丼DATA
直徑 約15cm 醋飯 ×
食材 海膽、鮭魚卵、扇貝、甜蝦、花枝、螃蟹、北寄貝、鮭魚等8種

實吃報告
海鮮丼的擺盤也很讚！可以放心用餐的老店。

場外市場 預算3500円
味の二幸
★あじのにこう
早 午 晚

敬請來店品嘗擺滿北方海鮮的海鮮丼！

場 外市場內的老字號海鮮料理店。堅持使用在道南卸貨的黑鮪魚、函館的花枝、北海道產米煮的醋飯等北海道食材。推薦能享用喜愛食材的丼飯。

📞 **011-641-8933**
MAP 附錄③3 B-2
🕐 7:00～14:00 休週三(不定休，準同市場的公休) 所札幌市中央区北10西21-2-16 🚇地鐵二十四軒站步行10分 🅿使用場外市場停車場 席吧檯座、桌位座 預約 ○

店主 藤本 康隆先生

⬆設有寬敞座位的整潔店內

札幌市中央批發市場
場外市場
★さっぽろしちゅうおうおろしうりしじょうじょうがいしじょう

附設在北海道最大的批發市場內，有鮮魚店、蔬果店等營業的札幌市民廚房。也有許多食堂。

📞 **011-621-7044** **MAP** 附錄③3 B-2
🕐 6:00～15:00（大型店鋪至17:00）
休無休 所札幌市中央区北11西21
🚇地鐵二十四軒站步行7分 🅿100輛

20家食堂
⬆鄰接北海道最大的批發市場

通常都是在市場內的食堂享用。用完餐後，可以找找有什麼海產品或海產加工品適合作為伴手禮。

也想吃這個！
烤整隻花枝 **1078円**
➡炙燒整隻新鮮小花枝製成，口感彈牙有嚼勁

供應匯集了北海道內新鮮海產的漁夫料理

也想吃這個！
海膽鮭魚卵丼 **4370円**
➡鋪滿了原創醬油漬鮭魚卵及海膽

每種食材都分量十足且新鮮

必吃！
海鮮丼 **3270円**
擺滿15種大塊食材，是該店最受歡迎的丼飯。食材會視時節變動
海鮮丼DATA
直徑 約19cm 醋飯 ×
食材 鮪魚紅肉、中鮪魚腹肉、鮭魚卵、海膽、扇貝、北寄貝、海螺、鱈場蟹、花枝、章魚、鮭魚、蝦夷鮑等15種

場外市場 預算2000円
ヤン衆料理
北の漁場
★やんしゅうりょうりきたのりょうば
早 午 晚

能 以實惠價格嘗到早上競價購得的北海道各地當令食材的食堂。提供豐富多樣的海鮮菜單也是魅力所在。有提供從札幌市內飯店發車的接駁服務（需預約）。

⬅位於「北の漁場 札幌2号店」2樓

📞 **011-351-8811**
MAP 附錄③3 B-2
🕐 7:00～15:00 休無休
所札幌市中央区北11西21
🚇地鐵二十四軒站步行7分
🅿使用場外市場停車場 席吧檯座、桌位座、和式座位
預約 ○

必吃！
無菜單海鮮丼 **2508円**
擺滿10種新鮮海產的平價丼飯，相當超值。大碗分量，相當豐盛。
海鮮丼DATA
直徑 約18cm 醋飯 ○
食材 蝦、鮭魚卵、扇貝、鮭魚、花枝、鮪魚等10種

場外市場 預算3500円
海鮮食堂 北のグルメ亭
★かいせんしょくどうきたのぐるめてい
早 午 晚

場 外市場內規模較大的食堂＆伴手禮店。能品嘗以海鮮丼為首，生魚片、燒烤料理等使用新鮮海產做成的料理。有從札幌站等處發車的免費接駁巴士運行（需預約）。

📞 **011-621-3545**
MAP 附錄③3 B-2
🕐 7:00～14:30 休無休
所札幌市中央区北11西22-4-1 🚇地鐵二十四軒站步行7分 🅿12輛
席吧檯座、桌位座
預約 ×

⬆食堂有1、2樓，座位很多

享用種類豐富的
丼飯菜單

場外市場　預算3000円
うめえ堂
★うめぇどう

早　午　晩

在螃蟹產地道東根室市創業超過40年的螃蟹批發商「根室杉山水產」經營。水槽內有活跳跳的螃蟹，能依照喜好的調理方式品嘗活螃蟹為其一大魅力。

☎050-5593-7186　MAP 附錄③3 B-2

🕐7:00～15:00　休無休　🏠札幌市中央区北11西22-1-26 卸売センター　🚇地鐵二十四軒站步行7分　🅿使用場外市場停車場

席吧檯座、桌位座
預約○

←位於批發中心內的食堂

必吃！
豪華7種海鮮
每日丼 2640円

精選7種當天推薦的新鮮海產。丼飯皆為附蟹腳味噌湯、小菜的套餐

海鮮丼DATA
直徑 約13cm
醋飯 ○
食材 螃蟹、海膽、鮭魚卵、鮪魚、鮭魚、扇貝、飛魚卵

也想吃這個！
5種生魚片 4620円

→甜蝦、扇貝、鮭魚等新鮮生魚片的拼盤

場外市場　預算2000円
定食めし屋
★ていしょくめしや

早　午　晩

🌊 產批發業者經營的定食店。可以品嘗早上剛去殼的扇貝、首產鮭魚卵等鮮度極佳的海鮮而備受好評。

☎011-615-5354　MAP 附錄③3 B-2

🕐7:00～13:30　休週三　🏠札幌市中央区北11西22-1-26 卸売センター 1F　🚇地鐵二十四軒站步行8分　🅿100輛

席吧檯座、桌位座　預約×

也想吃這個！
鹽味拉麵 900円

→主要使用扇貝、北海道產豬油熬成味道柔和的湯頭

會客出外人，龍除中也了午有觀時許光段多客便常之常出現

必吃！
早晨4種丼 1800円
（11點以後為 3500円）

從開店到11點為止供應的超值限定菜色。飯量不多，推薦女性顧客品嘗

海鮮丼DATA
直徑 約15cm　醋飯 ×
食材 鮭魚、鮭魚卵、扇貝、螃蟹

低價享用道地海鮮丼
吃得心滿意足

配合食量提供
當令新鮮海產

也想吃這個！
烤遠東多線魚 770円～

→花時間將遠東多線魚曬乾，製成自製魚乾。油脂分布均勻

必吃！
自選海鮮丼
1650円～

可以從鮭魚卵、活扇貝等約10種食材中任選3種做成「客製丼」

海鮮丼DATA
直徑 約13cm
醋飯 ×
食材 甜蝦、海膽、鮭魚卵

→除了吧檯座之外，亦有桌位座及和式座位

場外市場　預算2000円
味処にっかい
★あじどころにっかい

早　午　晩

🦀 海產品與活螃蟹的專賣店直營，食材新鮮度絕佳。有專人當場料理活螃蟹、貝類等新鮮海產。吃不完整碗丼飯的人，也可以選擇只有半碗分量的丼飯。

☎011-611-8197　MAP 附錄③3 B-2

🕐8:00～14:30(視日期變動)　休不定休　🏠札幌市中央区北11西22　🚇地鐵二十四軒站步行7分　🅿使用場外市場停車場

席吧檯座、桌位座、和式座位　預約○

二條市場
☆にじょういちば

北海道各地直送鮮魚
一應俱全的人氣店

二條市場就在市區內，觀光途中可以輕鬆順道前往，令人開心！

始於明治時代，歷史悠久的市場。位於市區內觀光名勝集中的市中心，鮮魚店、蔬果店等櫛比鱗次。

📞011-222-5308
（札幌二條魚町商業工會）
MAP 附錄③6 F-3
⏰7:00～18:00（視店鋪而異）
休無休（視店鋪而異）
所札幌市中央区南3東1～東2
地鐵大通站步行8分
P無

➡鮮魚蔬菜店林立，叫賣聲此起彼落

10家食堂

1
必吃！
大磯丼
2480円（附馬糞海膽）

※價格可能視狀況變更
分量多到快要從碗中滿出來而大受好評。這麼一大碗只要付這些錢就能吃到，相當超值！

海鮮丼DATA
直徑 約12cm
醋飯 可選擇
食材 無添加鹽水海膽、鮭魚卵、北海道產白肉魚、鮪魚等約10種。食材會視時期變更

一次品嘗增毛的名產海鮮

實吃報告
說到增毛就想到與蝦子同樣有名的緋魚卵，也是美味無比！

盡情享用滿滿的新鮮海膽！

實吃報告
美麗的擺盤也值得矚目！飯量多這點也令人高興。

CP值超高的豐盛海鮮丼！

4
必吃！
二三一丼（限量20客，僅中午）
2310円

能一次享用到甜蝦、緋魚卵等增毛為主的14種北海道產食材的奢華丼飯

海鮮丼DATA
直徑 約18cm　醋飯 ○
食材 鮭魚、鮪魚、松葉蟹、甜蝦、緋魚卵、海膽、鮭魚卵、飛魚卵、白肉魚、花枝、章魚、蛋、醋締緋魚、鰡魚、海螺（可能視採購狀況變更）

3
必吃！
講究新鮮海膽丼
5500円～

以馬糞海膽為主，擺滿海膽的丼飯。鮭魚卵配料加價550円

海鮮丼DATA
直徑 約14.5cm
醋飯 ○
食材 海膽、鮭魚卵

2
必吃！
函館丼 2680円

擺滿6種當令食材的超值丼飯。附內含鱈場蟹等當天捕獲的螃蟹做成的螃蟹湯

海鮮丼DATA
直徑 約16cm　醋飯 ○
食材 牡丹蝦、鮪魚、鮭魚、蔥花鮪魚泥、鮭魚卵、蟹肉

---

4 | 札幌站周邊
預算 午1000円～ 晚5000円

海鮮酒蔵二三一
★かいせんさかぐらふみいち
📞011-221-0231 早 午 晚
MAP 附錄③5 C-3

以日本首屈一指的鮮蝦產地增毛町為主，能品嘗北海道產鮮魚、日本最北端酒廠「國稀酒造」美酒的海鮮居酒屋。午餐也很多樣化。
⏰11:30～14:30、17:00～21:30（飲料至22:00）休週三日、假日 所札幌市中央区北4西5 アスティ45ビルB1 交JR札幌站即到 P使用Asty 45大樓停車場 席吧檯座、架高榻榻米座 預約○

有吧檯座位之外，也座位之外，也設有下嵌式

3 | 二條市場
預算 5000円

海鮮処魚屋の台所 札幌二条市場
★かいせんどころさかなやのだいどころさっぽろにじょういちば
📞011-251-2219 早 午 晚
MAP 附錄③6 F-3

店主親自到市場進貨，確保味道與鮮度的海鮮大受好評。海鮮丼的外觀也相當豪華，能感受到上等滋味。視海鮮丼的種類會擺上8～20種食材。
⏰7:00～16:00左右（食材售完打烊）休不定休 所札幌市中央区南2東2-1 小西ビル1F 交地鐵大通站前站步行5分 P無 席吧檯座、桌位座 預約×

➡在氣氛平靜的光店內享受悠閒時

2 | 二條市場
預算 2500円

第一海鮮丸
★だいいちかいせんまる
📞011-555-2030 早 午 晚
MAP 附錄③6 F-3

可以嘗到在市場採購而來、以北海道產食材為主的當令食材海鮮丼。海鮮丼的種類豐富，多達36種，亦有以北海道地名為名的丼飯。
⏰7:00～13:00 休週三 所札幌市中央区南3東1-8-2 交地鐵大通站步行5分 P無 席吧檯座、桌位座 預約×

➡亦設有狹小的店內立食用吧檯

1 | 二條市場
預算 2500円

二条市場 大磯
★にじょういちばおおいそ
📞011-219-5252 早 午 晚
MAP 附錄③6 F-3

能嘗到以無添加鹽水馬糞海膽為首，使用北海道A級米七星米的海鮮丼，以及燒烤料理、生魚片的店。適合搭配海鮮的北海道產地酒也很豐富。
⏰7:30～15:00、17:00～21:00（週日、假日為7:30～15:30）休週三（逢假日則營業）所札幌市中央区南3東2 交地鐵巴士中心前站步行5分 P無 席吧檯座、桌位座 預約×

➡位於市場一隅的食堂

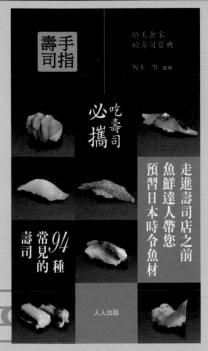
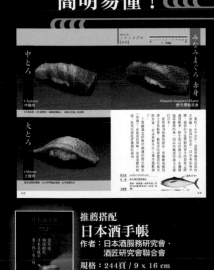

鮮蝦高高立起寶石般的海鮮丼

7
必吃！
特選散丼 5000円
將鹽水海膽等超過7種海鮮層層堆疊，分量十足
海鮮丼DATA
直徑 約20cm　醋飯 ×
食材 鱈場蟹、鮭魚卵、海膽、鮭魚等7種以上

擺滿鮮美無比的北海道產海鮮

實吃報告
食材陸續出現，分量十足！

實吃報告
擺盤美觀的海膽簡直就是藝術品等級！能享受海膽的甘甜。

可以在市區品嘗！
名產丼

在此介紹觀光途中也能輕鬆順道前往的市中心店家。食材新鮮度當然掛保證！

新鮮海膽加工公司的直營店

6
必吃！
無添加新鮮海膽丼 7370円
將未使用明礬、新鮮無添加的海膽80g漂亮地擺盤，是該店的人氣菜色
海鮮丼DATA
直徑 約12.5cm
醋飯 ×
食材 新鮮海膽

實吃報告
能享用雞蛋拌飯、高湯茶泡飯等4種變化口味。

5
必吃！
札站寶石丼
（竹＋鮮蝦塔）1979円
讓人聯想到海中寶石盒的海鮮丼！竹有超過10種海鮮，還附鮭魚卵
海鮮丼DATA
直徑 約12.5cm　醋飯 ×
食材 鮮蝦、飛魚卵、鮭魚、鮭魚卵、玉子燒等（可能視採購狀況變更）

---

7 狸小路
預算 午3000円 晚3000円～

海鮮食堂 澤崎水產
狸小路店
★かいせんしょくどうさわさきすいさんたぬきこうじてん
☎011-222-2001 早 午 晚
MAP 附錄③7 C-4
能嘗到從小樽、根室直送的海鮮，由水產公司直營的海鮮丼店。其中又以當天早上煮好的新鮮螃蟹人氣最高（不開放預約）。
🕐11:00～20:30（食材售完打烊）
休不定休 所札幌市中央区南3西4狸小路4丁目 📍地鐵大通站步行5分
P無 席吧檯座、桌位座 預約×

食堂般的大眾氣氛如同店

6 札幌站周邊
預算 午2000円～ 晚7000円～

函館うにむらかみ
日本生命札幌ビル店
★はこだてうにむらかみにほんせいめいさっぽろびるてん
☎011-290-1000 早 午 晚
MAP 附錄③5 D-4
每天早上從北斗市的自社工廠送來未使用明礬的新鮮海膽。6～8月使用在利尻、禮文島等地捕獲的當令海膽。
🕐11:30～13:30、17:30～20:45
休不定休 所札幌市中央区北3西4日本生命札幌ビルB1 📍JR札幌站步行5分 P無 席桌位座、包廂 預約○

店內瀰漫著日西式氛圍的沉穩

5 札幌站周邊
預算 午2000円～

海さくら蝦夷海
★うみさくらえぞうみ
☎011-206-8396 早 午 晚
MAP 附錄③5 C-3
位於札幌站旁大樓內的海鮮丼店。使用北海道產為主的新鮮食材，做成宛如芭菲般美麗的海鮮丼而蔚為話題！晚上化身為海鮮居酒屋營業。
🕐11:30～13:30、17:00～22:00（週六日、假日至21:00）休無休 所札幌市中央区北5西5 JR55ビル7F 📍JR札幌站即到 P無 席吧檯座、桌位座 預約×

店內的氣氛輕鬆自在

圓山
すし善本店
★すしぜんほんてん

預算 ⊕8000円 晚22000円

| 午 | 晚 | 深夜 |

檜 木建築的店內備有概念各異的3座吧檯，設有最多能容納20名客人的大廳。相當注重食材的挑選，使用當天最好的食材為客人捏製壽司。

☎011-612-0068　MAP 附錄③8 B-1

⏱11:30～14:30、17:30～21:30
休週三　励札幌市中央區北1西27
地鐵圓山公園站步行3分　P4輛
席吧檯座、桌位座、包廂
預約○

在札幌的名店
享受極致美味
與款待之道

↑堪稱該店象徵的花型吧檯

必吃！
握壽司〈旬〉 8800円
師傅依序捏製白肉魚、貝類、紅肉魚等12貫握壽司。附味噌湯、甜點

品嘗道地的壽司
與中華料理

必吃！
季節握壽司御膳
1480円（午間限定）
除了握壽司之外，另附熱門的北海道炸雞、沙拉的超值套餐

鮮度截然不同！入口即化的當令美味

壽司

北海道的任何一家壽司店水準都很高！來嘗嘗出自職人之手、活用食材鮮度的壽司吧。

主流是名為「蝦夷前」的新鮮壽司。希望大家都能嘗到當令食材！

札幌站周邊
寿司・中国料理福禄寿
★すしちゅうごくりょうりふくろくじゅ

預算 ⊕1500円 晚4500円

| 午 | 晚 | 深夜 |

使 用板長和料理長親自從市場採購的當令海鮮捏成高品質壽司，而且還可以與中國料理一同品嘗。

☎011-211-6646　MAP 附錄③5 D-5

↑以白色為基調的時尚店內

⏱11:30～14:00、17:00～22:00（週三為17:00～22:00）休週日、假日（有臨時公休）　励札幌市中央區北1西3-3-24札幌中央ビル3F　地鐵大通站步行3分　P無　席吧檯座、桌位座　預約○

札幌站周邊
鮨棗赤れんがテラス店
★すしなつめあかれんがてらすてん

預算 ⊕4500円 晚7000円

| 午 | 晚 | 深夜 |

以「志氣高，門檻低」為宗旨的人氣店。師傅以純熟的技巧，將從全國精選的四季當令食材捏成壽司。

☎011-205-0010　MAP 附錄③5 D-5

⏱11:30～14:30、17:00～22:00
休無休　励札幌市中央區北2西4-1 紅磚露台3F　JR札幌站步行5分　使用紅磚露台停車場　席吧檯座、桌位座、包廂
預約○

↑一邊眺望北海道廳，一邊享用午餐

在頂級空間
享用嚴選的
當令食材

必吃！
棗 4950円
（午餐為4400円）
以當天推薦食材製成的10貫握壽司，附迷你沙拉、味噌湯

★壽司食材的產季是？★

真烏賊 6～12月
以道南產為主，特徵是有飽足感的肉質。冬季則是槍烏賊的產季。

海螺 7～4月
以餵食上等海草養殖的日高產海螺最有名。口感清脆。

國王鮭 4～6月
在北海道是只有太平洋大海才能捕獲的高級魚。肉質肥美，尾韻清爽。

魚白 12～3月
鱈魚的白子。入口即化，相當綿密。

鮭魚卵 10月
全年都能吃到，不過產季在鮭魚的漁期秋季。

秋刀魚 8～10月
可以在道東外海捕獲。尤其8～9月時的肉質肥美無比。

海膽 6～10月
以積丹、利尻產最有名。有馬糞海膽與紫海膽。

SAPPORO美食全明星大集合

壽司‧迴轉壽司

以實惠的價格品嘗當令食材！

迴轉壽司

北海道的迴轉壽司不僅價格實惠，美味、鮮度也好得沒話說。尤其是從北海道首屈一指的港都釧路、根室發跡的店特別受歡迎。

必吃！
醬油漬帶膜紅鮭卵 352円
用微甜自製醬汁醃漬兩晚製成的帶膜魚卵（生筋子）

回転寿司 根室花まる 札幌ステラプレイス店

能品嘗根室直送海鮮的排隊名店

札幌站 預算1500円

★かいてんずしねむろはなまる さっぽろすてらぷれいすてん

午 晚 深夜

本 店位於新鮮海產的寶庫根室市，是提供當地及道內各地直送食材的人氣店。盡可能地少用冷凍食品，食材鮮度極佳。壽司盤共6種，價格為143〜462円。

☎011-209-5330　MAP 附錄③5 D-3

🕙11:00〜21:30（週五六、假日前日至22:30）㊡準同札幌Stellar Place的公休 🚃札幌Stellar Place中心6F 🚉JR札幌站即到 🅿約1500輛（JR塔停車場）🪑吧檯座、桌位座 預約×

↑排隊人潮不斷的人氣店。最好提前前往

分店也要CHECK！
miredo店 P.78
南鄉店 MAP 附錄③2 G-5
西野店 MAP 附錄③3 A-2
南25条店 MAP 附錄③3 C-5

必吃！
䱐魚 297円
根室產、網走產去骨䱐魚

トリトン 円山店

北見發跡！點餐後才分切的大塊食材很熱門

圓山 預算1600円

★とりとんまるやまてん

午 晚 深夜

可 以用實惠的價格品嘗以北海道魚貝類為主、鮮度極佳的當令食材。壽司盤共10種，價格為132円〜715円。

☎011-633-5500　MAP 附錄③8 B-1

🕙11:00〜21:30 ㊡不定休 🚃札幌市中央區北4西23-2-17 🚉地鐵西28丁目站步行7分 🅿49輛 🪑吧檯座、桌位座 預約×

必吃！
新鮮鮭魚 374円
油脂潤口，很有人氣

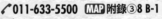

↑充滿活力的店內

分店也要CHECK！
平岸店 MAP 附錄③3 D-5　豐平店 MAP 附錄③3 D-4

必吃！
槍烏賊 319円
口感佳，冬季才吃得到的當令壽司

回転寿司 ぱさーる

也能當作收尾壽司在市區的正統迴轉壽司

薄野 預算1600円

★かいてんずしばさーる

午 晚 深夜

位 於薄野的正統派迴轉壽司，師傅會在顧客面前將每天從產地直送的北海道新鮮魚貝類捏成壽司。有許多隻身光顧的回頭客。壽司盤共7種，價格為150〜600円。

☎011-242-5567　MAP 附錄③6 E-4

🕙17:00〜23:00（材料售完打烊）㊡週日 🚃札幌市中央區南4西2 南4西2ビル1F 🚉地鐵豐水薄野站即到 🅿無 🪑吧檯座 預約×

↑店內僅設有18席吧檯座。一個人也能輕鬆入店

必吃！
活章魚 250円
濃縮章魚鮮味的料理

必吃！
活北寄貝 500円
能享受甘甜及口感的北海道特產雙枚貝

必吃！
道東產油鰈 198円
脂肪分布恰到好處的人氣菜色

分店也要CHECK！
新琴似店 MAP 附錄③24 G-4
菊水元町店 MAP 附錄③2 F-3

必吃！
羅臼產遠東多線魚握壽司 311円
在迴轉壽司算是少見的食材！

回転寿し まつりや 山鼻店

港都釧路發源店備有大約200種食材

山鼻 預算1700円

★かいてんずしまつりややまはなてん

午 晚 深夜

釧 路發跡的迴轉壽司店。以「希望顧客輕鬆用餐」為宗旨，光壽司食材就多達約200種，種類相當齊全。壽司盤共12種，價格為141〜924円。

☎011-252-9567　MAP 附錄③8 A-5

🕙11:00〜21:45 ㊡無休 🚃札幌市中央區南13西10-2-25 🚉市電行啟通站步行10分 🅿32輛 🪑吧檯座、桌位座 預約×

↑以「祭典」為主題，店內的背景音樂為祭囃子

濃郁鮮味×祕傳辛香料×和風湯頭的排隊名店

也想吃這個！
婆婆的北海道炸雞 380円
➔根據店主母親的食譜所做的特製北海道炸雞。當作配料好美味

必吃！
15種蔬菜
大地的恩惠+炭烤滷肉配料 1570円
內含馬鈴薯、胡蘿蔔等大量蔬菜。推薦北海道產豬肉做的滷肉配料

湯咖哩DATA
湯頭 濃郁・★・・・清爽
辣度 40級
推薦配料 炙燒起司120円、炙燒培根160円

大通 預算1500円
スープカレー
GARAKU
★すーぷかれーがらく
午 晚 深夜

特 徵是在濃縮雞骨、雞爪、雞腿、豬骨與蔬菜鮮味的湯頭中，添加使用4種柴魚片製成的和風高湯調和。開店後的中午時段人潮擁擠，最好提早入店。

以「美國早期」為概念的店內

☎011-233-5568
MAP 附錄③6 E-3
🕚11:30～15:00、17:00～20:30，可能視狀況變動，湯頭售完打烊 休不定休 所札幌市中央區南2西2 おくむらビルB1 地鐵大通站步行5分 P無 席吧檯座、桌位座 預約×

姊妹店也要CHECK！
スープカレーTREASURE MAP 附錄③6 E-3

實吃報告
濃縮了鮮味的圓潤湯頭，讓人想一吃再吃！

開朗的員工充滿活力地等待各位光臨！
店主 福生 雅壽先生

享受滿是北海道產蔬菜的料理！

內含切塊的北海道蔬菜，分量十足而相當吸引人。

湯咖哩

有濃郁和清爽口味，對辛香料及高湯都很講究，湯頭十分美味。也能享用配料等。

湯咖哩的小知識

吃法

1 浸泡
用湯匙舀一匙白飯泡在湯裡，一口一口地吃。

2 澆淋

將湯淋在白飯上。推薦搭配較濃稠的湯頭。

3 拌入

將整碗白飯倒入湯內，以雜燴的方式食用。

●歷史● 約30年前於札幌誕生。提供內含豐富配料的湯與白飯套餐。

狸小路 預算1100円
SOUL STORE
★そうるすとあ
午 晚 深夜

使 用雞骨、香味蔬菜及水果等燉煮的濃郁雞湯中，再加入海鮮高湯調和而成的湯咖哩很受歡迎。推薦濃縮了滿滿蔬菜鮮味的「經典」湯底。

☎011-213-1771 MAP 附錄③7 B-4
🕚11:30～15:00、17:30～20:30
休不定休 所札幌市中央區南3西7-3-2 狸小路7丁目 F-DRESS7 BLD 2F 地鐵薄野站步行8分 P無 席吧檯座、桌位座 預約×

➔以簡約雅緻為主題，氣氛沉穩的店內

也想吃這個！
咖啡檸檬水 400円
➔咖啡與檸檬水混合而成的新感覺飲品

必吃！
酥脆Pica雞+舞菇配料 1800円
湯頭可以從濃郁、清爽及藥膳類這3種任選，令人高興

湯咖哩DATA
湯頭 濃郁・・・★ 清爽
辣度 7級
推薦配料 特級舞菇250円

札幌站周邊 預算1500円
ピカンテイ札幌駅前店
★ぴかんていさっぽろえきまえてん
午 晚 深夜

本 店位在北海道大學附近，以在市區能嘗到湯咖哩的美味而受到好評。可以享受滿滿蔬菜與香料交織出絕妙平衡的美味料理。

☎011-271-3900 MAP 附錄③4 E-5
🕚11:00～15:30 休週三 所札幌市中央區北2西1-8-4 青山ビル 1F JR札幌站步行5分 P無 席吧檯座、桌位座 預約×

➔充滿溫暖感的店

在札幌站附近品嘗老店的湯咖哩

這個也要Check！
冷凍雞肉湯咖哩 1300円
➔將剛煮好的湯咖哩急速冷凍。幾乎能直接嘗到本店風味的一道料理。

本店也要CHECK！
北13条本店 MAP 附錄③3 C-2

●湯頭● 諸如以豬骨、海鮮為基底的芳醇和風高湯等，能品味各店的特色

●配料● 以肉、海鮮等主要配料加上切成大塊的蔬菜為基本

●辣度● 有許多能選擇辣度等級的店，怕辣的人也能放心享用。

●加點配料● 需額外加錢，每種約100～300円不等，幾乎所有店都能追加配料。

札幌

SAPPORO美食全明星大集合　湯咖哩

桑園　預算1500円

カレー&ごはんカフェ ouchi
★かれーあんどごはんかふぇおうち

午｜晚｜深夜

開　業迎來20週年，提供湯咖哩與歐洲家庭料理的餐食咖啡廳。2023年遷移到新店鋪，空間變得更舒適。湯咖哩的湯頭是使用北海道食材細火慢煮，滋味一絕。

※菜單內容及價格可能變更

☎ 011-261-6886
MAP 附錄③3 C-2
⏰ 11:00～15:00　休未定　札幌市中央区北10西14桑園イーストプラザ　JR桑園站步行1分　有　吧檯座、桌位座　預約○

享用湯咖哩
在隱蔽的咖啡廳

必吃！
雞肉與16種蔬菜湯咖哩 1540円
除了柔嫩的雞腿肉，還添加16種豐富蔬菜
湯咖哩DATA
湯頭 濃郁・★・・・清爽
辣度 20級
推薦配料 炙燒馬背起司220円

也想吃這個！
北海道產馬鈴薯與海鮮的湯咖哩 1580円
➡擺上營養豐富的噴火灣產扇貝

北海道產炙燒馬背起司與培根的湯咖哩 1480円
➡使用ファットリア・ビオ北海道（P.46）的馬背起司

不使用化學調味料　有益健康的黃金湯頭

札幌站　預算1500円

路地裏カリィ侍.アピア
★ろじうらかりぃさむらいあぴあ

午｜晚｜深夜

招　牌是將大量蔬菜與雞骨、豬骨、小魚乾、柴魚片等熬煮整整2天製成的無添加湯頭。使用北海道的合作農家直送蔬菜也是一大魅力。

☎ 011-209-1450
MAP 附錄③5 D-3
⏰ 11:00～21:30　休無休　札幌市中央区北5西4札幌站南口廣場地下街APIA WEST內　JR札幌站即到　無　吧檯座、桌位座　預約×

➡入口處有令人印象深刻的乾燥花迎賓

必吃！
雞肉與一天份20種蔬菜 1705円
含大量蔬菜。雞腿可以選擇酥脆或柔嫩
湯咖哩DATA
湯頭 濃郁・★・・・清爽
辣度 11級
推薦配料 清脆花椰菜275円

也想吃這個！
原味拉西 440円
➡使用自製優格，甜度適中。恰到好處的酸味好入喉
處的酸味好入喉，甜度適中。恰到好

享用醇厚的鮮蝦湯頭以及新鮮當令食材

札幌站周邊　預算1700円

奧芝商店駅前創成寺
★おくしばしょうてんえきまえそうせいじ

午｜晚｜深夜

以　濃郁醇厚的鮮蝦湯頭大受歡迎的「奧芝商店」分店。還能享用本店才有的煙燻鮮蝦湯頭。也有提供鐵板燒菜單亦為本店的特色之一。

☎ 011-207-0266
MAP 附錄③4 E-3
⏰ 11:00～15:00、17:00～20:00（可能變動）　休不定休　札幌市中央区北4西1 ホクレンビルB1　JR札幌站步行3分　無　吧檯座、桌位座、和式座位　預約×
➡和風照明令人印象深刻，能好好放鬆的店

也想吃這個！
宗谷黑牛100%奧芝漢堡排咖哩 1680円
➡以鐵板烤製的100%道產牛肉漢堡排堪稱一絕！

必吃！
雞肉蔬菜咖哩 1450円
添加了向合作農家所採購的當令蔬菜與柔嫩雞腿肉
湯咖哩DATA
湯頭 濃郁・★・・・清爽
辣度 12級
推薦配料 小奧芝漢堡排250円

濃縮了裸炸道產食材的鮮味！

也想吃這個！
薰衣草豬肉炙燒滷肉咖哩 1380円
➡在滷肉上擺富良野薰衣草豬肉

必吃！
酥脆知床雞與蔬菜 1280円
添加焦香炭烤知床雞的人氣招牌菜色
湯咖哩DATA
湯頭 濃郁・★・・・清爽
辣度 10級
推薦配料 起司飯120円

薄野　預算1200円

soup curry Suage+
★すーぷかれーすあげぷらす

午｜晚｜深夜

將　北海道產食材直接油炸、鎖住鮮味的配料十分美味。除了香醇甘甜的清爽湯頭之外，亦有使用烏賊墨汁的圓潤湯頭（＋150円）等。

☎ 011-233-2911
MAP 附錄③7 C-4
⏰ 11:30～21:00（週六為11:00～21:30、週日、假日為11:00～）　休不定休　札幌市中央区南4西5 都志松ビル 2F　地鐵薄野站即到　無　吧檯座、桌位座　預約×
➡位在薄野十字路口附近大樓的2樓

熱愛蔬菜的店主所製的健康湯咖哩

必吃！
時蔬咖哩 1400円
添加大塊炸牛蒡與15～20種每日蔬菜

湯咖哩DATA
湯頭 濃郁・★・・・清爽
辣度 5級
推薦配料 大地的北海道炸雞400円

海味はちきょう 本店
★うみはちきょうほんてん

薄野 預算5000円

午 晚 深夜

以 滿滿鮭魚卵始祖聞名的海鮮居酒屋。可以在充滿朝氣的店內，享用北海道各地漁港送來的新鮮當季海鮮。進貨食材會隨當天情況有所改變，想了解的話可以隨時詢問工作人員。如果客滿，可以轉往附近的分店。

☎011-222-8940　MAP 附錄③7 D-4

🕐18:00～23:00（週日、假日為17:00～22:00），需洽詢 🈺無休 📍札幌市中央区南3西3 都ビル1F 🚇地鐵薄野站即到 🅿無 💺吧檯座、桌位座、和式座位

預約○

↑飾有大漁旗等，值班小屋風格的店內

分店也要CHECK！
別亭おやじ　MAP 附錄③7 D-4
別亭おふくろ　MAP 附錄③7 D-4
別亭あねご　MAP 附錄③7 D-6
いくら御殿　MAP 附錄③7 D-4

必吃！
烤遠東多線魚
2590円～（未稅）
以炭火慢慢燒烤的羅臼產遠東多線魚肉質豐厚，油脂分布也很出眾！

必吃！
水煮大翅鮶鮋　時價
將又名為喜知次魚的高級魚大翅鮶鮋用少鹽、昆布簡單調味

必吃！
始祖鮭魚卵丼（小）
2290円
將堆成小山高的はちきょう名產鮭魚卵丼吃光光是規定

實吃報告
鮭魚卵滋味香醇濃郁，尾韻卻很清爽！

鮭魚卵丼的
表演不容錯過

名產表演
師傅一邊發出「喔咿颯」的吆喝聲，一邊在飯上鋪滿滿鮭魚卵的模樣必看！

喔咿颯 喔咿颯

若要在札幌市中心住宿，建議來這裡吃晚餐。

網羅北海道各地的知名海鮮！
海鮮居酒屋

能夠品嘗各店獨具特色的原創菜單，這點也很吸引人。熱門店家人多擁擠，最好事先預約。

★北海道的地酒★
好想配著喝

大雪乃藏的
純米吟釀 大雪乃藏絹雪
↑使用北海道產酒造好適米「吟風」

田中酒造的
純米大吟釀 寶川
↑味道高雅深邃，「田中酒造」的代表性純米大吟釀酒

小林酒造的
北斗隨想
↑使用純北海道產的米、水、人，追求真正地酒的老店

國稀酒造的
北海道鬼殺
↑最北邊的釀酒廠以優質水釀造的超辛口酒

必吃！
三種新鮮生牡蠣拼盤
1320円（1人份）
※生牡蠣為4～10月供應，照片為2人份
可以嘗到當日推薦的3種北海道產牡蠣。（可能視採購狀況變更）

必吃！
新鮮生牡蠣生海膽&
鮭魚卵拼盤 825円
※生牡蠣為4～10月供應
在帶殼生牡蠣上擺海膽、鮭魚卵的奢華組合料理

酒と銀シャリ せいす
★さけとぎんしゃりせいす

狸小路 預算4000円

午 晚 深夜

招 牌菜色是以北海道產為主嚴選的新鮮生牡蠣、每天早上精米後用南部鐵器羽釜炊煮的白米飯，以及大約30種品項豐富的日本酒。以北海道產為主的牡蠣共6種，可以從生吃、烤、蒸、炸這4種調理方式中任選。（生牡蠣為4～10月供應）

→時尚中又散發著復古氣氛

☎011-215-0193　MAP 附錄③7 B-3

🕐週一～六15:00～翌1:00，週日、假日為15:00～23:00 🈺不定休 📍札幌市中央区南2西6-5-3 狸小路6丁目 住友狸小路プラザハウス1F 🚇地鐵薄野站步行6分 🅿無 💺吧檯座、桌位座 預約○

以豐富菜色為魅力的
大人居酒屋

海鮮居酒屋

日本 10大絕景 寺社

1 嚴島神社
いつくしまじんじゃ→
廣島縣 廿日市市

人人出版
日本神社與寺院之旅

作者：K&B PUBLISHERS
規格：224頁 / 14.6 x 21 cm
定價：450 元

一輩子一定要去一次的朝聖之旅

花與紅葉的絕景寺社
日本 10大絕景寺社
超美主題別的絕景寺社

櫻 紅葉

神社與寺院不僅是日本人的信仰象徵，也與日本人的生活有著密切的關係。本書帶您依主題走訪超過130間的神社與寺院！朝聖＋賞景，一輩子絕對要去一次！精美的大圖，詳細的解說、參訪＆交通資訊、周遭的觀光景點地圖。更有大型祭典、神社與寺院的建築、宗派等知識，參訪四季的美景與祭典格外教人感動！

水邊的神社

山頂的神社 | **斷崖絕壁上的寺院**

擁有美麗五重塔的寺院 | **庭園景觀優美的寺院**

札幌站周邊 預算5000円

北海道料理浜っ子
読売北海道ビル店

★ほっかいどうりょうりはまっこ
よみうりほっかいどうびるてん

午 晩 深夜

直 通札幌站，歷史51年的隱蔽名店的姊妹店。午餐能品嘗以羽幌町直送新鮮食材製成的海鮮丼。人氣菜色為含遠東多線魚生魚片的生散壽司。以實惠價格、家庭氛圍大受好評，一個人也能輕鬆享用。

漁港直送！海鮮丼超熱門的店

☎011-252-7899 **MAP** 附錄③5 C-3

🕐11:30～22:30 休不定休 所札幌市中央区北4西4-1 読売北海道ビルB1 直通JR札幌站 P無 席吧檯座、桌位座 預約○

必吃！
遠東多線魚與鮭魚卵的散壽司 2800円
擺上最熱門的遠東多線魚生魚片的海鮮丼。深受觀光客歡迎！

也想吃這個！
新鮮海膽丼 6500円～
→堅持無添加，入口即化的美味

必吃！
特選生魚片拼盤
(每日更換) (前方) 4740円
附6～7種北海道產當令海鮮，約3～4人份的拼盤

使用漁港直送新鮮海產製成的鄉土料理

也想吃這個！
鮭魚鏘鏘燒 860円
→使用鮭魚與味噌製成的北海道鄉土料理

←能看到窗外薄野夜景的桌位座

薄野 預算5000円

北海料理 古艪帆来

★ほっかいりょうりころぼっくる

午 晩 深夜

以 「地產地消」為主題，備有超過150種使用北海道產當令食材的菜色。根室出身的老闆對於漁港直送新鮮海產引以為豪。

☎011-241-4646 **MAP** 附錄③7 D-4

🕐15:00～22:15
休不定休(需確認)
所札幌市中央区南4西4 松岡ビル3F
📶地鐵薄野站即到 P無
席吧檯座、桌位座、包廂
預約○

中島公園 預算5000円

北の海鮮炙り
ノアの箱舟

★きたのかいせん
あぶりのあのはこぶね

午 晩 深夜

在 地爐邊豪邁地為客人燒烤以北海道新鮮海產為主的食材，還有現採蔬菜、嚴選肉品等。每組都有1名工作人員在旁，在絕妙的時機上菜。

☎011-521-3022 **MAP** 附錄③8 B-4

🕐17:00～23:00 休不定休(維護檢修期間休) 所札幌市中央区南8西4 📶地鐵中島公園站歩行3分 P無 席桌位座、包廂 預約○

↑以「諾亞方舟」為主題的建築

盡情享用炭烤海鮮

必吃！
潮全餐 (1人份) 5500円
附新鮮扇貝、牡丹蝦等炙燒海鮮、開胃菜、陶板烤蔬菜、主菜及甜點。照片為4人份，點餐以2人份起跳

必吃！
海膽丼 (前方)
3000～18000円
(可能視季節、日期變動)
飯上除了海膽之外沒有其他配料，可以享受食材的原味

也想吃這個！
海膽丼午餐
3000～18000円
→海膽丼之外還附烤魚等，相當超值

札幌站周邊 預算5000円

すぎ乃

★すぎの

午 晩 深夜

→充滿整潔感的和風店內

知 名海膽產地積丹町的「うに膳屋」札幌店。夏季是積丹、冬季是道東等，全年都能嘗到當令產地的海膽。可以搭配店主嚴選的北海道產酒一起品嘗。

☎011-221-7999 **MAP** 附錄③4 E-5

🕐11:15～13:15(午餐限量25客，售完打烊)、17:00～22:30(需預約)
休不定休(6～8月無休)
所札幌市中央区北1西2-9 オーク札幌ビルB1
📶JR札幌站歩行10分
P無 席桌位座、和式座位 預約○

享用不使用明礬的無添加海膽

一定要來嘗一次！
螃蟹＆鮮蝦吃到飽

螃蟹解蟹

全年都能品嘗美味的螃蟹！

北海道的代表性海鮮。不同季節都能在北海道各地捕獲螃蟹，所以在札幌全年皆能嘗到美味的螃蟹，也有很多家專賣店。

實吃報告
能盡情品嘗夢憧的一大螃蟹，大飽口福！

必吃！
螃蟹全餐
13500円
可以品嘗整隻毛蟹、烤鱈場蟹、和風鱈場蟹排等

實吃報告
有螃蟹燒賣等眾多螃蟹單點料理！

以各種調理法
大啖北海道產螃蟹

薄野 預算7000円

えびかに合戰 札幌本店
★えびかにがっせんさっぽろほんてん

午　晚　深夜

要吃完一開始出餐的套餐菜色，之後就能自由續點的吃到飽店。毛蟹是採購在產地水煮、未經冷凍的產品，供人盡情享受螃蟹原有的自然甘甜。

必吃！
鮮蝦、螃蟹吃到飽
（90分）10000円
※2人起餐

除了毛蟹、鱈場蟹（油蟹）、松葉蟹之外，還有茶碗蒸、飯糰等美食吃到飽

☎011-210-0411　**MAP** 附錄③7 C-4

🕐16:00～22:00　休無休
所札幌市中央区南4西5 F-45ビル12F　地鐵薄野站步行5分
P無　吧桌位座
預約○

←位於大樓的高樓層，能俯瞰夜景

⭐螃蟹的小知識⭐
全部共4種！

毛蟹是北海道的代表性螃蟹。濃郁的蟹膏、充滿鮮味的蟹肉，都讓人難以抗拒。

螃蟹的吃法
使用專用剪刀分切後，用螃蟹叉挖出蟹肉。蟹腳要用剪刀剪開取肉。甲殼剝開後，用湯匙挖出裡面的蟹膏。

7～9月
花咲蟹
只有在根室花咲港周邊才能捕獲的珍貴螃蟹

3～10月
鱈場蟹
肥大的蟹腳內滿是蟹肉，嚼勁十足

5～6月
松葉蟹
大多在紋別捕獲，相當甘甜

全年
毛蟹
以肉質細緻美味、濃郁的蟹膏而受到歡迎

薄野 預算11000円

かに亭
★かにてい

午　晚　深夜

能趁熱品嘗現煮產地直送北海道產活毛蟹、鱈場蟹而大受歡迎，也有許多回頭客。除了螃蟹料理，以北海道產新鮮海產為主的菜單也相當豐富。

☎011-512-6065
MAP 附錄③7 B-5

🕐17:00～22:30　休不定休
所札幌市中央区南5西6 多田ビル2F　地鐵薄野站步行6分
P無　吧台檯座、和式座位
預約○

→也備有許多架高榻榻米座、和式座位等

薄野 預算午5500円 晚10000円

蟹料理の店 氷雪の門
★かにりょうりのみせひょうせつのもん

午　晚　深夜

札幌歷史最悠久的老店。常備高品質的鱈場蟹、松葉蟹及毛蟹，可以品嘗生魚片、炭烤、涮涮鍋、天婦羅等大約30種螃蟹料理。亦有超值午餐菜單。

☎011-521-3046　**MAP** 附錄③6 E-5

🕐11:00～14:00、16:30～22:30（週六日、假日為11:00～22:30，皆需預約）休無休　所札幌市中央区南5西2　地鐵豐水薄野站即到　P使用合作停車場　吧桌位座、和式座位、包廂　預約○（需預約）

必吃！
三大蟹全餐
（鱈場蟹、松葉蟹、毛蟹）13860円
能透過螃蟹生魚片、涮涮鍋等，一次享用螃蟹的美味部位

在老店品嘗
多種螃蟹料理

實吃報告
使用活螃蟹，新鮮度無人能敵！

←從容納2～4人到最多百人的包廂都有辦法提供

使用北海松葉蟹的
絕品螃蟹涮涮鍋

店中央設有和風庭
園的空間令人聯想到

必吃！
水雲全餐
12000円（未稅，服務費另計）
能品嘗毛蟹、鱈場蟹、
北海松葉蟹的宴席料理
※照片中的北海松葉蟹
涮涮鍋為2人份

大通	預算12000円

かにと道産料理 雪華亭
★かにとどうさん　りょうりせっかてい

午｜晚｜深夜

能 品嘗螃蟹與北海道料理的店。以
北海道近海食材為主，使用毛
蟹、鱈場蟹以及北海松葉蟹。菜單齊
全，從單點料理到全餐應有盡有。

☎ 011-251-1366　**MAP** 附錄③7 D-4

🕐 17:00〜22:00　**不定休**
札幌市中央区南3西4 J-BOXビル B1
地鐵大通站步行5分
P無　包廂　預約○

西11丁目 預算午1000円〜晚10000円

かに吉
★かにきち　午｜晚｜深夜

能 享用各種螃蟹料理的螃蟹專賣
店。可以按預算準備適合的全
餐。也很推薦每日限定6客、僅平日
供應的「蟹吉午餐」（5500円，需2
天前預約）。

☎ 011-206-4522　**MAP** 附錄③7 A-2

🕐 11:30〜14:00，17:00〜22:00（午餐時
段的螃蟹料理至13:00，晚餐時段最晚
21:00入店）　週日、假日　札幌市中央区
大通西9-1-1 キタコー大通公園ビルB1　地
鐵西11丁目站步行3分　**P**無　吧檯座、桌
位座、包廂　預約○（需預約）

實吃報告
大量蟹膏和肉質緊
實的螃蟹讓人大大
滿足！

品嘗肉質飽滿的毛蟹

寬闊的店內

必吃！
螃蟹吉全餐 **11000円**
毛蟹為一人一隻，能嘗到
使用當季螃蟹煮的雜炊粥
及生魚片

以搭配祕傳高湯的
松葉蟹壽喜燒自豪

寬廣店內的
每一樓層氛圍
各有不同

必吃！
松葉蟹壽喜燒
6050円
用濃縮鮮味的高湯
煮出的雜炊粥也是
絕品美味

薄野	預算7000円

札幌かに家 札幌本店
★さっぽろかにや　さっぽろほんてん

午｜晚｜深夜

為 地上7樓、地下1樓的大型螃蟹料
理專賣店。提供不吝使用嚴選螃蟹
製作的螃蟹料理。能嘗到祕傳高湯的招
牌料理「螃蟹壽喜鍋」滋味更是特別。

☎ 011-222-1117　**MAP** 附錄③6 E-4

🕐 11:00〜15:00，17:00〜22:30（週六日、
假日為11:00〜22:30）　無休　札幌市
中央区南4西2-11　地鐵豐水薄野站即到
P無　桌位座、和式座位、包廂
預約○

居酒屋 的螃蟹料理也要CHECK!

想以平價
享用的話！

薄野 預算5000円

函館 開陽亭 すすきの本店
★はこだてかいようていすすきのほんてん

午｜晚｜深夜

能享用以海鮮、肉、蔬菜等嚴選北海道食
材所做的料理。直接向漁夫進貨的函館活
花枝更是絕品美味。

☎ 011-562-2999　**MAP** 附錄③7 D-5

🕐 17:00〜翌0:15（週日、假日至22:15）
無休　札幌市中央区南6西4ホワイトビ
ルB1　地鐵薄野站步行5分　**P**無
吧檯座、桌位座、和式座位　預約○

螃蟹奶油可樂餅
（1個473円）

新鮮毛蟹生魚片
（3088円〜）

螃蟹以外
的菜色也很
豐富！

產地水煮
的毛蟹蟹肉
（3088円〜）

用講究的美酒乾杯！

道產啤酒&葡萄酒

最近能喝到北海道產精釀啤酒的店家變多了。

以薄野為首的札幌鬧區，有許多頗有特色的店家。一起來享受近年掀起熱潮的北海道產啤酒&葡萄酒吧！

↑餐飲店人潮洶湧的札幌第一繁華鬧區──薄野

時尚的啤酒酒館

Ushitora Brewery
龍宮之滴

登別地啤酒
金鬼愛爾淡啤酒

網走啤酒
網走特級啤酒

自製
黑乃鳥我

自製
Dear Roxanne

創成川東 [預算3000円]
月と太陽BREWING本店
★つきとたいようぶりゅーいんぐほんてん

[午] [晚] [深夜]

[透] 過每日更換以及換桶的方式，供客人品嘗自社工廠釀造的精釀啤酒、嚴選貴賓啤酒。餐點菜單也相當豐富。

點來一起吃！
北海道產馬鈴薯的薯條 650円

←使用黃爵、北紅寶石及影子皇后這3種馬鈴薯

☎011-218-5311
MAP 附錄③6 F-4
🕐17:00～23:00(週六日、假日為16:00～) 🈺不定休
🏠札幌市中央區南3東1-3
🚇地鐵巴士中心前站步行3分
Ⓟ無
🪑桌位座、吧檯座
預約○

↑位於創成川沿岸。以白色門簾為路標

←寫有當日啤酒的黑板令人印象深刻

3 Flight Set
(3種試喝評比) 1298円
可以從每日啤酒中選3種，用小玻璃杯品嘗。

※啤酒種類以某天酒單為例

享受札幌的啤酒文化

用道產精釀 BEER 乾杯！

工廠直送的桶裝生啤酒

皮爾森啤酒
850円
可享受輕快的口感與清爽的酒香

狸小路 [預算3000円]
Beer Bar NORTH ISLAND
★びあばーのーすあいらんど

[午] [晚] [深夜]

[紅] 別的精釀啤酒商「NORTH ISLAND」的直營店。可享用最多12種自社釀造啤酒。下酒的餐點菜單也相當豐富。

☎011-251-8320
MAP 附錄③7 C-3
🕐17:30～22:30(飲料至23:00)、週日、假日為15:00～21:00(飲料至21:30) 🈺無休
🏠札幌市中央區南2西4-10 ラージカントリービル10F
🚇地鐵薄野站步行5分 Ⓟ無
🪑吧檯座、桌位座 預約○

↑店內為時尚的開放型空間

芫荽黑啤酒
850円
散發清爽芫荽香的黑啤酒

點來一起吃！
厚切成吉思汗烤肉佐辣根醬油
980円
→與啤酒非常搭的人氣菜色

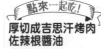

如果要在薄野住宿

就前往OMO3札幌薄野 by 星野集團！

↑可享受夜晚薄野的「薄野續攤之旅」

→位於薄野中心地區，作為觀光據點很方便

2022年1月開幕，以「幸福的通霄」為概念。透過「續攤之旅」等活動，讓人享受北海道美食雲集的薄野鬧區魅力。

☎050-3134-8095　MAP 附錄③7 B-5
🕐IN 15:00／OUT 11:00
¥1晚每房平均10000円～(餐點費用另計)
🏠札幌市中央区南5西6-14-1
🚇地鐵薄野站步行5分 Ⓟ有

備有大約300種道產酒

札幌

SAPPORO美食全明星大集合《道產啤酒&葡萄酒》

薄野　預算3500円

北海道産酒BAR かま田

★ほっかいどうさんしゅばーかまだ

午｜晩｜深夜

在 這間酒吧能享用北海道產酒、以道產食材製作的料理。北海道侍酒師鎌田先生走遍全北海道的釀酒廠，收購的北海道產酒約300種，酒類涵蓋日本酒、燒酎、葡萄酒等，相當多樣。

📞 011-233-2321
MAP 附錄③**7 C-4**

🕒18:00～翌0:30(週日、假日至23:30)　休不定休　📍札幌市中央区南4西4 MY プラザビル8F　🚇地鐵薄野站即到　P無　席吧檯座、桌位座　預約○

只要告訴鎌田先生酒種，他就會幫忙挑選一杯他推薦或符合客人喜好的酒。日本酒(杯裝)770円起。

↑離薄野站相當近，隱蔽的酒吧

也想吃這個！
醬油漬白蘿蔔奶油乳酪 770円
→かま田的壓倒性熱銷No.1菜單

還想吃更多
外帶美食 在這些地方！

薄野周邊　預算300円

サンドイッチ工房 サンドリア

★さんどいっちこうぼうさんどりあ

早｜午｜晩｜深夜

手 工三明治分量十足，店面常備50種口味。商品不會預先做起來放，因此經常能買到現做的三明治。僅提供外帶。

📞 011-512-5993
MAP 附錄③**8 A-4**

🕒24小時　休無休　📍札幌市中央区南8西9-758-14　🚃市電山鼻9條步行5分　P8輛

↑24小時營業的珍貴店家

必吃！
三角三明治
1個200～340円
除了火腿蛋、馬鈴薯沙拉等招牌口味，還有甜點風等多種口味

薄野　預算4000円

the bar nano.
★ざばーなの

午｜晩｜深夜

以 「雞尾酒是液態料理」為概念，向生產者採購北海道產當令蔬果製成的雞尾酒最有人氣。也能品嘗北海道產起司及香腸，享受美食美酒的雙重饗宴。

📞 011-231-2688　**MAP** 附錄③**7 D-4**

🕒17:00～24:00(週五六至翌2:00)　休週一(逢假日則營業，逢連休則翌日休)　📍札幌市中央区南3西3 都ビル 7F　🚇地鐵薄野站即到　P無　席吧檯座、桌位座　預約○

↑能享受悠閒時光的氣氛

點來一起吃！
北海道產起司拼盤
1500円
→當日推薦的5種北海道產起司拼盤

完成度很高的道產雞尾酒

充滿北海道產葡萄酒魅力的店

光是余市、岩見澤、奧尻等北海道產葡萄酒就常備20種。每杯660円起。葡萄酒點一杯以上可以外帶

滿滿新鮮果實！
喝 **道產葡萄酒&雞尾酒** 放鬆一下

北海道產沙棘 1500円
使用鵡川町產沙棘，味道清爽

藍紋起司 1500円
使用ニセコチーズ工房的起司「空」製成的甜點雞尾酒

藍靛果 1500円
使用北海道產藍靛果。澀味恰到好處

創成川東　預算4000円

道産ワイン応援団 ワインカフェ ヴェレゾン
★どうさんわいんおうえんだんわいんかふぇゔぇれぞん

午｜晩｜深夜

備 有以北海道產為主，大約300種國內外葡萄酒。店長會因應個人喜好提供適合的葡萄酒。也有附設新商店，能購買部分葡萄酒。

📞 011-231-7901　**MAP** 附錄③**6 F-3**

🕒16:00～22:30(預約優先，營業時間可能變動)　休週日、假日　📍札幌市中央区南2東2-8-1 大都ビルB1　🚇地鐵巴士中心前站即到　P無　席吧檯座、桌位座　預約○

↑陳列著現烤麵包

必吃！
釜泡α
250円
分量十足的火腿起司三明治

夜之蝶 1個90円
有焦糖、起司等口味的迷你可頌

回程想順道光顧的深夜營業麵包店

24小時營業隨時都有現做美味！

薄野　預算500円

夜のしげぱん
★よるのしげぱん

午｜晩｜深夜

從 下午4時營業到深夜4時的夜型麵包店。陳列50～60種命名獨特的麵包，從吐司到熟食麵包都有。僅提供外帶。

📞 011-551-3922
MAP 附錄③**7 C-5**

🕒16:00～翌4:00　休週日　📍札幌市中央区南5西6 第5桂和ビル1F　🚇地鐵薄野站步行5分　P無

大通 預算 牛1000円 晚5000円
THE MEAT SHOP
★さみーとしょっぷ

午 晚 深夜

將 分量十足的肉塊分別以最適合的烤法調理再分享品嘗，此為本店的用餐形式。超值午餐菜單也很有人氣，讓人心滿意足。

☎011-231-2909　MAP 附錄③5 D-5

🕐11:30～14:30、17:00～22:30
休無休　🏠札幌市中央区北1西3札幌中央ビル5F　🚇地鐵大通站步行3分　Ｐ無
席吧檯座、桌位座　預約○

美味又健康！
道產肉&野味

能品嘗牛、豬等特產肉，以及鹿肉這類野味料理的店家齊聚一堂！

在北海道得天獨厚的環境中培育的肉品都很優質，其美味也掛保證！

與葡萄酒
享用炭烤料理
在時尚空間內

必吃！
安格斯牛肋眼排（300g）4950円
重達300g，分量十足的料理。佐8年熟成的義大利香醋與大量辣根。

紅肉越咀嚼
鮮美越擴散開來

必吃！
十勝池田牛（100g～）3800円～
褐毛牛的特徵是油花少，能嘗到紅肉的鮮美。上等肉質柔軟好咬，推薦以厚切下鍋煎的方式享用
※煎牛肉為200g起餐

↑裝潢讓人聯想到紐約的布魯克林

也想吃這個！
酪梨漢堡 1500円
→150g的緊實肉排為100%純牛肉，分量十足

巴士中心前 預算6000円
炭火肉燒き倉庫
CONOYOSHI
★すみびにくやきそうここのよし

午 晚 深夜

提 供以炭烤方式引出食材原味優勢的講究料理。積極選用北海道產牛，採購熟成狀態良好的肉品。蔬菜則使用合作農家的產品。

☎011-219-5656　MAP 附錄③6 F-4

🕐17:00～21:30
休週三、第1、3週二
🏠札幌市中央区南3東1-4-2 アルファ創成川公園ビル1F　🚇地鐵豐水薄野站步行3分
Ｐ無　席吧檯座、桌位座、包廂
預約○

↑活用原倉庫的時尚空間

也想吃這個！
道產和牛心 1210円
→講究新鮮度，所以味道清爽而沒有腥味

道產肉&野味

必吃!
柴燒羊肉
該店的招牌菜色,以柴火慢慢燒烤羊肉製成。午、晚餐均有供應

透過正統法式料理
品嘗以羊肉為首的
北海道肉、魚

圓山 預算(午)5000円 (晚)10000円

La Santé
★らさんて

午 晚 深夜

在 這家餐廳能享用以精選當令北海道產食材為主,充滿季節感的正統法式料理與葡萄酒。使用札幌軟石烤爐,用柴火慢慢燒烤北海道產魚、肉等食材供餐上桌。

↑以白色、褐色為基調的沉穩氣氛

☎011-612-9003 MAP 附錄③8 B-1

⏰18:00～19:00(午餐營業僅週六日12:00～12:30) 休週三、四 札幌市中央区北3西27-2-16 地鐵西28丁目站步行3分 P2輛 吧檯座、桌位座 預約○(需預約)

大通 預算(午)1500円 (晚)1500円

ノースコンチネントーMACHI NO NAKAー
★のーすこんちねんとまちのなか

午 晚 深夜

使 用牛、鹿等北海道產肉的手工漢堡排專賣店。有5種肉、8種醬汁可任選為其一大魅力。不妨搭配侍酒師推薦的葡萄酒一起品嘗。

☎011-218-8809
MAP 附錄③6 E-3

⏰11:30～14:30、17:30～21:30 休不定休 札幌市中央区南2西1 マリアールビル81 地鐵大通站步行3分 P無 吧檯座、桌位座 預約○

↑以「都心森林」為概念的店內

活用肉質特色的
手工漢堡排

必吃!
各種起司的「濃郁」漢堡排 1820円
讓人聯想到粗絞肉牛排的漢堡排,使用北海道產瑞士褐牛的肉

味道強勁的蝦夷鹿排一定要品嘗!

大通 預算(午)1000円 (晚)4000円

山猫バル
★やまねこばる

午 晚 深夜

位 於札幌市鐘樓(P.62)後方的隱蔽風格酒吧。特色是能品嘗以自家農園為主的北海道產蔬菜及海鮮入菜的西班牙、義式料理。因應不同季節常備約50種菜色。

↑店內植物環繞,充滿木質溫暖感

☎011-206-0566 MAP 附錄③4 E-5

⏰11:30～14:30、17:00～22:30(午餐僅限平日) 休不定休 札幌市中央区北1西2-11-1 山京ビル1F 地鐵大通站步行5分 P無 吧檯座、桌位座 預約○

必吃!
鍋煎蝦夷鹿佐黑胡椒醬 2620円
使用北海道產蝦夷鹿的外側腿肉,以絕妙的火候油煎,再佐以黑胡椒醬

道民熱愛的肉類料理

大通 預算900円

やきとりの一平
札幌中央店
★やきとりのいっぺい
さっぽろちゅうおうてん

午 晚 深夜

☎011-207-7555
MAP 附錄③7 C-3

⏰17:00～23:00(週日、假日至22:00) 休週一(遇假日則翌日休) 札幌市中央区南2西4-10 地鐵大通站步行5分 P無 吧檯座、桌位座 預約○

室蘭烤雞肉串 2支400円
使用豬肉的烤豬肉串。微甜的祕傳醬汁相當美味。不妨沾裹大量芥末

東區役所 預算1000円

十勝豚丼いっぴん
北10条店
★とかちぶたどんいっぴん
きたじゅうじょうてん

午 晚 深夜

☎011-741-8555
MAP 附錄③5 D-2

⏰11:00～22:00 休無休 札幌市東区北9東4-1-21 地鐵東區役所站步行8分 P50輛 吧檯座、桌位座 預約×

十勝豬肉丼(中)880円 (可能變更)
將頂級豬里肌肉沾上特製醬汁後炭烤而成。去掉多餘脂肪,是相當入味的絕品料理

西11丁目 預算600~1000円

中国料理布袋 →P.56
★ちゅうごくりょうりほてい

午 晚 深夜

未炸起來放的現炸炸雞總是熱騰騰的。

單品
北海道炸雞
5個700円
使用薑、中國酒等而調味較重,非常下飯。炸雞為拳頭大小

好濃稠~

在北海道的工房製作！

起司

北海道各地都有起司工房。透過起司火鍋、披薩等方式，來品嘗風味豐富的北海道起司吧！

起司搭配北海道產蔬菜一起品嘗也很不錯

Cheese*

經過長期熟成 滋味醇厚的起司火鍋

使用江別產起司與小麥 製成道地義式料理

能享受道產起司的義式料理

必吃！
Mero.特製起司火鍋
當令食材套餐 2288円~
除了本店原創起司之外，也能選擇來自新得町共働學舍、興部町富田農場等的起司

狸小路周邊 預算4000円
Sapporo Cheese House **Mero**
★さっぽろちーずはうすめろ

午 晚 深夜

可 以品嘗使用新得町「共働學舍」、興部町「North Plain Farm」等北海道內7家工房送來的講究起司所製成的料理。也有供應多種搭配起司的葡萄酒。

↑狸小路1丁目的拱廊即到

☎011-252-1515 MAP附錄③6 E-3
🕐17:00~23:00 休無休 所札幌市中央区南2西1 第5廣和ビル1F 地鐵大通站步行5分 P無 席桌位座、包廂 預約○

薄野 預算5500円
ステーキ＆ チーズフォンデュ **ケルン本店**
★すてーきあんどちーずふぉんでゅ けるんほんてん

午 晚 深夜

起 司火鍋及牛排專賣店。能品嘗使用道地瑞士產、興部町產格呂耶爾起司的2種起司火鍋。店內亦設有鐵板牛排專用吧檯座。

↑有大型酒窖，葡萄酒品項豐富

☎011-521-0305 MAP附錄③7 C-5
🕐17:00~24:00(週日、假日至23:30)，最後入店為23:00 休無休 所札幌市中央区南4西5札幌東急REIB1 地鐵薄野站即到 P150輛 席桌位座 預約○

必吃！
艾格峰全餐
5038円
能品嘗使用興部町富田農場起司做的起司火鍋全餐

大通 午1000円 晚3500円
イタリア料理 **イルピーノ**
★いたりありょうりいるぴーの

午 晚 深夜

休 閒義式料理店。使用蔬菜、海鮮及肉類等嚴選北海道產食材做成的料理，在當地客人之間也很受歡迎。而其中最推薦的餐點，就是使用100%江別町村農場小麥製成的義大利麵及披薩。

↑店內洋溢著義大利鄉村小鎮的氣氛

☎011-280-7557 MAP附錄③5 D-5
🕐11:30~16:00、17:00~21:30 休週日 所札幌市中央区北1西3-3-25 荒巻時計台前ビルB1 地鐵大通站步行3分 P無 席吧檯座、桌位座 預約○

必吃！
町村農場莫札瑞拉起司瑪格麗塔披薩 1518円
爽口的莫札瑞拉起司和披薩麵團很搭

這裡也能購買！ 札幌的起司工房也要CHECK！

白石區
ファットリア・ビオ北海道
★ふぁっとりあびおほっかいどう
使用100%北海道優質生乳，以在義大利習得的技術製造新鮮起司。

☎011-376-5260 MAP附錄③2 F-4
🕐11:00~16:00 休週日 所札幌市白石区平和通12北5-20 地鐵南鄉13丁目站步行14分 P3輛

里考塔
(250g) 1296円
↑具牛乳原有的溫和甜味的乳清起司

馬背起司
(500g) 2970円
↑直接吃或烤過再吃都好吃

Grana di Ezo
(100g) 972円
↑能感受到牛乳滋味的硬起司

布拉塔起司
(125g) 1620円
↑裡面包著鮮奶油的罕見起司

どんぐり的人氣麵包 Selection

明太子法國麵包 172円
→塗上明太子美乃滋後烘烤而成

肉桂捲 216円
→將肉桂粉及核桃揉進麵團

培根蛋麵包 226円
→麵包上放有培根與荷包蛋，口感十足！

北海道炸雞串 356円
→用醃醬醃半天入味的北海道炸雞

大通 預算1500円
どんぐり 大通店
★どんぐりおおどおりてん

早 午 晚

在 北海道內有10家店鋪的札幌代表性人氣烘焙坊。以使用北海道產小麥的麵包為首，供應人約150種多樣化的麵包。

☎011-210-5252　MAP 附錄③6 E-2
🕐10:00～21:00　休準同Le Trois
所札幌市中央区大通西1-13 Le Trois 1F　交地鐵大通站即到
P無　席吧檯座、桌位座
預約×

本店&分店也要CHECK！
本店 MAP 附錄③2 F-4
アリオ札幌店 MAP 附錄③3 D-2

→自助式內用空間

實吃報告
麵包、竹輪及鮪魚沙拉形成絕妙平衡，讓人吃了還想再吃！

始祖竹輪麵包！
深植人心的札幌名產

人氣 NO.1

必吃！
竹輪麵包（1個） 194円
柔軟的麵包、彈牙的竹輪以及濕潤的自製鮪魚沙拉配在一起很搭

道產小麥的美味讓人心動♡
麵包 Bread

堅持使用北海道產小麥的烘焙坊持續增加中。從地產地消麵包到名產三明治，皆能輕鬆享用札幌美味。

也很推薦在天氣晴朗的日子外帶麵包去大通公園品嚐。

除了招牌商品之外，還備有7、8種大通店限定商品

夾滿鱈場蟹的奢華三明治

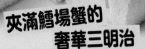

大通 預算1000円
さえら
★さえら

早 午 晚

1975年創業的三明治專賣店。點餐後才開始手工製作，內用外帶皆可。

☎011-221-4220
MAP 附錄③6 E-2
🕐10:00～17:30(材料售完打烊)　休週三
所札幌市中央区大通西2 都心ビルB3　交地鐵大通站即到
P無　席吧檯座、桌位座
預約×

→位於地下樓層，氣氛沉穩的店

必吃！
鱈場蟹沙拉三明治&水果三明治
（飲料套餐） 1330円
內含滿滿蟹肉的「鱈場蟹三明治」加上「水果三明治」的組合大受歡迎

必吃！
長棍麵包coron
（1條） 324円
耗時半天以上慢慢發酵製成的長棍麵包又香又脆

必吃！
牛奶法國麵包（1條） 216円
法國麵包內夾現做的新鮮奶油內餡

分店也要CHECK！
丸井今井札幌店 MAP 附錄③6 E-2

充滿北海道美味的地產地消麵包

必吃！
北海道產玉米魯茲提克
（1條） 292円
內含滿滿的北海道產玉米。玉米的香甜在口中擴散開來

必吃！
全麥麵包（1個） 140円
充滿全麥麵粉鮮美滋味，造型簡單的鹹麵包

巴士中心前 預算700円
boulangerie coron 本店
★ぶーらんじぇりーころんほんてん

早 午 晚

可 以外帶100%北海道產小麥製麵包的大人麵包店。採用「低溫長時間發酵」的製法，可以享受小麥的美味。本店僅提供外帶。

☎011-221-5566　MAP 附錄③4 G-5
🕐10:00～18:30※可能變動　休不定休
所札幌市中央区北2東3-2-4　P無　交地鐵巴士中心前站步行7分

→時尚的店內擺滿了麵包

六花亭 札幌本店 喫茶室

札幌站周邊 預算900円

★ろっかていさっぽろほんてんきっさしつ

| 早 | 午 | 晚 |

廣發源的「六花亭」直營店。這棟地上10樓、地下1樓的鋼骨結構大樓內,有販售「六花亭」甜點的商店及咖啡廳,還有附設藝廊、餐廳等。

☎ 0120-12-6666 (免付費電話)
MAP 附錄③5 B-3
🕐 11:00〜16:00(商店為10:00〜17:30) 休週三(商店為無休) 📍札幌市中央区北4西6-3-3 🚇 JR札幌站步行3分 🅿無 🪑桌位座 預約×

能品嘗現做美味
本店特有的
絕品甜點

↑還有種植北海道花草的庭園

必吃!
蘭姆葡萄冰淇淋夾心餅 250円
熱門品項「蘭姆葡萄奶油夾心餅」的冰淇淋版

分店也要CHECK!
円山店 **MAP** 附錄③8 B-2
福住店 **MAP** 附錄③2 E-6
真駒内六花亭ホール店
　　　 MAP 附錄③3 D-6

品牌info
【六花亭】
以復古包裝的蘭姆葡萄奶油夾心餅聞名。帶廣的製造商

必吃!
雪降起司蛋糕 250円
賞味期限只有2小時。是可可餅乾內夾濃郁烤起司蛋糕的點心

必吃!
酥脆派
1個 220円
購買後要在3小時內食用完畢

在**道產品牌咖啡廳**享用!

濃郁牛奶甜點

眾多北海道甜點品牌的直營店集中在札幌市中心!可以拿著北海道各地甜點在路上邊走邊吃。

有好多使用濃郁鮮奶油及冰淇淋的甜點!尋找伴手禮也是一大樂趣。

實吃報告
每種甜點都是價格實惠卻分量十足,令人開心!

必吃!
草莓芭菲 917円
霜淇淋與草莓醬層層重疊而成的芭菲

在歷史建築享用特製甜點

必吃!
蛋糕套餐 917円
自選蛋糕加上戚風蛋糕、霜淇淋及飲料的套餐

↑由世界級建築師安藤忠雄進行改建設計
↑2樓咖啡廳的牆上陳列著北海道相關書籍

北菓樓 札幌本館

大通 預算900〜1000円

★きたかろうさっぽろほんかん

| 早 | 午 | 晚 |

1926年興建的「北海道廳立圖書館」加以整修,改造成商店＆咖啡廳。可以在安藤忠雄設計的店內,品嘗「北菓樓」的特製甜點。

☎ 0800-500-0318 (免付費電話)
MAP 附錄③5 C-6
🕐 11:00〜17:00(商店為10:00〜18:00) 休無休 📍札幌市中央区北1西5-1-2 🚇地鐵大通站步行5分 🅿無 🪑桌位座 預約×

品牌info
【北菓樓】
砂川發源的日西式甜點店。推出以北海道開拓米果為首,使用嚴選北海道食材製成的眾多商品

★北海道牛奶好喝的原因★

北海道的霜淇淋、鮮奶油之所以那麼好吃,是因為其原料牛奶很美味的緣故。從在廣大牧場健康培育的乳牛身上擠出的牛奶,不僅乳脂肪成分高,而且滋味香醇濃郁。

★ 蛋糕五花八門！「きのとや」的商店＆咖啡廳

白石站 預算1000円
きのとや白石本店・きのとやカフェ
★きのとやしろいしほんてん きのとやかふぇ

在 札幌廣為人知的西點店「きのとや」本店也有附設咖啡廳，供人品嘗種類豐富的蛋糕。也有販售烘焙點心，榮登全國第一的年輪蛋糕。

☎011-813-6161 **MAP** 附錄③2 E-4
🕙10:00～19:00（商店為9:00～20:00） 休無休 🚇札幌市白石區東3-5-1-20 🚊地鐵白石站步行5分 🅿45輛 🪑桌位座 預約×

必吃！
年輪蛋糕套餐 770円
店鋪限定菜單，能夠品嘗在附設專門工房所製的年輪蛋糕。附咖啡或茶。

↑店內也有附設年輪蛋糕工房

分店也要CHECK！
大通公園店・きのとやカフェ→P.57
ファーム店・きのとやカフェ
MAP 附錄③2 G-6

品牌info
【きのとや】
以札幌農學校「北海道牛奶餅乾」聞名的札幌起源品牌

★ 乳業廠商直營店 獨家供應的牛奶甜點

必吃！
北海道產南瓜與紅豆和風蒙布朗芭菲 970円
在霜淇淋上擠出大量捲狀南瓜奶油霜製成的和風芭菲

↑2022年春天遷址開幕的新店鋪！

必吃！
四葉雪花奶油鬆餅 佐甜菜糖蜜 900円
牛奶風味的鬆餅以奢侈的四葉奶油為配料

札幌站 預算900円～
ミルフ&パフェ よつ葉ホワイトコージ札幌ステラプレイス店
★みるくあんどぱふぇよつばほわいとこーじさっぽろすてらぷれいすてん

除 了以味道濃醇卻尾韻清爽的霜淇淋所做的芭菲、調和大量北海道產酪乳粉的軟糯鬆餅，其他的餐點菜單也很豐富。

☎011-209-5577 **MAP** 附錄③5 D-3
🕙10:00～19:20 休準同札幌Stellar Place 🚇札幌市中央區北5条西2 札幌Stellar Place B1 🅿利用札幌Stellar Place停車場 🪑吧檯座、桌位座

品牌info
【四葉乳業】
北海道的代表性乳業廠商。牛奶、奶油等乳製品是北海道的招牌。

大通 預算1200円
菓子と喫茶 SIROYA
★かしときっさしろや

在 22%MARKET內開幕的咖啡廳。提供堅持使用北海道食材的多樣化菜單。還有使用各種起司製成的豐富甜點，起司愛好者想必難以抗拒。

☎080-8286-3289 **MAP** 附錄③5 D-6
🕙10:00～18:30 休無休 🚇札幌市中央區大通西4-6-1札幌大通西4大樓 B2 🅿無 🪑桌位座 預約×

★ 享受使用純白起司所做的甜點！

↑店鋪位於22%MARKET內

品牌info
【ISHIYA】
以「白色戀人」聞名。貓舌餅乾與巧克力的柔和甜味深受喜愛。

必吃！
SIROYA的天使乳酪 1200円
賞味期限只有10分鐘！蛋白霜搭配奶酪的鬆軟新口感

札幌站周邊 預算850円～
雪印パーラー本店
★ゆきじるしぱーらーほんてん

以 傳統製法生產講究的冰淇淋而聞名。使用特製鮮奶油、冰淇淋所做的芭菲種類豐富。也有附設販售伴手禮點心等的商店。

☎011-251-7530 **MAP** 附錄③5 D-5
🕙10:00～18:30 休週三 🚇札幌市中央區北2西3-1-31 太陽生命札幌大樓1F 🚊JR札幌站步行5分 🅿無 🪑桌位座 預約○

品牌info
【雪印パーラー】
說到能品嘗北海道牛乳甜點的咖啡廳就會想到這裡

↑店內亦有設置寬敞的沙發座

★ 招牌是用特製冰淇淋做成的芭菲

必吃！
Snow Royal 濃縮咖啡芭菲 1380円
使用傳統的Snow Royal冰淇淋和略苦的濃縮咖啡冰淇淋製作

〔好吸睛！動物甜點〕

札幌站周邊 預算1000円
シマエナガCreperie
★しまえながくれーぷりー

以口感酥脆又嚼勁的餅皮自豪的可麗餅店。從菜單表到包裝紙，所見之處均繪有銀喉長尾山雀。就位於車站前，也很推薦利用瑣碎時間順道一逛。

☎070-4117-5250 **MAP** 附錄③4 E-3
🕙12:00～22:00 休不定休 🚇札幌市中央區北4西2-1-3ひまわり札幌駅前タワービル1F 🅿無 🪑長椅 預約×

銀喉長尾山雀芭菲 880円
停在上頭的銀喉長尾山雀可愛！滿滿起司的可麗餅

〔再多去幾家！〕 講究的咖啡廳

#古民宅咖啡廳 #滿滿草莓 #昭和復古 #冰淇淋汽水

圓山 預算1000円
円山茶寮
★まるやまさりょう

利用古民宅為店面的閑靜咖啡廳。備有草莓善哉、抹茶善哉等，多種分量十足的自製甜點。

☎011-631-3461 **MAP** 附錄③8 B-1
🕙11:00～21:00（逢假日則營業）休週四 🚇札幌市中央區北4西27 🅿3輛 🪑桌位座、露台座（夏季）預約×

草莓善哉 1040円
添加大量草莓醬與草莓冰淇淋。另付熱茶、醃菜作為小菜

巴士中心前 預算1000円
和洋折衷喫茶 ナガヤマレスト
★わようせっちゅうきっさながやまれすと

位於舊永山武四郎邸旁，舊三菱礦業宿舍內的上相咖啡廳。可以在昭和初期的洋樓內享用復古咖啡廳的餐點。

☎011-215-1559 **MAP** 附錄③3 D-3
🕙11:00～20:00（逢假日則翌日休）休第2週三 🚇札幌市中央區北2条東6-2 🅿無 🪑桌位座 預約×

霜淇淋漂浮飲料 各720円
所有無酒精飲料＋330円即可升級加霜淇淋

是人氣店!

收尾芭菲風潮的帶動者!
享受味道變化的頂級芭菲

椰子雪酪　百香果鳳梨雪酪
焦糖冰淇淋
開心果冰淇淋
杏仁瓦片
煮糖豆　最中
毛豆奶油霜

季節水果
薄脆餅
朱槿鳳梨果凍

黑加侖慕斯
杏仁碎粒
焙茶慕斯
霜淇淋
蘋果果凍

南高梅雪酪
霰餅
紅豆
白玉

實吃報告
酸甜與濃郁的絕妙平衡!讓人想一再品嘗的好滋味

必吃!
豆、梅、焙茶
~以抹茶醬變換味道~
1454円
毛豆奶油霜底下是和三盆冰淇淋。使用梅子雪酪、北海道產紅豆製成的和風芭菲。

芭菲DATA
高度 22cm
分量 ★★☆☆☆

必吃!
水果~結合2種雪酪~
1595円
添加大量季節水果。鳳梨有用小豆蔻醃過,增添一些小巧思
※內容視季節而異

芭菲DATA
高度 26cm
分量 ★★★☆☆

必吃!
鹽味焦糖開心果
~以黑加侖和蘋果提高清爽度~　1454円
人氣No.1的芭菲。黑加侖的清爽酸味與底部蘋果果凍的尾韻相當爽口

芭菲DATA
高度 27cm
分量 ★★☆☆☆

狸小路周邊　預算1500円
パフェ、珈琲、酒、佐藤 本店
★ぱふぇこーひーさけさとうほんてん
午　晚　深夜

概 念是「用芭菲為愉快的一天收尾」。可以品嘗使用北海道產牛乳做的霜淇淋、雪酪等堅持手工製作的芭菲。使用法蘭絨濾布沖煮的咖啡也非常受歡迎。

☎ 011-233-3007
MAP 附錄③6 E-3
🕐18:00~23:30(週五至翌0:30、週六為13:00~翌0:30、週日為13:00~23:30) 休週一 所札幌市中央區南2西1-6-1 第3広和ビル1F 地鐵大通站步行3分
P無 吧檯座、和式座位 預約×

講究食材進行製作。敬請期待味道的變化!

店員 岡元 優子小姐

這個也很熱門!
巧克力與芒果
~百里香的微香~
1597円
➔能享用法國產「White&Bitter」的濃郁巧克力

有許多店家不僅芭菲好吃,店內也很時尚,能好好放鬆。

札幌的收尾餐點是味道清爽的芭菲!

收尾芭菲

夜間咖啡廳及夜間甜點文化深植札幌。其中又以酒後吃芭菲當收尾餐點的收尾芭菲大有人氣!

何謂收尾芭菲?
札幌從很久以前就有夜間咖啡廳、夜間甜點文化,不過是近年才開始興起「收尾芭菲」的風潮。不妨品嘗以新鮮北海道牛乳製霜淇淋、在當地令食材所製的冰甜芭菲,為札幌之夜劃下完美的句點。

人多時就來這裡!
CHECK系列店!

大通
パフェ、珈琲、酒、佐々木
★ぱふぇ、こーひー、さけ、ささき
能嘗到使用當季新鮮水果製成的限定雪酪為其一大魅力。

☎ 011-212-1375　MAP 附錄③6 E-3
🕐18:00~23:30(週五六至翌0:30) 休週二(週二逢假日則營業,翌日休) 所札幌市中央區南2西1-8-2 アスカビルB1 地鐵大通站步行5分 P無 吧檯座、架高榻榻米座 預約 僅全餐開放預約

↑鹽味焦糖與開心果~咖啡、黑加侖與蝶豆~ 1454円

札幌站周邊
佐藤堂／パフェ、珈琲、酒、佐藤 大丸札幌店
★さとうどう／ぱふぇ、こーひー、さけ、さとうだいまるさっぽろてん
除了招牌芭菲之外,還能品嘗使用開心果做的甜點。

☎ 011-211-5313　MAP 附錄③5 C-3
🕐11:00~21:00 休同大丸札幌店 所札幌市中央區北5西4 8F 地鐵札幌站步行5分 P有 吧檯座 預約×

↑本日開心果甜點拼盤1824円,內容每天更換

巴士中心前
パーラーエノキ
★ぱーらーえのき
位於札幌工廠(P.84)內的芭菲店。白天營業這點令人開心。

☎ 011-211-1031　MAP 附錄③4 H-5
🕐10:00~19:00 休準同札幌工廠 所札幌市中央區北2東4 札幌工廠3條館2F 地鐵巴士中心前站步行6分 P使用札幌工廠的停車場 吧檯座、架高榻榻米座、桌位座 預約×

↑巧克力~炙燒卡士達與柑橘香~1397円

CHECK姊妹店！

人多時就來這裡！

夜パフェ専門店 ななかま堂
★よるぱふぇせんもんてんななかまどう

可以嘗到和風口味的芭菲。菜單會視季節更換。

☎011-596-8607　**MAP** 附錄③7 C-4

🕐18:00～23:30（週五六、假日前日至翌1:30）　休不定休　所札幌市中央区南4西5 第4藤井ビル2F　🚇地鐵薄野站步行4分　**P**無　席吧檯座、桌位座、架高榻榻米座　預約○

→淘氣的「鈴蘭」～return for happiness（單點）1680円

夜パフェ専門店 Parfaiteria miL
★よるぱふぇせんもんてんぱふぇてりあみる

可享受使用當令水果、嚴選巧克力製成的芭菲。

☎011-522-9432　**MAP** 附錄③7 C-4

🕐18:00～23:30　休不定休　所札幌市中央区南3西5-14 三条美松ビルB1　🚇地鐵薄野站步行4分　**P**無　席吧檯座、桌位座　預約○

→銀喉長尾山雀～蘭姆葡萄與巧克力焦糖香蕉～1880円

夜パフェ専門店 Parfaiteria PaL
★よるぱふぇせんもんてんぱふぇてりあぱる

堅持「晚上吃芭菲」的夜間芭菲專賣店。備有多種使用當季水果，考慮食材搭配性所組成的講究芭菲。分成3館，從少人同行到團體客都能廣泛利用。

☎011-200-0559　**MAP** 附錄③6 E-4

🕐18:00～23:30（週五六、假日前日至翌1:30）　休不定休　所札幌市中央区南4西2-10-1 南4西2ビル6F　🚇地鐵薄野站步行3分　**P**無　席吧檯座、桌位座　預約×

→吧檯上陳列著許多水果

這個也很熱門！

薑Gingembre
1780円

→道受的逐芭加薑漸菲以改。組豆變合而成而味享成

洋梨 Blue Time
2080円

→由洋梨與戈貢佐拉起司組合而成

這3家是

莧菜
食用花
夜豆咖啡之滴
香檸檬棉花糖
蒙布朗奶油霜
內含黑加侖雪酪
內含牛奶義式冰淇淋
黑糖漬栗子
巧克力海綿蛋糕
馬斯卡彭鮮奶油
佛羅倫汀杏仁脆餅
夜豆竹炭寒天
大黃雪酪
餅乾碎屑
夜豆咖啡凍
大黃果醬

必吃！

栗巢先生的夜遊
1780円

可享受酸、甜、苦各種味覺。讓人聯想到夜遊的芭菲。

芭菲DATA
高度 15cm
分量 ★★★☆☆

配酒一起享用的 大人芭菲

收尾芭菲

憑藉獨到的創意 完成藝術般的芭菲

草莓與多明尼加可可豆巧克力
覆盆子
香緹奶油
黑加侖醃藍莓及覆盆子
內含不使用麵粉的自製巧克力蛋糕
橘子乾
麝香葡萄
烤開心果
柑橘芒果醬
北海道牛乳霜淇淋
無肥料無農藥瀨戶內海檸檬的義式冰淇淋
內含開心果牛軋糖
柑橘

必吃！

太陽芭菲 1518円

以柑橘、麝香葡萄及北海道牛乳霜淇淋為基底，結構較為成熟的芭菲。

芭菲DATA
高度 11cm
分量 ★★★☆☆

INITIAL
★いにしゃる

以「甜點和酒的完美結合」為概念的甜點酒吧。可以在洗鍊的空間內，享用在獨特創意下誕生的美觀芭菲。原創雞尾酒的品項也很豐富。

☎011-211-0490　**MAP** 附錄③7 C-4

🕐13:00～23:30　休不定休　所札幌市中央区南3西5-36-1 F.DRESS五番街ビル2F　🚇地鐵薄野站步行3分　**P**無　席桌位座　預約×

↑讓人聯想到巴黎咖啡廳的洗鍊空間

這個也很熱門！

蘋果芭菲
2090円

→以整顆蘋果為主，搭配季節水果做成蒙布朗般的芭菲

花束芭菲
2090円

→將整杯芭菲打造成花束造型，麝香葡萄有如花瓣

Selection

美食 全明星大集合　SAPPORO　收尾芭菲

餅乾

鮮奶油

草莓

葡萄柚

奇異果

哈密瓜

季節雪酪

藍莓

草莓

內含浦河草莓義式冰淇淋

莓果慕斯

新鮮牛奶義式冰淇淋

牛奶義式冰淇淋、鄂霍次克鹽味義式冰淇淋、白巧克力義式冰淇淋

莓果草莓義式冰淇淋

牛奶義式冰淇淋

內含桃子

莓果果凍

薄餅脆片

鮮奶油

牛奶布丁

內含白玉

鮮奶油

內含海綿蛋糕及派

自製糖漬草莓

草莓片

牛奶義式冰淇淋

自製草莓果凍

D 客製自己專屬的原創芭菲

必吃！

專屬於你的任性芭菲（飲料套餐）1650円
在訂單上勾選喜歡的材料。種類多達數萬種

芭菲DATA
高度 20cm
分量 ★★★☆☆

這個也很熱門！

雙莓果汽水 308円
➡添加覆盆子、藍莓，食用也好吃的飲料

C 不吝使用長沼冰淇淋義式冰淇淋的純白芭菲

必吃！

白色芭菲 1400円
使用3種義式冰淇淋的芭菲。外觀看似簡樸，卻有吃到最後都不嫌膩的好滋味

芭菲DATA
高度 25cm
分量 ★★★☆☆

這個也很熱門！

草莓芭菲 1400円
➡草莓與白巧克力、牛奶完美調和的芭菲

B 彷彿童話故事會出現的可愛菜單！

必吃！

季節果實舞會芭菲 1980円
鋪滿繽紛當令水果的華麗芭菲

芭菲DATA
高度 27cm
分量 ★★★★☆

這個也很熱門！

聖母之乳 700円
（芭菲＋500円）
➡天然甘甜、口感溫和的葡萄酒。味道與芭菲也很搭

A 盡情享用浦河町直送的當令草莓！

必吃！

札幌草莓芭菲 2000円
奢侈使用13～14顆草莓。也可以淋上草莓醬及煉乳，享受味道變化

芭菲DATA
高度 17cm
分量 ★★★★★

薄野　預算2000円

スイーツバー・Melty D

★すいーつばー・めるてぃ

午｜晩｜深夜

可以將無添加自製義式冰淇淋、鮮奶油等自己喜歡的食材加以組合，來一份客製化芭菲。勾選訂單上列出的食材自行搭配，就有數萬種芭菲任君挑選！
※價格等可能變更

☎011-522-8384　MAP 附錄③7 C-4
🕐19:00～翌1:00（週日、假日至24:00），可能縮短營業時間　休週四（有不定休）　所札幌市中央區南3西5-14三條美松大樓3F　地鐵薄野站步行3分　P無　席吧檯座、桌位座　預約○

➡店內使用柔和綠，打造溫柔配色

薄野　預算1500円

CAFE NOYMOND本店 C

★かふぇのいもんどほんてん

午｜晩｜深夜

以芭菲為主的咖啡廳。招牌芭菲奢侈使用風味豐富的長沼冰淇淋義式冰淇淋及季節水果，外觀相當華麗。午餐則不能錯過炸肉餅三明治。

☎011-211-0039　MAP 附錄③6 E-4
🕐13:00～22:30（可能變更）　休不定休　所札幌市中央區南3西2-7-1 2F　地鐵豐水薄野站即到　P無

➡配置沙發的寬敞空間

薄野　預算1200円

幸せのレシピ ～スイート～ B

★しあわせのれしぴすいーと

午｜晩｜深夜

彷彿童話故事中會出現的可愛芭菲專賣店。特製義式冰淇淋備有活用食材優點的濃郁開心果、蘭姆葡萄、抹茶等口味。可以從大約10種芭菲中任選，好好享受夜晚。

☎011-596-9852　MAP 附錄③7 D-4
🕐19:00～翌2:00（週六日、假日為14:00～）　休無休　所札幌市中央區南3西4 ビックシルバービルB1　地鐵薄野站即到　P無　席桌位座　預約×

➡以白色為基調，用綠景妝點的店內

薄野　預算2000円

ベリーベリークレイジー A

★べりーべりーくれいじー

午｜晩｜深夜

使用浦河町「浦和菅農園」直送草莓所做的芭菲及甜點專賣店。夏季以「鈴茜」、冬季以「香野」及「彌生姬」為主，可以享受當令草莓。

☎011-299-5858　MAP 附錄③7 C-4
🕐12:00～23:00（售完打烊）　休週二　所札幌市中央區南3西5-20 2F　地鐵薄野站步行3分　P無　席吧檯座　預約×

➡以黑色為基調的和風雅緻店內

酒類齊全、營業到深夜的店家很多，令人高興

收尾芭菲

SAPPORO美食全明星大集合　收尾芭菲

H
- 香草冰淇淋
- 覆盆子醬
- 自製戚風蛋糕
- 手工派
- 霜淇淋&巧克力醬
- 葡萄柚
- 柑橘
- 草莓
- 穀麥
- 霜淇淋
- 巧克力慕斯
- 鮮奶油
- 玉米脆片
- 藍莓
- 香草冰淇淋

尺寸小巧方便食用的可愛芭菲

必吃!
音樂芭菲
800円
尺寸小巧，非常適合作為收尾餐點。除了招牌口味之外，也會有期間限定口味登場
芭菲DATA
高度 14cm
分量 ★★★★

G
- 霜淇淋
- 巧克力脆餅
- 鮮奶油
- 血橙醬
- 柑橘與葡萄柚

柑橘類水果加上巧克力的組合！

必吃!
巧克力芭菲
1230円
巧克力加上柑橘類水果，尾韻清爽不膩
芭菲DATA
高度 25cm
分量 ★★★☆☆

F
- 櫻桃
- 霜淇淋
- 內含荔枝雪寶
- 內含小豆蔻
- 內含優格奶油
- 藍莓果凍
- 奇異果
- 柑橘
- 草莓
- 內含蜜桃茶凍
- 火龍果

水果斷面好可愛！分量十足的芭菲

必吃!
水果芭菲
1580円
使用十勝北廣牧場的霜淇淋。特色是帶有水果、辛香料滋味的大人芭菲
芭菲DATA
高度 22cm
分量 ★★★★★

E
- 開心果義式冰淇淋
- 覆盆子奶油
- 開心果奶油
- 海綿蛋糕
- 霜淇淋

濃郁滋味頗受歡迎的開心果芭菲！

必吃!
開心果覆盆子芭菲
1280円
開心果奶油與酸味鮮明的覆盆子奶油很搭
芭菲DATA
高度 約22cm
分量 ★★★★☆

這個也很熱門！

司康套餐
800円
→使用北海道產小麥的手工司康。可以從6種口味中選2種

焦糖堅果鬆餅
1550円
→口感外鬆內濕，鮮奶油甜度適中

繽紛汽水＋漂浮霜淇淋
770円
→將霜淇淋比擬為大麗花的可愛漂浮汽水

開心果起司蛋糕
980円
→以隔水方式慢慢烘烤，口感濕潤

薄野　預算1000円
musica hall café H
★むじかほーるかふぇ
午 晚 深夜
亦可用作畫廊及展演空間，供人享受音樂與藝術的咖啡廳。從招牌到季節限定均可享用的芭菲、司康等餐點都是手工製作。餐點菜單也相當齊全。
☎011-261-1787　MAP 附錄③7 C-4
⏰11:30～21:00(可能視活動等變動)
休週一(逢假日則翌日休)　所札幌市中央区南3西6-10-3 長栄ビル3F　地鐵薄野站步行5分　P無　桌位座
預約○
→該空間裝飾著出自札幌藝術家之手的擺設

薄野　預算2000円
ROJIURA CAFE G
★ろじうらかふぇ
午 晚 深夜
隱蔽的甜點咖啡廳&酒吧。除了以北海道產乳製品製成的芭菲，還有供應美式鬆餅、比利時鬆餅等，能品嘗得出餐後才會開始製作的正統甜點。
☎011-530-1237　MAP 附錄③7 D-5
⏰18:00～24:00(週五六、假日前日至翌2:00，週日、假日至22:00)　休無休　所札幌市中央区南6西3TAKARA6.3 1F　地鐵薄野站步行3分　P無　吧檯座、桌位座　預約×
→採用木質裝潢，氣氛沉穩的店內

薄野　預算1000円～
薄野喫茶 パープルダリア F
★すすきのきっさばーぶるだりあ
午 晚 深夜
該店位於電影《泡BAR偵探》的舞台咖啡廳舊址。在氣氛復古的店內，除了分量十足的芭菲，也有提供那不勒斯義大利麵等咖啡廳菜單。
☎011-211-6991　MAP 附錄③7 C-6
⏰13:00～21:00(週五至22:00、週六為11:00～22:00、週日為11:00～19:00)　休週三　所札幌市中央区南6西4-1-11　地鐵薄野站步行3分　P無　吧檯座、桌位座　預約×
→以紫色為基調，充滿特色的店內

薄野　預算1200円
DINING& SWEETS SINNER E
★だいにんぐあんどすいーつしなー
午 晚 深夜
紅色招牌相當顯眼，氣氛可愛的獨棟咖啡廳。除了芭菲、蛋糕等自製甜點之外，亦有義大利麵、墨西哥捲餅等豐富的餐點菜單。
☎011-241-3947　MAP 附錄③6 E-4
⏰14:00～22:15(週五六至23:15、週日、假日至21:15)　休無休　所札幌市中央区南4西1-4　地鐵豐水薄野站即到　P無　吧檯座、桌位座、和式座位　預約
→2樓座位的氣氛猶如閣樓房間

在老時鐘滴答作響的空間
品嘗自社烘豆咖啡

① 起司蛋糕462円與森彥限定的特調咖啡森之滴748円 ② 有陽光灑落、氣氛溫暖的2樓座位 ③ 也有販售森彥系列的烘培坊「マリピエール」的烘焙點心 ④ 發出舒適聲響的發條器 ⑤ 點餐後才開始磨豆、沖煮 ⑥ 泡咖啡櫃台所在的1樓

> 一邊品飲咖啡，
> 一邊享受悠閒時光
> 也不錯。

在北國品嘗濃郁的滋味
自家烘焙咖啡店

從傳統咖啡店到時尚咖啡廳，札幌隨處可見供應美味咖啡的店。在街上散步途中，不妨順道去看看吧。

圓山 預算1000円
森彥 ★もりひこ
早 午 晚

很 受歡迎的整修翻新咖啡廳，是札幌最大咖啡品牌「MORIHICO.」的原點。打造出氛圍懷舊的講究空間也是「MORIHICO.」獨有的特色。

☎0800-111-4883　MAP 附錄③8 B-2
⏰10:00～20:30（5～10月為週六日的8:00～）
休無休　所札幌市中央区南2西26-2-18　交地鐵圓山公園站步行4分　P9輛　席桌位座　預約×

↑位於圓山閑靜住宅區內，別具風情的木造民宅。

市內有10家店！「精選森彥的系列店咖啡廳！」

大通
MORIHICO.藝術劇場
★もりひこげいじゅつげきじょう

附設在「札幌市民交流廣場（P.84）」內。可以在店內一邊喝咖啡，一邊閱讀鄰近圖書館的書。

☎011-590-6540　MAP 附錄③6 E-1
⏰8:00～21:30（週六日、假日為9:00～）
休無休　所札幌市中央区北1西1 札幌市民交流廣場1F　交地鐵大通站即到　P379輛（其中按時計費289輛）
席桌位座
預約×

西11丁目
ATELIER Morihiko
★あとりえもりひこ

店內以白色為基調，氣氛自然相當舒適。進駐隔壁的是販售原創肥皂的「Siesta Labo.」。

☎0800-222-4883　MAP 附錄③3 C-3
⏰8:00～21:30　休無休
所札幌市中央区南1西12-4-182 ASビル1F
交地鐵西11丁目站步行3分　P4輛
席吧檯座、桌位座
預約×

白石區
Plantation
★ぷらんてーしょん

將屋齡50年的倉庫翻修整新，打造成200坪的巨大咖啡工廠。咖啡廳內附設烘豆工廠。

☎011-827-8868　MAP 附錄③2 E-3
⏰11:00～18:30
休無休　所札幌市白石区菊水8-2-1-32
交地鐵菊水站步行10分
P10輛　席吧檯座、桌位座，可吸煙　預約○

★札幌是咖啡好喝的城市★

這裡有許多咖啡店使用適合札幌水質、氣候的深焙咖啡豆，並以法蘭絨濾布手沖咖啡。也有不少店家營業到很晚，酒後能輕鬆地獨自順道入店，也是一大魅力之處。不妨來杯講究的咖啡，好好地放鬆身心。

SAPPORO美食全明星大集合

自家烘焙咖啡店

→配置古董椅的雅緻店內

傳統與進化融合的療癒咖啡廳

豊平區 預算1000円
珈琲とほころび Cafuné
★こーひーとほころびかふね
早 午 晚

能 享用多種咖啡的舒適咖啡廳。特調咖啡從淺焙到深焙共5種，店家會推薦適合在早、午、晚等時段品味的咖啡。

☎011-850-9930
MAP 附錄③8 D-4

⏰11:30～19:00（逢假日則翌日休）休週一二 所札幌市豊平区水車町2-3-25 メープルリバービュー1F 🚇地鐵學園站前步行6分 P3輛 席桌位座 預約×

必吃!
黃昏-中深焙-（後方）550円
可以來杯有扎實咖啡感的芳醇咖啡。熱門的地藏布丁（550円）搭配飲料一起點的話，可以折價100円

→播放著爵士樂的店內。還有能眺望綠景的2樓座位

在雅緻的店內品嘗上等咖啡

圓山 預算900円
円山坂下 宮越屋珈琲本店
★まるやまさかした みやこしやこーひーほんてん
早 午 晚

相 當於札幌咖啡廳文化的先驅。可以嘗到諸如法式、溫和（各660円）等，店長在歐洲習得的道地咖啡風味。

☎011-641-7277
MAP 附錄③8 B-2

⏰10:00～21:00 休無休 所札幌市中央区南2西28 🚇地鐵圓山公園站步行5分 P20輛 席吧檯座、桌位座 預約○

必吃!
溫和特調咖啡（後方）660円
苦味與酸味都恰到好處，是本店的招牌。蛋糕套餐為1100円

→活用明治時期札幌軟石與紅磚的店內

享受自家烘焙咖啡與甜點

創成川東 預算1000円
寿珈琲
★ことぶきこーひー
早 午 晚

除 了新鮮的自家烘焙咖啡之外，花草茶、蔚為話題的精釀啤酒、北海道產葡萄酒等酒精飲料也相當齊全。部分飲料可以外帶。

☎011-303-1450
MAP 附錄③6 F-3

⏰9:00～24:00（週日、假日為10:00～20:00）休無休 所札幌市中央区南2東1-1-6 M's2条横丁1F 🚇地鐵巴士中心前站步行5分 P無 席桌位座 預約×

必吃!
陽光日曬咖啡 580円
有適度酸味，口感圓潤好入喉的法蘭絨濾布手沖咖啡。也很推薦搭配向市內外人氣店訂購的烘焙點心一起品嘗

→店內洋溢著現場烘豆的咖啡香

一杯杯細心手沖的精品咖啡

大通 預算1000円
丸美珈琲 大通公園本店
★まるみこーひーおおどおりこうえんほんてん
早 午 晚

在 世界大賽嶄露頭角的咖啡鑑定師暨烘豆師後藤所經營的精品咖啡專賣店。能品嘗在產地收購的當令咖啡。要外帶咖啡也OK。

☎011-207-1103
MAP 附錄③6 E-2

⏰10:00～20:00（週日、假日為10:00～19:00）休無休 所札幌市中央区南1西1-2 松﨑ビル1F 🚇地鐵大通站步行3分 P有合作停車場 席桌位座 預約○

必吃!
丸美特調咖啡（前方）550円
使用中美產咖啡豆調和而成的代表性咖啡，味道圓潤而香醇。不妨搭配使用100%北海道產米穀粉所做的比利時鬆餅（原味為每片250円）一起享用

時尚商店也陸續登場!

創成川東 預算900円
tailor
★てーらー
早 午 晚

可以在簡樸的店內享用手沖咖啡及講究的甜點。菜單請至Instagram確認。

☎011-596-9122
MAP 附錄③4 F-5

⏰12:00～18:00 休不定休 所札幌市中央区北1東1-6-8 TOビル1F 🚇地鐵巴士中心前站步行5分 P無 席吧檯座、桌位座 預約×

→使用北海道瑞可塔起司製成的莓果開心果卡薩塔蛋糕450円

→位在向北單行道西側大樓的1樓

大通 預算600円
BARISTART COFFEE
★ばりすたーとこーひー
早 午 晚

可以挑選牛奶享用拿鐵咖啡的咖啡站，注重源自北海道的牛乳。

☎011-215-1775
MAP 附錄③7 C-3

⏰10:00～17:00 休不定休 所札幌市中央区南1西4-8 NKC1-4第二ビル1F 🚇地鐵大通站步行3分 P無

→也能購買原創隨手杯外帶咖啡。拿鐵菜單為630円起

→以磁磚、木材搭建的三角屋頂為路標

熱門美食

輕鬆品嘗札幌市民熟悉的美味。
便宜又分量十足，讓人好滿足。
大快朵頤各種札幌美食吧！

西11丁目
中国料理 布袋 ★ちゅうごくりょうり ほてい

📞011-272-4050　**MAP** 附錄③7 A-2

🕐11:00～21:00　🈺週三、其他可能不定休
📍札幌市中央区南1西9-1-3　🚇地鐵西11丁目站
步行5分　🅿無　🪑吧檯座、桌位座、和式座位
預約○

↑猶如大眾食堂般的氣氛
在這裡吃！

名產是拳頭大小的
北海道炸雞

必吃！
「布袋」的北海道炸雞 5個**700円**

藉由改變炸油的溫度，將雞肉表面炸
得又香又脆，大口咬下肉汁便會滿溢
而出，多汁又美味

與特製醬料很搭！
酸甜微辣的特製醬料，
蔥末的風味與口感絕妙
無比！

必點菜單

名店的招牌美味！

說是凡札幌人都至少嘗過一次的美味
也不為過。好想趁熱大飽口福！

種類豐富、現捏的
「飯糰專賣店」

起司鰹魚
（一般）**270円**

鹽漬鮭魚卵
750円

辣根風味牛肉鬆
（一般）**300円**

必吃！
「ありんこ」的飯糰
1個**190～750円**

17種招牌飯糰當中，「起司
鰹魚」最受歡迎。也可以選特
大尺寸及配料

大通
**おにぎりの
ありんこオーロラタウン店**
★おにぎりのありんこ おーろらたうんてん

📞011-222-0039　**MAP** 附錄③6 E-2

🕐8:00～20:00（限內用至19:45）　🈺準同極光城的公休　📍札幌市中
央区大通西2 札幌地下街極光城　🚇地鐵大通站步行3分　🅿使用附近
停車場　🪑桌位座　預約×

↑可以在內用區
用餐
在這裡吃！

札幌站周邊
串鳥 札幌駅前店 ★くしどりさっぽろえきまえてん

📞011-233-2989　**MAP** 附錄③4 E-3

🕐16:30～23:30　🈺無休　📍札幌市中央区北4
西2 札幌TRビル2F　🚇JR札幌站步行3分　🅿無
🪑吧檯座、桌位座、架高榻榻米座　預約○

↑開店就會湧進許多人
潮，相當熱鬧
在這裡吃！

供應炭烤美食
札幌發跡的
烤雞肉串專賣店

必吃！
雞肉丸（上）**180円**
三元豬上等豬肉（中）**190円**
麻糬培根捲（下）**195円**

每支170円起，相當平價。以炭火
一支支細心燒烤

還有這種服務！
招待的雞湯及白蘿蔔泥也是本店名
產！座位費200円。可以免費續。

必吃！
**「みよしの」的
煎餃咖哩** **550円**

以芳香的辛香料調味過的咖
哩上，放有以超薄餃皮包成
的特製煎餃作為配料

**煎餃與咖哩的搭配
意外地超級合拍**

薄野
みよしの日劇店 ★みよしのにちげきてん

📞011-511-0040　**MAP** 附錄③7 D-5

🕐17:30～翌4:00（假日至翌2:00）　🈺週日　📍札幌市中
央区南5西4-340 札幌すすきの日劇ビル1F　🚇地鐵薄
野站即到　🅿無　🪑吧檯座　預約×

↑一個人也能輕鬆入店
在這裡吃！

當地

↑北海道的靈魂飲料。這款碳酸飲料的特色在於喝過就會上癮的芳香與甘甜

北海道特有的澎湃分量！讓人想在早、中、晚找時間邊走邊吃。

↑使用瀧上町產和風薄荷、蘭姆酒及萊姆。風味自然、入喉暢快的莫希托

Secoma GUARANA（右）
98円（未稅）
Secoma 和風薄荷莫希托（左）
138円（未稅）

Secoma北海道哈密瓜霜淇淋
185円（未稅）
↑在Seicomart冰品當中銷售量No.1！！使用北海道產紅肉哈密瓜果汁及牛乳

HOT CHEF 鮭魚大飯糰
188円（未稅）
↑飯中包著北海道產鮭魚片，很有飽足感

Secoma 北海道奶油餅乾
99円（未稅）
↑能品嘗豐富町產奶油濃醇滋味，口感酥脆的奶油餅乾

Secoma 銅鑼燒
119円（未稅）
↑堅持使用北海道產食材，鬆軟餅皮內夾著紅豆粒餡的銅鑼燒

人氣商品 PICK UP！

HOT CHEF 炸豬排丼
520円（未稅）
↑酥脆的炸豬排搭配濃稠的半熟蛋，堪稱絕品美味！

Secoma 增毛町產洋梨果凍
125円（未稅）
↑使用北海道增毛町產洋梨泥。彷彿吃洋梨般，口感水潤的果凍

※商品價格為購買1個時的費用。
※商品的價格、內容、菜單及包裝，可能未經預告逕行變更。
※HOT CHEF可能會遇到有些店鋪未販售、部分店鋪價格有異，或是視時段未販售的狀況。

24h 24小時營業　HC 有HOT CHEF
麵包 有HOT CHEF烘焙坊
ATM 有ATM

觀光途中順道一逛 Seicomart

●大通ビッセ店
HC 麵包
MAP 附錄③5 D-6

●狸小路2丁目店
HC 麵包 ATM
MAP 附錄③6 E-3

●時計台前店
24h HC 麵包 ATM
MAP 附錄③5 D-6

●狸小路6丁目店
24h HC 麵包 ATM
MAP 附錄③7 B-4

●ザ・ノット札幌店
24h HC 麵包 ATM
MAP 附錄③7 D-4

☎0120-89-8551
（Seicomart客服中心）

↑以橘色招牌為標誌

※照片為示意圖

Seicomart

↑說到北海道的在地便利商店那就是

以暱稱「Secoma」廣為人知的北海道在地超商。有多種能享受當地美味的小吃美食。

不妨在散步途中順道一逛！

札幌早晨的空氣清爽宜人。不妨早點起床，到市區的咖啡廳享用一頓豐盛早餐。

札幌站周邊
エーデルワイス
★えーでるわいす
歷史長達大約半個世紀的老字號咖啡廳。提供5種「早餐服務」，價格實惠又分量十足。一早就能品嘗餐點菜單亦為其魅力之一。

☎011-261-7870　MAP 附錄③5 D-5

⏰8:00～18:00　休週六日、假日　所札幌市中央區北2西3敷島ビルB1　JR札幌站步行5分　P無　席桌位座、吧檯座　預約×

↑能感受到古早溫暖的店內

在札幌的復古咖啡廳享用早餐

OPEN 8:00

必吃！
早餐三明治
570円
「早餐服務」（8～10時45分限定）之一。附飲料、沙拉及優格的套餐。

可以品嘗蛋糕！きのとや的早餐

必吃！
水果蛋糕捲套餐
990円
大通公園店限定的水果蛋糕捲（照片），搭配咖啡或茶一起享用的超值套餐

大通
きのとや大通公園店・きのとやカフェ
★きのとやおおどおりこうえんてん・きのとやかふぇ
位於ビッセスイーツ（P.78、附錄①P.16）內的きのとや咖啡廳。是由蛋糕店經營的咖啡廳，因此蛋糕種類相當豐富。還有使用直營牧場牛乳做的霜淇淋。

OPEN 10:00

☎011-233-6161　MAP 附錄③5 D-6

⏰10:00～20:00　休無休　所札幌市中央區大通西3 北洋大通センター1F　地鐵大通站即到　P無　席桌位座　預約○

↑氣氛舒適開放的店內

札幌（さっぽろ）

札

幌是道廳所在地，也是全北海道總人口的3分之1集中在此的中心都市。市區內有不少如北海道廳舊本廳舍、札幌市鐘樓等具代表性的開拓時期遺構。此外，札幌也是集結了北海道各地優質食材的美食之都。以拉麵、成吉思汗烤肉、壽司為首，可以品嚐各式各樣的名產美食。

稚內
旭川　網走　知床
小樽　富良野　阿寒　釧路
札幌　　　　根室
二世古　帶廣
室蘭
函館

將開拓的氣息傳承至今的札幌市鐘樓。白色外牆、紅色星星及屋頂讓人印象深刻

在鐘樓拍照留念！ P.62
站在鐘樓前方的平台即可讓整座鐘樓入鏡，拍張「來到札幌」的紀念照吧。

不容錯過！
在札幌的 必做清單！

從觀景台 一覽城市街景 P.60·76
從大通公園、JR塔的上方等處，眺望棋盤狀的札幌街道吧。

說到札幌就想到 札幌拉麵
すみれ札幌すすきの店 P.22

新鮮海產做的海鮮丼
海さくら蝦夷海 P.33

EZOUMI

享受 名產美食！ P.20
札幌匯集了來自北海道各地的美味食材。拉麵、海鮮丼等王道美食自不用說，也別忘了追蹤流行美食！

盡是地產食材的 湯咖哩
路地裏カリィ侍.アピア P.37

札幌近郊 交通方式圖

小樽
鐵道 搭JR快速Airport等33分／750円
巴士 搭北海道中央巴士「高速小樽號」等1小時／680円

札幌

旭川
鐵道 搭特急神威號、丁香號等1小時25～35分／5220円
巴士 搭北海道中央巴士「高速旭川號」2小時5分／2300円

旭山動物園
鐵道+巴士 搭特急神威號等2小時10～20分（在旭川站轉乘）／5720円

富良野
鐵道 搭特急神威號等2小時～2小時30分（在瀧川站轉乘）／4540円
巴士 搭北海道中央巴士「高速富良野號」2小時35分／2500円

新千歲機場
鐵道 搭JR快速Airport 37分／1150円
巴士 搭北海道中央巴士、北都交通的機場接駁巴士1小時5～15分／1100円

鐵道 搭JR函館本線快速「Airport」等33分，在小樽站轉乘JR函館本線2小時30～55分／2420円
二世古

巴士 道搭南巴士「札幌洞爺湖號」2小時40～50分／2830円（需預約）
洞爺湖

巴士 搭南「高速溫泉號」1小時40分～2小時20分／2200円（需預約）
登別溫泉

巴士 搭定鐵巴士在定山溪湯之町下車，55分～1小時20分／790～960円
定山溪溫泉

基本上以步行或搭地鐵來移動！
札幌的地鐵、巴士等大眾運輸相當完善。如果只在市中心觀光，步行就足以走完很多地方。

住宿地點 選札幌市中心
建議到飯店集中的札幌站、大通、中島公園周邊住宿。如果想泡溫泉，不妨前往開車約1小時可至的定山溪溫泉。

市中心觀光 一天就很夠用
只逛札幌市區的話，花個半天到一天時間就很足夠了。想要盡情享受觀景點及美食的話，可以安排兩天一夜。

規劃行程的訣竅

觀光洽詢
札幌站 北海道札幌觀光服務處 011-213-5088 MAP 附錄③5 D-2
大通公園 大通公園旅遊服務中心&官方商店 011-251-0438(大通公園管理事務所) MAP 附錄③7 B-2

遊逛的原則

以JR札幌站為旅行據點
從新千歲機場搭JR即可直達的札幌門戶。車站直通JR塔等複合設施，最適合在此尋找旅行前休息場所及伴手禮。

札幌～薄野在步行範圍內
札幌站到薄野大約1.5公里。即使不搭地鐵，走個20分左右也能抵達。札幌站到大通公園約1公里，步行時間為15分左右。

天候不佳時地下街超方便
札幌～薄野、大通公園1～4丁目有地下街。走出地下出口，旁邊就是大通公園、鐘樓等觀光地，天候不佳時善加利用相當便利。

確認紅綠燈的住址標示
札幌市中心以大通公園、創成川為基點呈現棋盤狀，因此住址標示為「北○條西○丁目」。逛的時候留意一下東西南北。

●超值票券　能在札幌市內使用的主要1日乘車券

卡片／票券名稱	適用條件	費用	購買場所
地鐵專用1日乘車券	地鐵	830円	地鐵車站售票機、定期券販賣所等
週末地鐵車票	週六日、假日及過年期間的地鐵	520円	地鐵車站售票機、定期券販賣所等
路面電車1日乘車券	路面電車(市電)	500円	路面電車(市電)車內、大通定期券售票處、與路面電車(市電)的指定轉乘地鐵站窗口 ※APP Jorudan「轉乘導覽」也有販售手機版
道產子PASS	週六日、假日及過年期間的路面電車(市電)	400円	路面電車(市電)車內、大通定期券售票處、與路面電車(市電)的指定轉乘地鐵站窗口 ※APP Jorudan「轉乘導覽」也有販售手機版
中央巴士札幌市內1日乘車券	札幌WALK、北海道中央巴士札幌市內特殊車資區間(僅中央巴士運行班次)	750円	各總站窗口、札幌WALK(循環88札幌啤酒園工廠線)的巴士車內
1日無限乘車券	JR北海道巴士(高速巴士、活動臨時巴士除外)	需洽詢	一般路線巴士車內、各營業所等

在市中心騎自行車也很方便！
共享自行車「Porocle」
札幌市內有超過50個自行車站(專用停車場)，不論在哪一站租借，都能在任一站歸還！備有方便觀光的方案。詳見官網。 HP https://porocle.jp/

札幌看點MAP

北海道大學 P.64
札幌站 P.76
札幌站周邊
札幌的門戶。南口有JR塔、百貨公司及辦公大樓區。
札幌市鐘樓 P.62
札幌電視塔 P.61
大通 P.60
也有許多人氣咖啡廳的熱鬧景點。大通公園經常舉辦活動。
狸小路 P.83
薄野 P.82
東北以北的最大鬧區。說到札幌夜遊行程就想到這裡。
中島公園 P.81
札幌啤酒博物館 P.72
白色戀人公園 P.68
札幌市圓山動物園 P.66
札幌羊之丘展望台 P.65

JR、地鐵、主要巴士路線圖

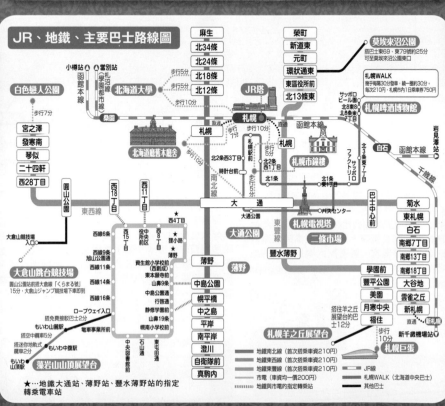

※各路線為2023年1月時的資訊(省略冬季停駛路線)。搭乘前請先確認最新資訊。

札幌觀光最佳景點

述說開拓時代歷史的古老建築、郊外綠意盎然的景點……看點不勝枚舉！

這裡必去！

高147.2公尺的電視塔
聳立在大通公園西1丁目的電視塔。務必到觀景台眺望整個札幌。

札幌人休息的綠洲
大通公園
●おおどおりこうえん

位於札幌市中心，綿延約1.5公里的綠地。散布著花壇、噴水池及雕刻的休息景點。此外，作為「札幌雪祭」等眾多活動的會場也很熱鬧，一年四季都能玩得愉快。

011-251-0438　MAP 附錄③7 B-2
自由入園　所札幌市中央区大通西1~12
地鐵大通站即到　P無

到處都有花壇
西1~8丁目都有花壇散布其間，4月下旬~10月中旬都能賞花。

市區
JR札幌站
步行10分

大通
大通公園 ＆ 札幌電視塔

おおどおりこうえん
さっぽろてれびとう

需時2小時

小知識Study
大通公園周邊是札幌的造鎮基點
札幌的造鎮工程始於1869年，源自於開拓判官島義勇以棋盤格劃分行政區的構想。創成川與渡島通（現在的南1條通）的交點是行政區劃的基點。

大通公園MAP

| 7丁目 | 西6丁目 | 西5丁目 | 西4丁目 | 西3丁目 | 西2丁目 | 西1丁目 |

←大通公園旅遊服務中心&官方商店
札幌站→
地鐵站前通
札幌站前通
大通BISSE
札幌市役所
地鐵南北線

主要地下出入口

地鐵東西線
旅遊服務中心&官方商店
大通站
薄野
とうきびワゴン

大通站
札幌電視塔

★這個景點的 必做清單
1 大啖玉米
2 登上電視塔
3 參加人氣活動

在札幌軟石建築接觸歷史與文化
西13丁目
さっぽろししりょうかん
（きゅうさっぽろこうそいんちょうしゃ）　景點

🔭 札幌市資料館（舊札幌控訴院廳舍）

📞011-251-0731　MAP 附錄③8 D-1

鄰接大通公園西側的建築物，是1926年興建的舊札幌控訴院。內有復原當時法庭的刑事法庭展覽室、漫畫家大場比呂司的紀念室。

↪復原札幌控訴院時代的法庭

9:00~19:00　休週一（逢假日則翌日休）￥免費　所札幌市中央区大通西13　地鐵西11丁目站步行5分　P無

↪2020年被指定為國家重要文化財

香氣讓人食指大動
西3·4丁目　とうきびわごん　購物

🛍 とうきびワゴン

📞011-251-0438（大通公園管理事務所）
MAP 附錄③7 D-2

說起大通公園的名產，就會想到路邊攤賣的烤玉米。除了販售烤玉米、水煮玉米這2種之外，也有販售馬鈴薯。※菜單可能變動

4月下旬~10月上旬（預定）的9:00~19:00（可能視期間、販賣場所變更）休營業期間無休（可能視天候不佳、活動等不定休）　P無

↪加馬鈴薯的套餐（400円）、烤玉米（300円）

↪餐車位在西3、4丁目

捕捉札幌特色風景
西2~4丁目　ふぉとすぽっと　景點

🔭 拍照景點

在大通公園，可以和札幌的經典風景一起拍照。推薦西3丁目的西側，能以札幌電視塔、噴水池及花壇為背景拍照。

↪西2丁目也是拍紀念照的人氣景點

↪在西3、4丁目能以噴水池、電視塔為背景拍照

函館本線 札幌站
桑園站　苗穂站
北海道庁
舊本庁舎　時計台　札幌市役所
大通公園
大通
東豐線　南北線
狸小路
薄野　すすきの
東西線
市電
N　800m　札幌電視塔

札幌的地標
札幌電視塔
• さっぽろてれびとう

以札幌電視開播為契機，在1956年興建的電波塔。1961年安裝的電子鐘是日本第一座電子鐘。除了觀景台之外，地下樓層還有美食廣場，3樓則有伴手禮店進駐。

📞011-241-1131 **MAP** 附錄③6 F-2
🕐9:00～22:00 休不定休
💴觀景台入場費1000円 🏠札幌市中央区大通西1
🚇地鐵大通站即到 🅿無

大通公園 季節活動

福利贊助
札幌大通啤酒花園
7月下旬～8月中旬

札幌丁香節
5月中旬～下旬

©HTB
札幌雪祭
2月上旬

札幌秋季豐收節
9月上旬～10月初旬

清涼的噴水池
西3、4丁目有座大型噴水池，夜晚會點燈而呈現一片夢幻氛圍。

展望台樓層 🔭景點

從觀景台也能看到位於大通公園深處的大倉山跳台競技場

夜間點燈
點燈時間會隨季節改變。此外，假日還能看到特別版點燈喔！

此端到彼端
1.5km
步行
約30分

從離地約90公尺高的觀景台，可以眺望大通公園的景色及札幌市區。最晚營業到22時（最終入場21時50分），也能欣賞獲選為日本新三大夜景的札幌夜景。

⬆能看到正下方景色的「怖窗」

札幌市資料館
（舊札幌控訴院廳舍）

玫→西12
瑰在6月園之丁目的
〜月中旬
10佳的是
月賞玫最
中花瑰花花期

口勇之手的滑梯「Black Slide Mantra」

出自雕刻家野→口的溜滑梯

西13丁目 西12丁目 西11丁目 西10丁目 西9丁目 西8丁目

石山通

西11丁目站

電視爸爸神社 🔭景點

位於電視塔頂樓，是札幌市區海拔最高的神社。狛犬部分是電視爸爸和媽媽。

⬆在附設伴手禮店能買到的布偶

在3樓紀念品商店能買到

人氣伴手禮

電視爸爸塑膠杯
⬅也能用作漱口杯

電視爸爸襪子
➡受到女性歡迎的運動襪

周邊的咖啡廳

盡情享受美味咖啡與旅遊書
西1丁目周邊 わーるどぶっくかふぇ
WORLD BOOK CAFE
📞011-206-7376 **MAP** 附錄③6 E-2

被世界各地的圖書簇擁，能享受悠閒時光的隱蔽咖啡廳。自製烤起司蛋糕很有人氣。

🕐12:00～21:30 休不定休 🏠札幌市中央区南1西1 大澤ビル5F 🚇地鐵大通站步行3分 🅿無

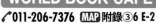
⬆可以在座位上閱讀多達6000本以上的書

➡烤起司蛋糕套餐為900円

➡原創特調咖啡600円，起司蛋糕450円

眺望窗外大通公園的咖啡廳
西3丁目周邊 とくみつこーひー
德光珈琲
📞011-281-1100 **MAP** 附錄③5 D-6

只使用老闆親赴產地嚴選的咖啡豆，提供現磨咖啡。

🕐10:00～20:00 休準同大通BISSE的公休 🏠札幌市中央区大通西3 大通BISSE 2F 🚇地鐵大通站即到 🅿無

從鋪設落地窗的店內能看見大通公園

札幌觀光最佳景點
大通公園＆札幌電視塔

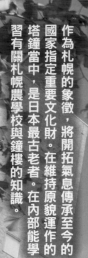

作為札幌的象徵，將開拓氣息傳承至今的國家指定重要文化財。在維持原貌運作的塔鐘當中，是日本最古老者。在內部能學習有關札幌農學校與鐘樓的知識。

每逢整點就會響起
日本最古老的塔鐘

大通
札幌市鐘樓
さっぽろしとけいだい

市區
JR札幌站
步行10分

小知識Study
時鐘運作的構造

時鐘機械為打重錘振子式。藉由秤砣的重量使齒輪轉動，藉由擒縱叉和擒縱輪裝置持續左右擺動，使時鐘走動。

紅星
與開拓使有關的建築物都掛有紅星。設計者是開拓使工業局的安達喜幸

晚上是這種感覺

拍照重點

從紀念攝影台
鐘樓與人物能完全入鏡的地方。攝影者需在攝影台前蹲著拍照

拍照重點

從對面大樓
2樓的露台對外開放參觀，幾乎可以從正面拍攝鐘樓

鐘樓Q&A
Q 為何位在市區？
A 因為當時的札幌農學校位在北1條西2丁目與北2條西2丁目附近。

Q 鐘聲是真的嗎？
A 1881年設置的機械至今仍正常運作，整點一到就會發出真正的鐘聲。

☎ 011-231-0838
MAP 附錄③ 6 E-1
🕗 8:45～17:00 休無休
¥ 入館費200円，高中以下免費 🚇 札幌市中央區北1西2 🚉 地鐵大通站步行5分
P 無

需時30分

★這個景點的
必做清單
① 在建築物前拍照留念
② 參觀復古大廳
③ 欣賞時鐘的機關

2F 學習塔鐘的構造 景點
時鐘機械
とけいきかい

展示與鐘樓設備同款的時鐘機械。是少數能看到藉由擺錘走動的時鐘的設施。

⬅時鐘機械和咕咕鐘都是採用擺錘式

↑作為迷你應能化身為演講、演唱會場地

認識設置鐘樓的經過
1F
大展示室
だいてんじしつ

利用模型、看板等來解說鐘樓及札幌農學校的歷史。亦有介紹內村鑑三等札幌農學校的畢業生。

↑以100分之1的模型重現札幌農學校時代的鐘樓周邊

2F 重現興建當時的氣氛 景點
鐘樓大廳
とけいだいほーる

札幌農學校時代舉行體育課、畢業典禮等的場所。如今則重現1899年博士學位授予慶祝會的場面。

↑還有能和克拉克博士像拍紀念照的長椅

北海道廳舊本廳舍 & AKAPLA

札幌站周邊

市區 JR札幌站 步行7分

ほっかいどうちょうきゅうほんちょうしゃ あかぷら

需時 1小時

札幌觀光最佳景點

札幌市鐘樓／北海道廳舊本廳舍＆AKAPLA

AKAPLA與施工前的北海道廳舊本廳舍

① 北海道廳舊本廳舍如今暫時休館中！

目前由於改建施工，無法進入館內參觀。儘管正值休館期間，為了促進觀光還是有預備一些能在掉內享受斷光的規劃，最新資訊請至官網確認。
HP https://www.pref.hokkaido.lg.jp/sm/gzs/fm/akarengarenewal/top.html

改建施工中

作為札幌象徵為人知的北海道廳舊本廳舍正往休館中，不過仍可以在境內的前庭周邊散步。散步之後，不妨前往紅磚廣場AKAPLA感受紅磚的氣氛。

在休館中的道廳周邊享受紅磚的氣氛

改建後會變得如何？搶先確認！

2022～2024年度在進行包含耐震改建在內的大規模改建工程。

景點 北海道廳舊本廳舍

ほっかいどうちょうきゅうほんちょうしゃ

☎ 011-204-5019（平日8:45～17:30／週六日、假日請致電☎011-204-5000）

MAP 附錄③5 C-5

1888年興建以來，內部一度遭到火災燒毀，1968年才復原成創建時的模樣。現在館內雖然無法參觀，仍可以參觀境內的前庭。

□建築周邊自由參觀 □札幌市中央区北3西6 □JR札幌站步行7分 □無

休館期間也能觀賞前庭

↑位於道廳前的前庭保有紫杉、春榆等近百種千棵樹木

↑水池內能看到綠頭鴨及鴛鴦

周邊美食

享受美食及購物樂趣！

紅磚露台 あかれんがてらす LINK→P.79

MAP 附錄③5 D-5

建於AKAPLA沿路上的商業設施，能享用北海道特色美食。亦有開放式露天座、眺望藝廊等，綠意盎然的所處位置也是一大魅力。

景點 AKAPLA

（札幌市北3條廣場）

あかぷら さっぽろしきたさんじょうひろば

☎ 011-211-6406（札幌站前通造鎮株式會社）

MAP 附錄③5 C-5

位於札幌站前通與北海道廳舊本廳舍之間的紅磚廣場。除了一年四季都有舉辦活動之外，沿途也有「紅磚露台」，還能享受美食及購物的樂趣。

□自由通行 □札幌市中央区北2西4、北3西4 □JR札幌站步行7分 □無

也會舉辦活動的休息場所

夏季期間銀杏大道上會出現「紅磚露台」的開放式露天空間

也會舉辦活動！

←在往年6月下旬舉辦的「札幌花毯節」會使用花瓣、自然素材完成一幅大型繪畫

↑也立有札幌柏油路發源地的石碑

★這個景點的必做清單

① 在前庭散步
② 參加AKAPLA的活動
③ 在紅磚露台吃午餐

札幌站周邊

北海道大學

ほっかいどうだいがく

綠意盎然的
廣大校園

位於札幌車站附近的大學。平靜的風景保有從札幌農學校時代存續至今的北海道開拓時代風貌，一邊漫步其中吧。一邊欣賞歷史建築

札幌農學校第2農場

1929年竣工，歷史悠久的建築

市區
JR札幌站
步行7分

介紹創立至今的研究內容

景點

綜合博物館

そうごうはくぶつかん

☎ 011-706-2658 MAP 附錄③ 3 C-2

對外公開部分大學內積累的300萬件珍貴學術標本及資料。也有介紹北海道大學的歷史、現在各學部的最先進研究等。

⏰ 10:00～17:00 休週一，逢假日則翌平日休（可能臨時開館、休館）¥免費
所札幌市北区北10西8

➌ 3樓的愛因斯坦圓頂

➍ 看點十足的大型古生物骨骼標本

彷彿歐洲風景

景點

白楊林蔭道

ぽぷらなみき

MAP 附錄③ 3 C-2

1912年林學科學生的實習成果，類似現今的植苗運動，是北大的象徵。推薦到鄰近的「花木園」散步。

➍ 鋪木屑的林蔭大道長約80公尺，可以在此散步

需時
2小時

☎ 011-716-2111
MAP 附錄③ 3 C-2
⏰ 自由散步
所札幌市北区北8西5
🚃 JR札幌站步行7分
P無

★這個景點的
必做清單

1 參觀復古建築物
2 在白楊林蔭道漫步
3 吃學餐當午餐

校內美食

非學生也能享用豐富菜色

中央食堂

ちゅうおうしょくどう

☎ 011-726-4780
MAP 附錄③ 3 C-2

咖哩、麵類、單點料理等相當豐富，提供使用安心安全食材的菜單。

⏰ 11:00～20:00 休週六日、假日
※平日11:30～13:00為學生、教職員專用，訪客價比工會價高10%

➍ 味噌拉麵
（中碗396円）
➍ 龍田炸雞丼
（中碗506円）

北大特有的牛奶甜點

北大マルシェ Café & Labo

ほくだいまるしぇかふぇあんどらぼ

☎ 011-706-3213 MAP 附錄③ 3 C-2

位於百年紀念館1樓的咖啡廳。能品嘗使用珍貴「北大牛乳」的菜單。

⏰ 10:00～17:00 休週二

➍ 現擠北大牛乳
350円
➍ 北大牛乳布丁
410円

北海道酪農業的原點

景點

札幌農學校第2農場

さっぽろのうがっこうだいにのうじょう

MAP 附錄③ 3 C-2

札幌農學校初代副校長威廉‧史密斯‧克拉克在1876年開設。建築物仍保有當時的原貌，是日本國內最古老的西式農業建築。

⏰ 8:30～17:00 ※僅室外參觀。室內參觀重新開放時期未定 休第4週一 ¥免費 所札幌市北区北18西8

➍ 名列國家重要文化財的珍貴建築

在博物館商店「ぽとろ」能買到

人氣伴手禮

博物館盒
880円
內含建築物的說明書與愛因斯坦圓頂的介紹單

和克拉克博士與羊群見面

位在山丘上的觀景台，能遠眺札幌市區及牧草地。以克拉克博士像為首，還有資料館、紀念碑等眾多設施。

羊之丘

札幌羊之丘展望台

さっぽろひつじがおかてんぼうだい

郊外
JR札幌站
搭 **地鐵＋巴士**
約 **30**分

需時 **1小時**

BOYS, BE AMBITIOUS

開拓者精神的象徵　**景點**

克拉克博士像
くらーくはかせぞう
MAP 附錄③2 E-6

為紀念克拉克博士來北海道100年所興建的立像。台座上刻有其名言「少年要胸懷大志（Boys, be ambitious）」。

↑寫下自己的夢想後投遞郵筒，就能保存「誓言」的「大志之誓」

拍照重點

在克拉克博士像前
與立像擺出相同姿勢。仔細看就會發現手掌是張開而非指向前方

羊ヶ丘レストハウス
薰衣草田
札幌ブランバーチ.チャベル
札幌雪祭資料館
克拉克紀念館
克拉克旅行之鐘
石原裕次郎歌碑
ほっと足湯
入口→
克拉克博士像

拍照重點

在牧草地前
一望無際的牧草地。羊群吃草的悠閒風景就像是一幅畫

鮮艷地妝點北海道的夏天　**景點**

薰衣草田
らべんだーばたけ
MAP 附錄③2 E-6

澳洲館後方有一片薰衣草田，栽種「丘紫」品種的薰衣草。在7月薰衣草開花時期滿是馥郁的花香。

↑最佳觀賞時期是7月中旬

📞011-851-3080
MAP 附錄③2 E-6
⏰9:00～17:00（視時節而異）
休無休　¥600円　🚶札幌市豐平區羊ヶ丘1　🚇地鐵札幌站到福住站14分，地鐵福住站轉乘北海道中央巴士羊之丘線12分，終點下車即到　🅿100輛

🏯園內美食🍴

品嘗名產成吉思汗烤肉
羊ヶ丘レストハウス
ひつじがおかれすとはうす
📞011-852-1271　**MAP** 附錄③2 E-6

可品嘗各種成吉思汗烤肉、羔羊丼、蝦夷鹿丼、拉麵等北海道當地美食。以特選羔羊肉成吉思汗烤肉最受歡迎。
⏰視時節而異，需洽詢
休無休

↑特選羔羊肉成吉思汗烤肉（2100円）

★這個景點的 **必做清單**

① 與克拉克博士像拍紀念照！
② 在薰衣草田感受北海道
③ 品嘗名產成吉思汗烤肉

展示眾多半世紀的歷史文物　**景點**

札幌雪祭資料館
さっぽろゆきまつりしりょうかん
MAP 附錄③2 E-6

藉由看板等物來解說始於1950年的「札幌雪祭」歷史。也有展示製作階段使用的雪雕模型。

↑雪雕製作光景的影片
→亦設有專區播映雪雕製作光景的影...

在澳洲館能買到 **人氣伴手禮**

也推薦這個

托特包 各**550**円
印有名言「Boys, be ambitious.」的包包

Boys, Be ambitious.

大志之丘 **540**円
這裡才能買到的原創餅乾

→羊之丘霜淇淋

圓山

札幌市圓山動物園

さっぽろしまるやまどうぶつえん

與動物的距離近得讓人訝異！

這座動物園自從1951年開園以來，一直受到札幌市民喜愛。運用許多巧思的展示設施陸續開張，不論何時前往都會有新發現。一定要看北極熊館與象舍！

出現在頭上的北極熊！
透過新設水中隧道，能看到北極熊感十足的泳姿。也可以近距離觀看屁股及腳掌！

北極熊
棲息在陸地上的最大型肉食動物。立於北極圈生態系的頂點，不愧是北極之王！

郊外
JR札幌站
搭地鐵＋步行
約30分

圓山動物園的象徵
北極熊在人工飼育下難以繁殖，在圓山動物園卻成功好幾次。

從前方

↑也能看到表情

☎ 011-621-1426
MAP 附錄③ 8 A-3
⏰9:30～16:00(11～2月至15:30)※關於開園狀況請確認官網 休第2、4週三、8月第1、4週三(逢假日則翌日休，包含4、11月第2週三當週的週一～五、12月29～31日休)¥入園費800円、高中生400円、國中以下免費(出示學生手冊) 團札幌市中央區宮ケ丘3-1 🚇地鐵東西線圓山公園站下車步行15分 Ｐ959輛

從下方

北極熊館
ほっきょくぐまかん

景點 🔭

館內設置了水中隧道，可以從各種角度觀看北極熊在水中游泳的模樣，館外也有設置能觀察室外放飼場的觀景點。

游泳的姿態魄力十足！

↑考量到動物的生態，採用比以前更容易居住的設計

☟進食的模樣值得矚目！

也有海豹喔
雖然海豹與北極熊住在不同的水池，從水中隧道來看卻彷彿兩者共游一般。

大大的屁股好可愛！

這個景點的必做清單
① 由下方仰望北極熊
② 觀看可愛大象的一舉一動
③ 確認園內美食＆伴手禮

近距離觀看可愛模樣！

象舍
そうしゃ

景點 🔭

展示4頭亞洲象。考量到位處積雪寒地，規劃出採光良好、屋內也設有飲水處等的空間。象舍內部的開放參觀時間為夏季全天，而冬季只開放到15時30分左右。

需時
2小時

亞洲象
母象體重為2～3噸、公象體重為4～5噸，是陸生動物中體型最大者。

☟運氣好的話還能看見大象玩水的模樣

札幌觀光最佳景點

札幌市圓山動物園

小貓熊超受歡迎
亞洲區 🔭景點
あじあぞーん

盡可能地貼近接近亞洲的棲息環境，藉此欣賞動物原本的野生行為。有高山館、寒帶館、熱帶雨林館這三座設施，展示約10種動物。

⬆不受天候影響，隨時可以觀賞。照片為熱帶雨林館

小貓熊
棲息在喜馬拉雅山與中國山地。

雪豹
棲息在喜馬拉雅高山。在圓山動物園曾多次成功繁殖。

獅尾猴
棲息在印度。特徵是宛如獅尾的尾巴。

馬來熊
是最小的熊科動物。說不定能看到馬來熊玩球的模樣。

亞洲小爪水獺
棲息在印度、中國等地的鼬科動物。適應了水中生活，擅長游泳。

觀看北國特有的動物
猛禽舍 🔭景點
もうきんしゃ

能近距離觀看棲息在北海道的大型猛禽類。日本所有動物園當中，只有4座能觀察毛腿漁鴞。

虎頭海鵰
日本最大的鵰。展翅長度可達250公分。

毛腿漁鴞
推測有大約165隻棲息在北海道內。屬於天然紀念物。

觀察猴群的模樣吧
猴山 🔭景點
さるやま

超過50隻日本獼猴精力充沛地在此生活。中央有水路及水池，也能看到猴子戲水的模樣。在一旁的觀賞休憩所，能透過玻璃窗觀察餵猴子的模樣等。

日本獼猴
不妨仔細觀察猴子互動的模樣等，相當有趣。

⬅後方的建築是觀賞休憩所

長頸鹿
棲息在非洲。是陸地上最高的動物，最高者甚至超過5公尺。

感受非洲
非洲區 🔭景點
あふりかぞーん

由「長頸鹿館」和「河馬、獅子館」這兩棟設施構成，展示共10種動物。走過貫穿兩棟設施中央的的莽原大道，有種彷彿來到非洲的感覺。

⬆穿過非洲區中央的莽原大道

狐獴
筆直的站姿很有特色。在地底下築巢過群居生活。

鴕鳥
世界上最大的鳥類。頭伸出柵欄進食的模樣相當可愛。

在官方商店能買到
人氣伴手禮

ZOO銅鑼燒
180円
與千歲的甜點店もりもと聯名推出的銅鑼燒

象CURRY
510円
使用北海道產蔬菜的咖哩調理包

北極熊米果（奶油醬油口味）
540円
與札幌人氣煎餅店「サムライ煎兵衛」推出的聯名商品

蝦夷小鼯鼠布偶
1個1320円（S）～
動物園原創的蝦夷小鼯鼠布偶

園內美食

能嘗到道地法式鹹薄餅
ダニーズレストラン
だにーずれすとらん
📞011-301-0509
MAP 附錄③8 A-3
位於第一休憩所內的餐廳。可以嘗到使用北海道產蕎麥粉、蔬菜及蛋所製成的道地法式鹹薄餅。

午餐1230円（附湯、沙拉）

正門附近的咖啡廳
Zoo Cafe
ずーかふぇ
📞011-622-0665
MAP 附錄③8 A-2
推薦使用北海道原料做的霜淇淋、迷你芭菲等。

➡北海道霜淇淋（420円）附各種動物餅乾

（地圖）
圓山動物園西門巴士站
寒帶館　西門　P
高山館
亞洲區　河馬、獅子館　まるっぱ（遊樂廣場）
爬蟲類兩生館　熱帶雨林館　非洲區
熱帶鳥類館　長頸鹿館　貓頭鷹與鷹之森
綜合水鳥舍　※施工中不開放
第一休憩所　猴山　袋鼠館
北極熊館　ダニーズレストラン　兒童動物園
河狸之森
蝦夷棕熊館　黑猩猩館　象舍　松鼠猴園頂　猛禽舍
蝦夷鹿、狼舍　道產子之森
猴舍　官方商店 Zoo Cafe　正門
くらまる號園　動物園中心　動物園正門巴士　地藏園山公園站

木偶嘉年華時鐘塔每逢整點，機關木偶就會表演歡樂的遊行

宮之澤

白色戀人公園
しろいこいびとぱーく

郊外
JR札幌站
搭**地鐵＋步行**
約**30**分

玫瑰花園、木偶嘉年華時鐘塔是白色戀人公園的象徵

♥ 歡迎來到巧克力的世界！♥

享受巧克力！　玩樂
巧克力小屋 ♪
可以透過光雕投影了解巧克力的歷史等，大約30分鐘的參觀行程。助手的談話、以博士身分登場的角色，炒熱了參觀行程的氣氛。※可能舉辦其他活動

售票中心
由此前往付費入館的櫃台。
START

❶等候室
博士、助手、巧克力妖精登場。提高了觀眾對於奇妙世界的期待！

❷趣味房間
一邊欣賞華麗的影片，一邊玩有關巧克力的猜謎。

❸巧克力時光隧道
最大的看點。還可以了解巧克力的四大革命。

GOAL

❹收藏室
展示中世紀歐洲實際用過的巧克力杯。

景點 👀
充滿童話氣息的玫瑰庭園
玫瑰花園&木偶嘉年華時鐘塔
ろーずがーでんあんどからくりとけいとう

有大約200株玫瑰盛開的玫瑰花園、聳立在後的木偶嘉年華時鐘塔，是絕佳的攝影景點。可以在庭園內一邊享用霜淇淋及漂浮飲料，一邊享受悠閒時光。

👉在中央販售的白色戀人霜淇淋中杯400円

拍照重點

拍照重點

花壇前

色彩繽紛的花壇之間是人氣攝影景點。可以用絕佳角度拍照

噴水池前
走進去之後馬上就能看到噴水池。河馬親子雕像相當可愛

這裡也要CHECK!

學習基地‧可可豆莢
可以一邊學習可可豆莢變成巧克力的過程，一邊進行巧克力試吃等的參加型活動。
※可能舉辦其他活動

☎ 011-666-1481
MAP 附錄③ 3 A-1
🕙 10:00～17:00　休無休
¥ 高中以上800円，4歲～國中生400円，3歲以下免費；有免費區　🏠札幌市西區宮の沢2条2-11-36　🚇地鐵大通站16分，宮之澤站下車步行約7分　Ｐ有

需時 **2**小時

★這個景點的
必做清單
❶ 體驗**巧克力**的世界！
❷ 挑戰製作甜點
❸ 在**玫瑰花園**拍照留念

甜品工作坊・夢想體驗工房 ♪

將手工甜點作為伴手禮！ 玩樂

享受餅乾及巧克力製作樂趣的體驗工房，也有季節限定的體驗課程。

我的白色戀人巧克力課程

通過空氣浴塵室，開始體驗！

可以自行選擇模具及配料，製作自己的原創巧克力。也能在盒子上畫畫。體驗時間只要大約20分鐘，也很推薦趕時間的人。可以當天在店頭櫃台申請體驗。

→體驗費用800円，相當實惠

甜點製作體驗也很適合作為旅行的回憶！

→可以在窗邊欣賞白色戀人公園周邊的景色

能就近觀看剛做好的年輪蛋糕！

→一天最多可以生產30萬片餅乾的白色戀人生產線

巧克力幻想館工廠

參觀人氣甜點的生產工程！ 景點

可以觀看人氣商品「白色戀人」與年輪蛋糕生產線的參觀行程。能透過偌大的玻璃窗觀看製造工程。

→還有介紹白色戀人製造工程的可愛立體透視模型

CHECK! 格列佛小鎮・室外樂園
感覺化身為格列佛，遊逛迷你住家及商店林立的區域。

CHECK! 魔法的空間
有諸多可愛的拍照景點，像是倫敦的紅色電話亭。

製作完甜點在巧克力休閒茶餐廳享受甜點時光♥

CHECK! 屋頂植栽
隨季節變換花色的植栽。可以透過屋頂相機自行拍照（收費）。

巧克力休閒茶餐廳・牛津

以巧克力為主的原創菜單相當豐富，充滿高級感的休憩區。可以一邊眺望大玻璃窗外的景色，一邊享受奢華甜點時光。

🕙10:00～16:30

↑原創巧克力做成的熱巧克力飲料800円

↑ISHIYA鬆餅／草莓 1600円

〔地圖標示〕
木偶嘉年華時鐘塔
格列佛小鎮・室外樂園
安透露普咖喱餐廳
玫瑰花園
巧克力小屋
巧克力幻想館工廠
巧克力市場
甜品工作坊・夢想體驗工房
巧克力休閒茶餐廳・牛津
都鐸屋
皮卡迪利商店
留戀嘉真館
巴特勒碼頭咖啡廳
切爾西麵包坊
冰淇淋小屋
宮之澤
白色戀人足球場
←札幌西IC

園內美食

巴特勒碼頭咖啡廳
散發木質溫暖感的咖啡廳

位於都鐸屋2樓的咖啡廳。能品嘗輕食、ISHIYA原創咖啡。
🕙10:00～17:00
（霜淇淋、飲料L.O.16:30）

→漂浮咖啡 600円

安透露普咖喱餐廳
位於地下的餐廳

可以在隱蔽的店內品嘗咖哩、咖啡等的咖啡餐廳。
🕙11:00～14:30

→以道地咖哩醬自豪的起司雞肉咖哩1200円

在公園內的商店能買到 人氣伴手禮

↑還有附設於皮卡迪利商店內，可以製作原創商品的留戀寫真館專區

白色戀人公園限定
Purumi和Ramuru的巧克力物語 1382円
巧克力妖精「Purumi和Ramuru」造型的巧克力

原創定製盒 1155円
可以將喜歡的照片印在盒子上，製作自己專屬的定製盒

雪巨蛋白巧克力 350円
以麵包麵團包裹「白色戀人」巧克力奶油餡烤成的原創麵包

白色戀人公園限定
白色戀人客製印字鑰匙圈 1個1210円
可以在造型逼真的餅乾鑰匙圈上印名字縮寫等

盡情欣賞橘色的
閃耀札幌夜景

獲選為「日本新三大夜景都市」，著名的札幌夜景景點。除了展望台之外，還有餐廳及商店。

高度
531m

\郊外/
JR札幌站
搭地鐵＋市電＋巴士
約40分

伏見

藻岩山山頂展望台

もいわやまさんちょうてんぼうだい

📞011-561-8177
MAP 附錄③ 3 C-5

🕙10:30～22:00（冬季為11:00～，空中纜車上山末班21:30）🈺可能由於維護檢修停駛※日程請至官網確認 🏠札幌市中央区伏見5-3-7 🚃市電西4丁目搭內迴線22分，空中纜車入口下車接免費接駁巴士5分到藻岩山山麓站 🅿山麓站120輛，中腹站80輛

★這個景點的
必做清單
1 欣賞橘色的耀眼夜景
2 敲鐘得到幸福
3 在餐廳享用夜景晚餐

夜景DATA

觀賞時間	20分
費用	空中纜車＋迷你纜車（來回）2100円
營業期間	4～11月（夏）、12～3月（冬）
感動度	★★★★★
私房度	★☆☆☆☆
交通	★★★☆☆

◑在觀景台中央閃耀的「幸福之鐘」

以情侶聖地聞名
幸福之鐘
しあわせのかね
景點 👀

矗立在山頂展望台中央的「幸福之鐘」。據說一邊欣賞夜景一邊敲鐘，就能得到幸福。

◑「幸福之鐘」是熱門的拍照留念景點

◑周圍的扶手扣有「愛情鎖」

THE JEWELS

幸福之鐘
中腹站
迷你地軌式纜車
Mt.MOIWA SOUVENIR SHOP
山頂展望台
藻岩山觀光自動車道（收費）
藻岩山
停車場80輛（免費）
空中纜車
東本願寺北海御廟
山麓站
接駁巴士乘車處
免費接駁巴士
停車場120輛（免費）
札幌伏見支援學校
國道230號
89 旭山記念公園
藻野
市電空中纜車入口
市電
伏見小學
453 圓山公園
西4丁目

夜景演繹出美味時刻
THE JEWELS
美食 🍴
さじゅえるず
MAP 附錄③ 3 C-5

📞011-518-6311（預約中心，預約受理時間為11:00～20:00）

可以一邊品嘗以當令食材製成的艷麗全餐料理，一邊欣賞札幌街景。搭配奢侈的美景享用北海道當令美味吧。

🕙11:30～20:00（冬季為12:00～，15:00～17:00為中場休息時間）🈺無休（視空中纜車停駛可能臨時公休）

◑設有落地窗的店內能看到札幌夜景

◑豐富的全餐及單點料理

※照片為示意圖

小樽
小樽IC
藻岩山山頂展望台 ★
藻岩山觀光道
←4km→

70

還有好多好多！ **札幌的夜景景點**

從160公尺高眺望絕倫美景

高度 160m

札幌站周邊　じぇいあーるたわーてんぼうしつたわーすりーえいと

JR塔展望室T38

☎011-209-5500
（展望室服務台）
MAP 附錄①❶❷❷

位於JR塔頂樓，可以從160公尺高360度一覽札幌街道。諸如大通與薄野鬧區所在的南側、有開闊景緻的北側等，能欣賞東南西北特色各異的札幌街道。

詳見➡ **P.76**

夜景DATA

觀賞時間	30分
費用	740円
營業期間	全年
感動度	★★★★★
私房度	★★☆☆☆
交通	★★★★★

大通　さっぽろてれびとう

札幌電視塔

☎011-241-1131　**MAP** 附錄③6 F-2

西有大通公園，南有鬧區薄野，北有札幌車站、北海道大學，東有札幌啤酒園、札幌工廠。從札幌市中心的象徵——電視塔眺望出去的景色，可以發現東南西北各街區的特色。

詳見➡ **P.61**

一覽夜晚的大通公園

高度 90m

夜景DATA

觀賞時間	30分
費用	1000円
營業期間	全年
感動度	★★★★☆
私房度	★☆☆☆☆
交通	★★★★★

高度 137.5m

當地熱門的夜景景點

界川　あさひやまきねんこうえん

旭山紀念公園

☎011-200-0311（管理事務所）
MAP 附錄③3 B-4

能就近眺望自眼前展開的札幌美麗街道，也是深受在地情侶歡迎的場所。白天還能在森林散步道欣賞野草及動植物。

⌚自由參觀　🏠札幌市中央区界川4
🚃地鐵圓山公園站搭往旭山公園前的JR巴士13分，旭山公園前下車步行5分　🅿119輛

夜景DATA

觀賞時間	20分
費用	免費
營業期間	全年
感動度	★★★★☆
私房度	★★★★☆
交通	★★☆☆☆

盤溪　ほろみとうげてんぼうちゅうしゃじょう

幌見嶺展望停車場

☎011-622-5167（夢工房さとう）
MAP 附錄③3 B-5

在周圍鮮少照明的嶺道上，街道的光輝顯得特別清楚。在這裡停車，就能透過車窗看到札幌市的大片夜景。

⌚4～11月的24小時　💴停車費500円(17:00～翌3:00為800円)
🏠札幌市中央区盤渓471-110
地鐵圓山公園站開車10分　🅿35輛

高度 300m

從山嶺眺望札幌夜景

夜景DATA

觀賞時間	30分～1小時
費用	800円(停車費)
營業期間	4月1日～11月30日
感動度	★★★☆☆
私房度	★★★★★
交通	★☆☆☆☆

薄野的浪漫夜景

高度 78m

薄野　かんらんしゃのりあ

nORIA摩天輪

☎011-261-8875
MAP 附錄③7 C-4

札幌第一座屋頂摩天輪。直徑為45.5公尺，乘車時間大約10分。可以從78公尺高眺望以薄野為中心的札幌街道。附座椅加熱器，相當貼心。

⌚11:00～22:50(週五六、假日前日至翌0:50)　休無休　🏠札幌市中央区南三西5-1-1　🚃地鐵薄野站步行3分
🅿無

夜景DATA

觀賞時間	10分
費用	每人800円
營業期間	全年
感動度	★★★★☆
私房度	★★☆☆☆
交通	★★★★☆

白天是這種感覺

⬆可以360度眺望札幌的景色。街道與原生林的翠綠形成美麗對比

➡搭乘連接中腹站（半山腰）與頂站的迷你纜車前往山頂

在半山腰的伴手禮店
Mt.MOIWA SOUVENIR SHOP能買到

人氣伴手禮

Morisu襪子
各**429**円

多達25種的可愛襪子。也有兒童用

園內有札幌啤酒博物館、札幌啤酒園等；博物館是明治時代的建築，可以在此學習北海道啤酒的歷史。參觀完之後去喝杯啤酒吧。

紅星
「紅星」標誌是開拓使的象徵。札幌啤酒的標誌也是由此而來

磚塊
保有1890年興建當時的紅磚

煙囪
位於正面右側的煙囪高度約50公尺。至今仍保有製糖工廠當時的模樣

前往日本歷史最悠久的啤酒博物館

札幌花園公園

苗穗

さっぽろがーでんぱーく

郊外
JR札幌站
搭地鐵＋步行
15分

小知識Study
札幌啤酒的歷史
1876年作為「開拓使麥酒釀造所」開業，翌年販售主要由曾在德國進修的中川清兵衛所釀造的冷製「札幌啤酒」。1964年，源自於開拓使麥酒釀造所時代的商品「札幌啤酒」變成了公司名稱。

需時
1～2小時

在博物館商店能買到
人氣伴手禮

札幌經典啤酒凍巧克力 864円
以圓潤的甜巧克力包裹啤酒凍製成的人氣商品

博物館皮爾森啤酒杯 650円
在博物館星星大廳使用的原創玻璃杯。建築插圖很可愛

園內美食

品嘗工廠直送的生啤酒
札幌啤酒園
さっぽろびーるえん
LINK→P.28
☎0120-150-550（綜合預約中心）
MAP 附錄③ 3 D-2
在古早美好時代的氣氛中，品嘗成吉思汗烤肉與工廠直送的現釀生啤酒。

➡可以盡情享用成吉思汗烤肉與生啤酒

學習始於開拓時代的啤酒歷史

➡可以從3樓就近觀看

景點

札幌啤酒博物館
さっぽろびーるはくぶつかん
☎011-748-1876 MAP 附錄③ 3 D-2
開拓使麥酒釀造所乃是日本啤酒公司的先驅。為遊客詳細解說至今已有140多年的歷史及其成長軌跡。

⏰11:00～17:30（頂級導覽為11:30～16:30）
休週一（逢假日則翌日休）　免費入館（頂級導覽為20歲以上500円，需預約）

➡也有展示往年令人懷念的啤酒海報

札幌藝廊
藉由12面看板介紹自1876年「開拓使麥酒釀造所」開業以來，札幌啤酒的歷史軌跡。藝廊全年皆能免費參觀。

➡還有能了解啤酒公司變遷的140年年表

麥汁煮沸釜
直到2003年為止，都還在工廠用於實際釀造的煮沸鍋。用來煮沸啤酒花，為麥汁增添啤酒獨特苦味與香氣的設備。

➡也可以付費試喝

星星大廳
可以試飲透過1876年文獻加以重現的「復刻札幌製麥酒」（僅限頂級導覽參加者）。除此之外，還能試飲「札幌生啤酒黑標」。

➡只有這裡才能喝到的「復刻札幌製麥酒」

MAP 附錄③ 3 D-2
⏰休視設施而異
地址札幌市東區北7東9
地鐵札幌站4分，東區役所前站下車步行10分。JR苗穗站北口步行7分
P150輛

★這個景點的必做清單
1 學習啤酒的歷史
2 享受試飲啤酒
3 參觀後吃成吉思汗烤肉

莫埃來沼公園

丘珠

もえれぬまこうえん

郊外
JR札幌站
搭地鐵+巴士+步行
約50分

札幌

札幌觀光最佳景點

札幌花園公園／莫埃來沼公園

野口勇留下的藝術空間

由雕刻家野口勇經于基本設計，札幌享譽全球的藝術公園。占地約189公頃的公園被建構成宛如一件雕像作品，不論從何處欣賞都充滿藝術美感。

美麗的玻璃建築

玻璃金字塔 景點

莫埃來沼公園的象徵，也是公園的據點設施。內有餐廳、藝廊及商店等。

玻璃映照出草地與青空，與四季風景融為一體

小知識Study

掩埋垃圾後所建的公園

該地過去是垃圾堆積場，後來將垃圾掩埋起來並打造成公園。「莫埃來山」是由不可燃垃圾及營建殘土堆成的人工山丘。

在商店能買到

人氣伴手禮

玻璃金字塔原創胸針 各500円

時尚的胸針，款式有金色和銀色

園內美食

能品嘗獨創的法式料理

RESTAURANT L'enfant qui rêve

れすとらんらんふぁんきれーう

☎011-791-3255

MAP 附錄③24 G-4

位於玻璃金字塔的1樓，能一邊眺望公園一邊享用法式料理。提供堅持使用北海道產食材的嶄新料理。

🕚11:30～14:00、17:30～19:30
※需預約 休週一、11～3月為冬季休業

↑午餐全餐（4800円起）的菜色範例

親身感受藝術空間

音樂貝殼&莫埃來山 景點

みゅーじっくしぇるともえれやま

52公尺高的「莫埃來山」是公園最大的造型物，從山頂可以放眼瞭望整座公園及札幌市區。白色半球形的「音樂貝殼」能用作舞蹈或表演舞台。

➡「音樂貝殼」建築物本身就是音響反射板

25公尺
➡噴出的水柱在節目中最高可達

欣賞使用水的造型作品

海之噴泉 景點

うみのふんすい

4月下旬～10月中旬每天會舉辦3～4次長度40分或15分的表演節目。節目是從最高達25公尺的噴水開始。

➡不妨站在隆起的草地上觀看

天空與大地的紀念碑

鋼骨三角錐體與土台 景點

てとらまうんど

由直徑長達2公尺、朝天空延伸的不鏽鋼圓柱組合而成。會隨著陽光的照射方向產生各種光輝，很有視覺衝擊力的紀念碑。

☎011-790-1231
MAP 附錄③ 24 G-4

🕚7:00～22:00（入園至21:00）休視設施而異 ¥免費入場 所札幌市東區モエレ沼公園1-1 圓地鐵東豐線札幌站6分，在環狀通東站轉乘北海道中央巴士北札苗線25分，莫埃來沼公園東口下車步行10分 ℗1500輛

★這個景點的
必做清單
① 在充滿藝術感的園內散步
② 觀看海之噴泉水舞秀
③ 爬莫埃來山

札幌 North Safari

南區

のーさふぁりさっぽろ

潛入日本最
危險的動物園！

猛禽就站在自己手臂上！
貓頭鷹／老鷹 駐臂體驗 [玩樂]
ふくろう・たかうでのせたいけん

使用專用手套，體驗可愛貓頭鷹或帥氣老鷹停駐在手臂上的感覺。

→ 讓貓頭鷹停在手臂上，拍照留念！

體驗成為泰山！
高空滑索 [玩樂]
じっぷらいん

位在北部野生冒險區內的期間限定遊樂設施。一口氣滑過長約80公尺的繩索，疾速感讓人為之瘋狂。

← 彷彿成為了泰山！

接近猛獸讓人七上八下
危險餵食 [玩樂]
でんじゃらすふぃーでぃんぐ

實際進入老虎獸欄內進行餵食的體驗，近在眼前的猛獸魄力十足。鼓起勇氣挑戰看看吧。

保證吸睛！拍照留念
蟒蛇纏脖體驗 [玩樂]
へびのくびまきたいけん

親身體驗將黃色蟒蛇纏繞在脖子上的重量及觸感。可以免費體驗，和蟒蛇拍張合照作為來園紀念吧。

→ 沉甸甸的冰涼蟒蛇

可愛模樣不容錯過
餵食水獺 [玩樂]
かわうそへのえさやり

從小洞中伸手討食物的水獺好療癒。也能感受一下小手柔軟的觸感。

→ 一舉一動都可愛得讓人心動

郊外
JR札幌站
搭地鐵＋巴士
約1小時

☎ 080-1869-6443
MAP 附錄③ 24 F-5

能與動物交流的體驗型動物園。除了可以和多種動物互動之外，還能餵食猛獸、玩體育運動及高空滑索等。
⏰ 4月29日～11月底的10:00～17:00(視時節而異，冬季需洽詢) 休營業期間無休(冬季需確認) ¥入場費1800円(冬季1200円)
📍札幌市南區豐瀧469-1 P300輛 地鐵札幌站18分，真駒內站下車。搭往定山溪車庫前的定鐵巴士32分，豐瀧會館前下車搭免費接駁巴士5分

需時 2小時

★這個景點的 必做清單
① 挑戰餵食猛獸！
② 與可愛的動物交流
③ 遇見珍奇動物

札幌藝術之森

南區

さっぽろげいじゅつのもり

一邊散步一邊親近藝術與大自然

福田繁雄《變成椅子休息吧》

在大自然中欣賞藝術
野外美術館 [景點]
やがいびじゅつかん

這座美術館位於充滿起伏、綠意盎然的大自然當中。可以一邊在森林中漫步，一邊欣賞74件現代代表性雕刻家的作品。

↑ 以色列雕刻家丹尼・卡拉凡的《通往祕密庭園之路》

在札幌藝術之森美術館內的美術館商店能買到
人氣伴手禮

紙膠帶 各605円
以北海道出身作家的作品為設計

托特包 880円
這款包包是以收藏作家砂澤Bikky的作品為主題

復古摩登建築不容錯過
有島武郎故居 [景點]
ありしまたけおきゅうてい

MAP 附錄③ 24 G-5

移建自與札幌淵源深厚、近代日本文學代表性文豪有島武郎的故居，建築保有當年的原貌。對外免費開放參觀。
⏰ 4月29日～11月30日的9:45～17:00(6～8月為17:30) 休開放期間無休(11月4～30日為僅週六日、假日開館) ¥免費

→ 建於1913年，歷史悠久的宅邸

相當可愛 → 窗框等復古細節

郊外
JR札幌站
搭地鐵＋巴士
約35分

☎ 011-592-5111
MAP 附錄③ 24 G-5

在廣達約40公頃、綠意盎然的園內，隨處可見室內外美術館、能進行工藝或版畫製作體驗等的各種工房，以及戶外舞台等設施。一年四季都能盡情遊玩。
⏰ 9:45～17:00(視時節、設施而異) 休無休(冬季11月4日～4月28日為週一，逢假日則翌日休，野外美術館為11月4日～翌年4月28日休館) ¥野外美術館700円(國中以下免費)，札幌藝術之森美術館入場費視展覽而異
📍札幌市南區藝術之森2-75 P594輛 地鐵札幌站18分，真駒內站下車。搭往藝術之森中心的北海道中央巴士15分，終點下車即到

需時 2小時

★這個景點的 必做清單
① 野外美術館漫步
② 欣賞復古建築
③ 觀賞展覽

札幌觀光最佳景點

North Safari札幌／札幌藝術之森／北海道神宮／大倉山跳台競技場

這裡必去！

札幌觀光最佳景點

郊外
JR札幌站
搭**地鐵＋步行**
約**30分**

圓山

北海道神宮
ほっかいどうじんぐう

需時
30分

大自然環繞的
能量景點

守護北海道的一宮
景點

本殿
ほんでん

位於穿過鳥居、長約300公尺的表參道深處，不愧於北海道總鎮守之名的社殿。

↑在面積廣達18萬平方公尺的境內，香客絡繹不絕

大樹茂盛的寂靜境內

境內能買到 人氣伴手禮

櫻鈴守
800円

以北海道神宮的櫻花為主題的護身符

梅酒
900円

使用境內採收的梅子與手稻山系伏流水釀造而成的梅酒

參拜後在茶屋小歇片刻
購物

六花亭 神宮茶屋店
ろっかていじんぐうちゃやてん

☎0120-12-6666（免付費電話）
MAP 附錄③8 A-2

老字號日西式甜點店的參拜客休息處。「判官大人」是神宮茶屋店的原創菜色，能品嘗熱呼呼的現烤滋味。

↑名產烤餅「判官大人」
1個110円

⏰9:00～16:00
（視時期而異）

先人致謝的場所，向

緬懷北海道開拓歷史
景點

▶**開拓神社**
かいたくじんじゃ　MAP 附錄③8 A-2

祭祀間宮林藏、島義勇、松浦武四郎、黑田清隆等，開拓北海道有功的37尊御祭神。不妨順道參拜。

感受北海道開拓歷史，

☎011-611-0261　MAP 附錄③8 A-2

1869年奉明治天皇詔令所創建的北海道總鎮守。鄰接圓山公園，春季時也是知名的賞櫻名勝。

⏰9:00～16:00　休無休　¥免費　🚃札幌市中央區宮ヶ丘474　🚇地鐵大通站5分，圓山公園站下車步行15分　🅿230輛

★這個景點的
必做清單

① 參拜本殿
② 在大自然中散步
③ 取得御守

郊外
JR札幌站
搭**地鐵＋巴士**
約**30分**

圓山周邊

大倉山跳台競技場
おおくらやまじゃんぷきょうぎじょう

需時
1小時

舉辦眾多國際大賽的跳台

登上跳台頂端

從海拔307公尺一覽市區景色
景點

大倉山展望台
おおくらやまてんぼうだい

MAP 附錄③3 A-4

除了舉辦大賽、官方練習時都對外開放，可以搭乘雙人吊椅纜車到山頂。山頂上也有販賣霜淇淋的咖啡廳。

←從山頂往下俯瞰，晴朗時能看見石狩平原、石狩灣，夜晚則能欣賞閃閃發光的街道

模擬體驗冬季運動！
玩樂

札幌奧林匹克博物館
さっぽろおりんぴっくみゅーじあむ

MAP 附錄③3 A-4

展示札幌奧運等冬季運動歷史資料的博物館。還有提供多種冬季運動主題商品等的商店。

⏰9:00～18:00（11～4月為9:30～17:00）
休每月1次左右　¥600円，國中以下免費

→能模擬體驗跳台滑雪的模擬器很受歡迎

☎011-641-8585（大倉山綜合服務）
MAP 附錄③3 A-4

1972年舉辦過札幌冬季奧運90公尺級跳台滑雪的競技場。至今仍有許多世界級跳台高手雲集。場內也有餐廳能一邊眺望跳台，一邊享用北海道產食材入菜的創意法式料理。

⏰9:00～17:00（夏季有夜間營業，視設施而異 ※需確認官網）　休無休（維護檢修時、舉辦大賽及官方練習時可能臨時公休，天候不佳時休）　¥吊椅纜車來回1000円（套票1200円）　🚃札幌市中央區宮の森1274　🅿113輛　🚇地鐵大通站5分，圓山公園站下車。搭JR北海道巴士くらまる號15分，大倉山ジャンプ競技場下車即到

★這個景點的
必做清單

① 登上跳台頂端
② 享受山頂觀景台的美景
③ 參加競技模擬體驗

深入挖掘札幌魅力！ 區域 Navi

作為旅行起訖站多加利用！ JR札幌站 活用術

札幌

JR札幌站周邊是娛樂區域，有不少直通車站的複合設施集中在此。也別忘了在這裡獲得觀光資訊。

JR札幌站
- 休 視設施而異
- 所 札幌市北区北6西4
- P 使用周邊停車場
- MAP 附錄③5 D-2

活用 1 在觀景台一覽街道景色！
360度大全景

JR塔38F じぇいあーるたわーてんぼうしつたわーすりーえいと

JR塔展望室T38

☎ 011-209-5500（展望室服務台）
MAP 附錄③4 E-2

位於JR塔頂樓，離地160公尺的觀景室。能看到模型般的JR鐵道及電車、裝飾觀景室的工藝品等，看點相當豐富。也有附設咖啡廳。

- 時 10:00～21:30（可能由於活動、社會情勢等變更）
- 休 無休　¥ 740円

夜景也很美
可以在沉靜氣氛中欣賞夜景

↑咖啡廳的手工蛋糕套餐570円起

→能品味開放感而頗受歡迎的男用眺望廁所

↑南側能看見熱鬧的札幌街道及遠方的藻岩山

活用 3 有時間的人可以到咖啡廳小歇片刻

Stellar Place 1F すたーばっくすこーひーさっぽろ すてらぷれいすせんたーいっかいてん

スターバックス コーヒー 札幌ステラプレイス センター1階店

☎ 011-209-5305　MAP 附錄③5 D-3

以全球規模展店，起源自美國西雅圖的咖啡店。位在札幌站南口附近，距離剪票口也很近，方便在等車時利用這點令人高興。

- 時 7:00～23:00　休 不定休

→也有販售北海道限定的不鏽鋼杯4840円

↑巧克力塊司康1個290円

↑將大量鮮奶加到濃縮咖啡的星巴克拿鐵415円起

活用 2 有利行前規劃！ 觀光資訊來這裡蒐集

札幌站內1F ほっかいどうさっぽろしょくとかんこうじょうほうかん

北海道札幌 「食與觀光」情報館

☎ 011-213-5088（北海道札幌觀光服務處）
MAP 附錄③5 D-2

設有北海道各地觀光手冊齊備的專區、觀光服務處，可以在此找到豐富完善的旅遊資訊，還有專為外國旅客準備的JR乘車券等。手冊依照不同地區及語言陳列；工作人員基本上都會說英文，甚至有些會講中文、韓文。附設伴手禮店，各方面都很便利。

- 時 北海道札幌觀光服務處為 8:30～20:00　休 無休

→專業的工作人員親切地為遊客服務

活用 5 尋找北海道特色車站便當

列車之旅的好夥伴

炙烤螃蟹飯〔螃蟹大戰〕
1400円
●能一次享用松葉蟹與花咲蟹的對決便當

海鮮蝦夷賞味便當**1100円**
●內含螃蟹、鮭魚卵及海膽的奢華海鮮散壽司

石狩鮭飯 **1250円**
鮭魚飯上鋪滿大量鮭魚卵，1923年以來的長銷便當

札幌站內1F
えきべんのべんさいてい
駅弁の弁菜亭
☎**011-721-6101**

在札幌車站坐擁6間店鋪的便當專賣店。從肉類到海鮮，多種便當一應俱全。剪票口內也有店鋪，即將搭車的旅客也可以前往購買，相當方便。
🕐7:00～20:00(部分5:45～21:30) 休無休

／NEWS／

以北海道新幹線札幌站開業為目標，各項工程開始進行。隨著再開發事業，直通札幌站的商業設施「ESTA」已於2023年夏季結束營業。北海道新幹線的新函館北斗至札幌區間，預計在2030年度末開業。

北海道新幹線延伸工程啟動！

示意圖

提供：JR北海道

北海道炸雞
1個 200円
●現炸供應布袋的招牌商品「北海道炸雞」。表皮又香又脆，內部多汁美味

現烤奶油紅豆餡夾心餅乾
●札幌農學校堅持現做的逸品。以店內現烤的酥脆餅乾，包夾北海道產奶油製的奶油霜與十勝產紅豆餡

活用 4 北海道伴手禮！

在剪票口附近的店購買

札幌站內1F　ほっかいどうどさんこぷらざさっぽろてん
北海道どさんこプラザ札幌店
☎**011-213-5053** MAP附錄③5 D-2

附設於北海道札幌「食與觀光」情報館（P.76）的特產直銷商店，販售食品、雜貨、美妝等大約2000種特產品。
🕐8:30～20:00(可能變動) 休無休

蝦夷鹿肉條
148円
●將北海道產蝦夷鹿肉製成軟肉條。最適合當下酒菜

別海的咖啡店
170円
●使用別海牛奶做的三角包裝咖啡牛奶

泰式打拋鯖魚**350円** ※調理範例
●使用北海道產鯖魚做的泰式打拋鯖魚佐料。擺上荷包蛋，就能輕鬆完成泰式打拋飯！

Stellar Place1F　ほっかいどうしきまるしぇ
北海道四季マルシェ
☎**011-590-4805** MAP附錄③5 D-2

2022年11月OPEN！

這家選物店網羅了多種北海道代表性名點、北方風土孕育的特產品。在店鋪內也可以將名店的人氣菜色外帶回家。
🕐8:00～21:30(部分店鋪有異) 休無休

●位於札幌站西口剪票口旁

DO3 TABLE どーさんてーぶる
●北海道四季マルシェ的自有品牌。推出以餐點、美酒及甜心三組合來點綴餐桌的嚴選食品

CHECK 直通札幌站的購物設施位置關係！

APIA あぴあ
☎**011-209-3500**(服務處)
MAP附錄③5 D-3
位於連接地鐵與JR的交叉點，札幌站南口地下樓層的商業設施。
🕐10:00～21:00(餐廳為11:00～21:30，視店鋪而異) 休無休 🚉札幌市中央區北5西3‧4即到 P有

JR塔
展望室T38

大丸札幌店
だいまるさっぽろてん
☎**011-828-1111**(代表電話號碼)
MAP附錄③5 C-3
能享受購物、美食之樂的百貨公司。地下樓層有「臉頰鎮」，集結了上百家販售北海道各地農畜產品及點心的商店。

🕐10:00～20:00(餐廳街為11:00～22:00)，可能變更 休無休 🚉札幌市中央區北5西4-7 🚇JR札幌站即到 P400輛

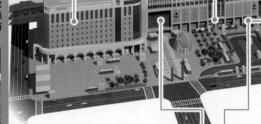

北海道どさんこプラザ札幌店
北海道札幌「食與觀光」情報館
駅弁の弁菜亭

スターバックス コーヒー
札幌ステラプレイス
センター1階店
北海道四季マルシェ

札幌Stellar Place
さっぽろすてらぷれいす
☎**011-209-5100**(服務處)
MAP附錄③5 D-3
有餐廳、咖啡廳、雜貨店、服飾店等超過200家店進駐的購物中心。
🕐10:00～21:00(餐廳為11:00～23:00，視店鋪而異)，可能變更 休無休 🚉札幌市中央區北5西2 🚇JR札幌站即到

北海道美食&購物需求同時滿足！
順道遊逛熱門大樓

札幌站～薄野

深入挖掘札幌魅力！
區域Navi

在札幌站～薄野之間有多座複合設施林立，集結了使用北海道產食材的餐飲店、販售北海道特色雜貨的商店以及觀光設施。幾乎所有大樓都直通地下步行空間，方便順道前往！ 地下街MAP詳見P.80！

1F 享受北海道甜點！
ビッセスイーツ

📞視店鋪而異
🕙10:00～20:00

有きのとや、町村農場及人氣甜點店進駐。緊鄰大通公園的地利之便，使其深受觀光客歡迎。也有內用菜單，可以搭配飲料享用甜點。

↑可以在相同場所品嘗其他店鋪的菜單

牧場牛奶霜淇淋
315円 (未稅)
不吝使用町村農場新鮮牛乳的牧場霜淇淋

町村農場
布丁霜淇淋
480円 (未稅)
人氣軟嫩布丁加上霜淇淋

きのとや
水果蛋糕捲
（大通公園限定）
594円 (未稅)
鬆軟的餅皮與水果、鮮奶油及紅豆粒餡很搭

雞蛋布丁
1個378円
使用直營養雞農場講究的放養雞蛋與放牧牛乳，製成味道柔和的布丁

就在大通公園旁！
大通BISSE
おおどおりびっせ

📞視店鋪而異　MAP 附錄③5 D-6

面向大通公園的商業設施。有主打景觀的咖啡廳、餐廳、雜貨店等進駐。1樓的ビッセスイーツ可以品嘗甜點而頗受歡迎。

🕙視店鋪而異
🏠札幌市中央区大通西3-7 北洋大通センター
🚃地鐵大通站即到
🅿無

2F 展現工匠精神的逸品
ソメスサドル札幌店
そめすさどるさっぽろてん

📞011-261-3411　🕙10:00～20:00

日本唯一的馬具製造商ソメスサドル（SOMES SADDLE）的札幌直營店。自1964年創業以來，從剪裁、縫製到打磨、完工，全程堅持手工製作。

→高級感洋溢的店內陳列著皮革製品

↑馬場馬術SADDLE肩包（S）72600円

4F 享受美景與海鮮料理
炙屋 大通ビッセ店
あぶりやおおどおりびっせてん

📞011-271-1115
🕙11:00～14:00、17:00～21:15

可以一邊眺望大通公園，一邊大啖美味的北海道產食材。除了燒烤程度恰到好處的炭烤當令魚、肉之外，還能享受使用嚴選海鮮的生魚片及壽司等。也有壽司與蕎麥麵成套搭配的午餐菜單。

←能嘗到遠東多線魚1730円、炭烤大翅鮃鮋5500円等北海道海鮮

→琳瑯滿目的新鮮食材。花咲蟹味噌湯也很受歡迎
→外帶菜單也很豐富

B1 享用根室直送的食材！
回転寿司 根室花まる
大同生命札幌ビルmiredo店
かいてんずしねむろはなまるだいどうせいめいさっぽろびるみれどてん

📞011-218-7870　🕙11:00～21:45　休無休

將總店所在地根室及近海卸貨的海鮮從現場直送過來。能品嘗秋刀魚、扇貝等北海道才能吃到的當令美味，還有在漁師町才能嘗到的極鮮食材。

1F 札幌發跡的自製精釀啤酒
月と太陽BREWING miredo店
つきとたいようぶるーいんぐみれどてん

📞011-252-7566　🕙11:00～21:30　休不定休

札幌的人氣店家，能嘗到北海道四季飄香自製精釀啤酒、來自全國各地的精釀啤酒。不妨搭配活用北海道食材的料理一起享用。

↑提供豐富的下酒餐點菜單
←以每天更換品項、換桶的方式，提供包括自製在內的10種精釀啤酒

北海道美食大集合！
大同生命札幌大樓miredo
たいどうせいめいさっぽろびるみれど

📞視店鋪而異　MAP 附錄③5 D-4

有迴轉壽司、湯咖哩等15家形形色色店鋪進駐的商業設施。2樓還有綠植與音樂環繞的寬敞休息空間「icoi Lounge」。

🕙7:00～23:00（視店鋪而異）
休無休
🏠札幌市中央区北3西3-1
🚃地鐵札幌站即到
🅿無

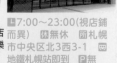

2F 特色是成串的食材！
soup curry Suage4
すーぷかれーすあげふぉー

📞011-211-5545　🕙11:00～20:30　休無休

以成串素炸的食材為特色的湯咖哩專賣店。堅持使用原創調和的辛香料、北海道產食材等，提供「美味且方便食用」的湯咖哩。

→招牌菜色酥脆知床雞肉與蔬菜咖哩

3F 以北海道炸雞為人所知！
中国料理 布袋 赤れんがテラス店
ちゅうごくりょうりほていあかれんがてらすてん

☎ 011-206-4101
🕐 11:00～15:00、17:00～21:30

可以用良心價格品嘗道地中國料理的布袋（P.56）分店。除了飯類、麵類、炸物等各種菜單，道地的點心及單點料理也很豐富。其中又以北海道炸雞、麻婆豆腐是最受歡迎的菜色。

↑3塊北海道炸雞搭配麻婆豆腐的布袋午餐B970円

2F 享受道地的吃到飽
鶴雅ビュッフェ ダイニング札幌
つるがびゅっふぇだいにんぐさっぽろ

☎ 011-200-0166
🕐 11:30～14:00、17:30～20:30

↑氣氛開放的店內

由在北海道各地開設旅館、飯店的「鶴雅集團」經營的吃到飽餐廳。能嘗到色彩豐富的和食、洋食及創意料理，開店以來一直深受歡迎。午餐有大約60種，晚餐有大約70種料理可以享用。

吃到飽為午餐2700円、晚餐4800円

人氣店雲集的商業設施
紅磚露台
あかれんがてらす

MAP 附錄③5 D-5

位於北海道廳舊本廳舍（P.63）附近，集結了眾多札幌、北海道的人氣餐飲店。以「札幌的中庭」為概念的館內，也有附設中庭露台（Atrium Terrace）等。

🕐 視店鋪而異 休 無休 🚇 札幌市中央區北2西4-1 🚃 JR札幌站步行5分 🅿 56輛

詳情請確認官網

B1 各種健康菜色一應俱全
CAFE YOSHIMI
かふぇよしみ

☎ 011-205-0285 🕐 8:30～23:00

能品嘗蔬菜料理、甜點的咖啡餐廳。提供可以輕鬆點的早餐、有蛋包飯等的午餐、能享用甜點的咖啡時光等，不同類型的菜單為其一大魅力。

↑午餐以歐姆香雅飯最受歡迎

充滿木質溫暖感的空間
sitatte sapporo
したってさっぽろ

☎ 視店鋪而異 **MAP** 附錄③5 D-5

「sitatte」是由英文的「坐下」（sit）與日文的「相逢」（出逢って，deatte）結合而成的造語。樓梯附近有廣場及休息空間，租賃店則有餐飲店等15家店鋪進駐。

🕐 視店鋪而異 休 無休 🚇 札幌市中央区北2西3 🚃 地鐵札幌站即到 🅿 無

B1 札幌發跡的講究咖啡店
MARUMI COFFEE STAND Sitatte Sapporo店
まるみこーひーすたんどしたってさっぽろてん

☎ 011-596-7133 🕐 7:30～20:00

以榮獲2013年度咖啡烘焙技術大賽，日本第一焙煎士所沖泡之咖啡聞名的「丸美珈琲 大通公園本店（P.55）」的外帶店。也有供應以精品咖啡製成的霜淇淋。

↑手沖咖啡486円→

7F 肉汁讓人欲罷不能的生香腸
生ソーセージバル LECKER 札幌フコク生命ビル店
なましーせーじばるれっかー さっぽろふこくせいめいびるてん

☎ 011-232-4129 🕐 11:00～15:00、17:00～23:00（週六日、假日為11:00～23:00）

將師傅於北海道內自家工廠生產的生香腸，在店內一根根烤給顧客吃。該店的招牌生香腸，是使用新鮮絞肉與道地德國辛香料所製成的講究逸品。除了名產香腸之外，也有提供肉類料理、義式料理及西班牙酒館料理。

←最熱門的原味生香腸100円（未稅）

↑酒蒸厚岸活牡蠣（2個）1056円。也有烤帶殼牡蠣、炸牡蠣

2F 盡情享用厚岸產海鮮！
厚岸漁業部 祐一郎商店
あっけしぎょぎょうぶゆういちろうしょうてん

☎ 011-596-9666
🕐 11:30～15:00（L.O.14:30）、17:00～23:00（L.O.22:30）

可以品嘗厚岸產牡蠣、螃蟹及當令生魚片等的海鮮居酒屋。午餐時段也有營業，提供海鮮丼、附手打蕎麥麵的定食菜單等豐富菜色。夜晚自不用說，想白天喝酒也OK。備有啤酒、燒酎等多種品項。

新設施陸續OPEN！

持續進行再開發的札幌市內，有許多新設施陸續開業！不妨前往這些各具特色的新景點瞧一瞧。

AOAO SAPPORO
あおあおさっぽろ

MAP 附錄③7 D-3

位於狸小路的新象徵「moyuk SAPPORO」內4～6樓的都市型水族館開幕！在展示飼育業務方面，與在小樽長年飼育生物的小樽水族館聯手合作。該館將作為「文化、交流、熱鬧的據點」，成為細膩地傳達生命不可思議之處的「以環境為主題的學習場所」。

2023年夏 OPEN！

🕐 休 準同moyuk SAPPORO 🚇 札幌市中央区南2西3-20 🚃 地鐵大通站步行3分

札幌薄野站前複合開發計畫（暫）
さっぽろすすきののえきまえふくごうかいはつけいかく

☎ 未定 **MAP** 附錄③7 D-5

包括白天時段在內，可以在薄野盡情玩樂一整天的複合商業設施即將誕生。除了市集、美食廣場、小巷這類集結了北海道美食的餐飲店之外，設施內還有綠意盎然的室內外廣場、電影院及飯店等，預定會成為薄野的新興鬧區。

2023年秋 OPEN！

↑直通地鐵薄野站，交通也很方便

🕐 休 未定 🚇 札幌市中央区南4西4-1-1 🚃 地鐵薄野站即到 🅿 63輛

↑地下樓層有集結北海道產美食的市集及超市

←其實在薄野算少見的餐飲店雲集的小巷

連接札幌站與大通的步行空間

札幌站～大通　ちかほさっぽろえきまえどおりちかひろば

Chi-Ka-Ho [札幌站前通地下廣場] 520m

☎011-211-6406(札幌站前通造鎮株式會社，受理時間為平日9:00～17:00) MAP附錄③5 D-5

供人在冬天也能舒適地走到市中心而開通的地下步行空間。通道上有大大小小的廣場，會舉辦音樂活動等各種活動。

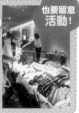

SAPPORO PERFORMANCE PARTY

在Chi-Ka-Ho舉辦的表演活動。集結了眾多優秀的表演者。

kurache　くらしえ

也要留意活動！

以北海道生活新場景為主題。會舉辦對作品講究的創作者擺攤的市集。

直通各大購物設施

大通～薄野　さっぽろちかがいぽーるたうん

札幌地下街 北極城 400m

☎011-221-6657(北極城綜合服務處)
MAP附錄③7 D-3

北極城（POLE TOWN）以地鐵大通站為起點，通往薄野的十字路口。左右兩側的店家櫛比鱗次，直通「PARCO」等時尚大樓。

🕙10:00～20:00(部分店鋪除外) 🚫視店鋪而異(每年2次維護檢修公休) 🏠札幌市中央區南1西3～南4西3 🚇地鐵大通站、薄野站即到 🅿366輛(1小時420円，之後每30分210円。有停車費優惠制)

深入挖掘札幌魅力！
區域 Navi

🛍購物
KINOTOYA BAKE ポールタウン店
きのとやべいくぽーるたうんてん

☎0120-24-6161 MAP附錄③7 D-3

主打現做的「きのとや」起司塔專賣店。柔軟濃郁的現烤起司塔深受在地客、觀光客的歡迎。

🕙10:00～20:00 🚫準同北極城公休日 🏠札幌市中央區南2西3 札幌地下街北極城內 🚇地鐵大通站步行3分

座位　店內亦設有6席內用

→著多混合多種起司製成的「現烤起司塔」為6入1320円，單個為220円

HILOSHI ひろし

位於北極城入口旁的大型螢幕看板。是當地有名的集合景點。

也要留意這裡！

→高層數與高度也是其魅力之一的濃醇「頂級牛乳霜淇淋」（430円）

→咖啡廳、雜貨店等各種類型的店家雲集

連接大通站到電視塔

大通西1～西3丁目　さっぽろちかがいおーろらたうん

札幌地下街 極光城 312m

☎011-221-3639(極光城綜合服務處)
MAP附錄③6 E-2

極光城（AURORA TOWN）有大約60家店鋪進駐，還有2處活動空間，洋溢著放鬆舒適的氣氛。就位於大通公園的正下方，東端與電視塔相接。

🕙10:00～20:00(部分店鋪除外) 🚫視店鋪而異(每年2次維護檢修公休) 🏠札幌市中央區大通西1～西3 🚇地鐵大通站即到 🅿3666輛(1小時420円，之後每30分210円。有停車費優惠制)

小鳥廣場
ことりのひろば

市民的療癒景點。可以看到20隻左右的可愛虎皮鸚鵡，是一個集合場所。

也要留意這裡！

🛍購物
道產食品選物店 きたキッチン オーロラタウン店
どうさんしょくひんせれくとしょっぷきたきっちんおーろらたうんてん

☎011-205-2145 MAP附錄③6 E-2

由在地百貨公司營運的北海道產食品選物店。網羅了大約1500種食品，包括北海道各地推薦的加工品、名點及調味料等。也有多種人氣甜點。

🕙10:00～20:00 🚫準同札幌地下街的公休 🏠札幌市中央區大通西2 札幌地下街極光城 🚇地鐵大通站即到 →講究的商品及在地商品的種類也很豐富

↑以「帆立屋しんや」扇貝貝柱與美乃滋混合而成的典雅扇貝醬（Callop Elegance）各120g、各540円
↓「山中牧場」特級發酵奶油200g（1404円）

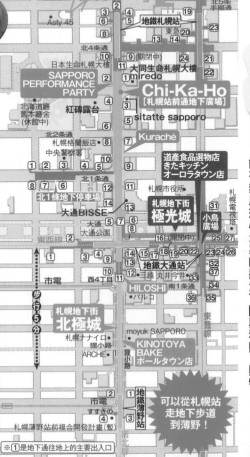

地圖標示

L-PLAZA / 第1合同廳舍 / 派出所 / 北口廣場 / 北7条通 / 函館本線 / JR札幌站 / 札幌Stellar Place / 大丸札幌店 / APIA / 札幌站南口 / 札幌JR日航飯店 / 派出所 / 北5条手稲通 / Asty45 / 地鐵札幌站 / 東急 / 北4条通 / 日本生命札幌大樓 / 大同生命札幌大樓 / SAPPORO PERFORMANCE PARTY / miredo / Chi-Ka-Ho [札幌站前通地下廣場] / 北海道廳舊本廳舍(休館中) / 紅磚露台 / sitatte sapporo / 北2条通 / 札幌格蘭飯店 / Kurache / 中央警察署 / 道產食品選物店 きたキッチン オーロラタウン店 / 北1条通 / 札幌市役所 / 札幌地下街 極光城 / 北1條地下停車場 / 大通BISSE / 大通公園 / 小鳥廣場 / 札幌電視塔 / 東西線 / 地鐵大通站 / 三越 / 丸井今井 / 市電 / 西4丁目 / HILOSHI / 南1条通 / 巴而可 / 札幌地下街 北極城 / moyuk SAPPORO / 札幌ナナイロ / 狸小路 / ARCHE / KINOTOYA BAKE ポールタウン店 / 市電 / 東豊線 / すすきの / 地鐵薄野站 / 步行5分 / 札幌薄野站前複合開發計畫(暫) / ※①是地下通往地上的主要出入口

可以從札幌站走地下步道到薄野！

地下街完全導覽

札幌站～大通～薄野

不論雨天還是冷天都充滿活力

札幌的JR札幌站到薄野之間，以直線距離約2公里長的地下通道相通。其魅力在於即使遇到下雨天，也能在無庸擔心天氣的狀況下隨興移動、購物。

建於明治時期的

翁鬱公園

深入挖掘札幌魅力！
區域 **Navi**

能接觸**歷史文化**的
散步景點

中島公園&豐平館感受復古氣氛

豐平館位於綠意盎然的園內，是留有開拓時代風貌的歷史建築。可以順道探訪附近的懷舊景點及咖啡廳，享受散步樂趣。

↑6月下旬起鴨子開始育雛

可以在位處園內中心區域的菖蒲池划船

懷舊重點

八窗庵
名列國家重要文化財的茶室。據說是由江戶時代的茶人小堀遠州所設計。

↑位於別具風情的日本庭園內

中島公園站　所需時間30分
中島公園
なかじまこうえん

☎011-511-3924（中島公園管理事務所）
MAP 附錄③8 C-5

位於市中心、薄野以南，綠意盎然的公園。可以欣賞園內的樹林、菖蒲池畔等四季風景。雖然位於札幌中心地帶，卻是一個遠離都會塵囂的療癒景點，廣受市民喜愛。

🚪自由入園　📍札幌市中央區中島公園
🚇地鐵中島公園站即到　🅿無

懷舊重點

2樓大廳
2樓大廳是設有水晶吊燈、大理石製暖爐等的華麗空間。

↑2盞水晶吊燈是興建當初就有的裝潢

←裝飾豪華的旋轉樓梯

↑2樓的「梅之房間」曾作為明治天皇寢室

中島公園站　參觀時間40分
豐平館
ほうへいかん

☎011-211-1951 **MAP** 附錄③8 B-5

開拓使在1881年將其作為西式飯店開業，後來成為明治天皇等人的皇室住宿所。原本位於面向大通的場所，1958年移建到現址。名列國家重要文化財。

🕘9:00～17:00（出租房間為17:00～22:00）
🈺第2週二（逢假日則翌日休）　💴300円（參觀）
📍札幌市中央區中島公園1-20　🚇地鐵中島公園站步行5分　🅿無

↑鮮豔的外觀。有時也會用作婚禮會場

群青色洋樓
保有開拓時代風貌的

在散步途中小歇片刻

周邊的
咖啡廳&餐廳

中島公園步行3分
TO OV cafe
とおんかふぇ

☎011-299-6380 **MAP** 附錄③8 C-4

使用札幌軟石興建的店內，有一半的空間作為藝廊。

🕘10:30～20:00　🈺隔週週一　📍札幌市中央區南9西3-2-1 マジソンハイツ1F
🚇地鐵中島公園站即到　🅿無

豐平館步行13分
Agt
あじと

☎011-552-3729 **MAP** 附錄③8 C-6

可以外帶米來三明治、熟食、甜點等的熟食咖啡廳。

🕘10:00～17:00　🈺週四　📍札幌市中央區南16西4-1-10
🚇地鐵幌平橋站即到　🅿10輛

還有好多！ 附近的懷舊景點
中島公園周邊有不少保有往昔風情的景點。

流過鬧區的風雅河川

↑推薦來此一邊散步一邊感受札幌的歷史

→可以觀賞許多鯉魚

中島公園站
鴨鴨川
かもかもがわ

☎011-818-3414（札幌市下水道河川局）
MAP 附錄③8 B-5

維繫明治時期水運的豐平川支流之一。中島公園內亦有戲水場。

🚪自由散步　📍札幌市中央區南6西1～南16西4
🚇地鐵中島公園站步行5分　🅿無

保佑戀愛順遂的能量景點

↑氣氛莊嚴的社殿

以神社作為結緣名勝而聞名

幌平橋站
札幌護國神社
さっぽろごこくじんじゃ

☎011-511-5421
MAP 附錄③8 B-6

為祭祀1877年西南戰爭中戰死、病逝的屯田兵，於1879年創建。鄰接中島公園，春季為賞櫻名勝。

🕘社務所窗口為9:00～16:00
📍札幌市中央區南15西5-1-3
🚇地鐵幌平橋站步行3分　🅿5輛

白天也很熱鬧的札幌不夜城
薄野 狸小路&二條市場

深入挖掘札幌魅力！區域 Navi

美食店及購物景點集中的薄野、狸小路地區，不論晝夜都擠滿了在地客與觀光客，好不熱鬧！早上到市民廚房二條市場品嘗海鮮丼，一整天都在附近盡情玩樂吧。

北日本最大的歡樂鬧區

薄野MAP

一甲威士忌招牌令人印象深刻的「薄野十字路口」

薄野的地標是一甲威士忌的招牌。從面向十字路口的惠愛大樓（1樓是麥當勞）側拍攝，拍出的照片最好看了。

與一甲大叔拍照留念 ①

要享受札幌之夜就來這
薄野
MAP 附錄③7 D-5

北日本最大的歡樂鬧區。同時也是女性能單獨行走，安心又安全的城市。位於札幌站前通與國道36號交叉口的一甲威士忌招牌為其象徵。

遊玩的重點！
由於店家眾多，要挑選哪間也很花時間。建議先鎖定想吃何種美食，再來尋找店家

在不夜城大啖美食 ②

300公尺見方的區域內有許多大樓林立，有大約3500家店鋪林立於此。享用北海道美食之餘，也要喝遍不夜城的美酒。

芭菲 →P.50
收尾就是要吃甜食！

成吉思汗烤肉 →P.26
沾裹講究醬汁品嘗的絕品成吉思汗烤肉

拉麵 →P.21
以味噌口味為主流的札幌拉麵

深入挖掘札幌魅力！區域Navi

薄野、狸小路&二條市場

歷史悠久的商店街

↑整條拱廊商店街都有屋頂，天候不佳也能放心遊逛

↑狸小路4

1 遊逛商店街

新舊交替、特色豐富的商店及餐飲店林立的商店街。仕附人尋味的氣氛中，只是走走看看不同商店也很開心。

新舊共存
狸小路商店街

MAP 附錄③7 B-3

たぬきこうじしょうてんがい

東西橫跨約1公里長的拱廊商店街。匯集了餐飲店、伴手禮店等大約200家店，越往末端走越能感受到獨特的氛圍。

↑小路兩側集結了許多講究的名店

↓供應薩福克羊肉的
士別バーベキュー →P.29

遊玩的重點！
從商店街某端走到另一端，需時約10分。時間充裕的話，不妨邊走邊尋找店家

順道 SPOT
狸神社
たぬきじんじゃ

MAP 附錄③6 E-3

祈求狸小路商店街生意興隆，被供奉在狸小路2丁目狸COMICHI的守護神。境內有狸地藏坐鎮，視觸摸部位會帶來8種不同的保佑而受到好評。2022年夏季遷至現址。

2丁目 たぬきこみち
狸COMICHI
🕐視店鋪而異　MAP 附錄③6 E-3

2022年8月開幕，網羅北海道各地美食的橫丁（小巷）。一共有20家店鋪櫛比鱗次，可以與壽司、海鮮、義式料理、甜點等各種食物來場「美味」邂逅。

🕐11:00～23:00(販售至20:00)
休部分店鋪為週三休　所札幌市中央區南2西2-5　🚇地鐵大通站步行6分
Ｐ無

↑入口處旁有家「寿し処おたる亭 弥助」能以平價品嘗道地壽司

2 小路漫步
位於狸小路6丁目，歷史悠久的市場。瀰漫著昭和氣氛的路上，林立著鮮魚店、居酒屋等深受在地客喜愛的獨特店家。

6丁目 たぬきこうじいちば
狸小路市場
🕐視店鋪而異
所札幌市中央區南3西6
🚇地鐵大通站步行5分
Ｐ無

MAP 附錄③7 C-4

1 品嘗海鮮丼
前往能嘗到晨捕海鮮的二條市場食堂！一大早就有店家營業，因此推薦在這裡享用早餐。

↓第一海鮮丸的積丹丼 3900円

以市場價格買到新鮮海產！
二條市場
にじょういちば　📞011-222-5308　MAP 附錄③6 F-3

這座市場從明治時代起便以札幌市民的廚房廣為人知。生鮮魚肉、蔬菜店林立於此，可以聽到此起彼落的叫賣聲。

🕐7:00～18:00(視店鋪而異)　休視店鋪而異
所札幌市中央區南3東1～東2
🚇地鐵大通站步行8分　Ｐ無

↑位於市中心的市民廚房

2 購買海鮮伴手禮
原創醬油漬鮭魚卵、烏賊墨汁美饌等料理很受歡迎。入內會看到壽司店，能品嘗使用剛進貨的海鮮所製成的壽司及海鮮丼。

←毛蟹、巨大鱈場蟹陳列在店門口

↓海鮮処 魚屋の台所的綜合海鮮丼(上) 3300円

こんどうのぼるしょうてんすしどころけいらん
近藤昇商店 寿司処 鮭卵
📞011-241-3377　MAP 附錄③6 F-3

🕐8:00～16:30　休無休　所札幌市中央區南3東2　🚇地鐵巴士中心前站步行5分
Ｐ無

遊玩的重點！
位於從大通、薄野步行可至的範圍，坐擁地利之便。早上販售的品項比較豐富，建議早起遊逛

札幌還有許許多多充滿自然與文化的景點！也很推薦前往郊外的花田或主題公園。也要確認一下當地的人氣咖啡廳。

↑四季花卉盛開的瀧野鈴蘭丘陵公園

厚別 | 穿越時光回到開拓時代

玩樂 **北海道開拓之村**
ほっかいどうかいたくのむら

☎011-898-2692　MAP 附錄③24 H-4

能認識北海道開拓時代生活的景點。移建並復原了明治到昭和初期的建築物，重現當時的街道。區域分成市區、農村、山村及漁村，將當時的街道及生活樣貌傳承至今。在村內行駛的馬車鐵道為乘車費250円，冬季時僅週六日、假日採用馬橇。也有舉辦古早遊戲體驗這類活動。還有能品嘗「屯田兵定食」的食堂。

🕘9:00～16:30(視時節而異)　休週一(逢假日則翌日休，5～9月無休)　¥入村費大人800円　所札幌市厚別区厚別町小野幌50-1　🚃JR新札幌站搭往開拓之村的JR北海道巴士15分，終點下車即到　P400輛

馬車鐵道
鋪設在開拓之村內的馬車鐵道，採用重現當時車輛的復古構造。每隔30～40分鐘運行，全長約600公尺，乘車費250円。

→在雪景村內奔馳的「馬橇」

需時 3小時

南區 | 能接觸、體驗愛奴文化

景點 **札幌市愛奴文化交流中心**
さっぽろぴりかこたん

☎011-596-5961(愛奴文化交流中心)　MAP 附錄③24 F-5

可以學習愛奴民族的生活、歷史及文化，寓教於樂的設施。室內展示多達300件左右的民生用具等，戶外有重現的家屋(cise)。

🕘8:45～22:00(展示室、歷史之里、自然之里為9:00～17:00)　休週一、假日、最後一週週二　¥免費入場，展示室200円　所札幌市南区小金湯27　🚃JR札幌站搭往定山溪車庫前的定鐵巴士1小時，小金湯下車步行6分　P46輛

需時 1小時

↑能就近觀看愛奴的家屋

南區 | 綠意盎然的藝術空間

景點 **石山綠地**
いしやまりょくち

☎011-578-3361(札幌市藻南公園管理事務所)　MAP 附錄③24 G-5

活用曾是札幌軟石切石場的景觀公園。採用結合藝術的特色結構，呈現難以想像是在市內的空間。

🕘自由入園　所札幌市南区石山78-24　🚃地鐵真駒內站搭往瀧野鈴蘭公園的北海道中央巴士6分，石山東3丁目下車步行3分　P46輛

需時 1小時

↑充滿綠意的大地藝術

大通 | 藝術與文化的據點

景點 **札幌市民交流廣場**
さっぽろみんこうりゅうぷらざ

☎011-271-1000　MAP 附錄③6 E-1

由3座設施構成的札幌藝術複合設施。在圖書資訊館可以一手拿起「MORIHICO.藝術劇場(P.54)」的咖啡，一面閱讀各種書籍。

🕘9:00～22:00(圖書資訊館至21:00，週六日、假日為10:00～18:00)　休館日除外　休圖書資訊館為第2、4週三(視設施而異)　所札幌市中央区北1西1　🚃直通地鐵大通站30號出口　P無

需時 30分

↑氛圍開放的圖書資訊館

瀧野 | 四季都能遊玩的廣大公園

玩樂 **國營瀧野鈴蘭丘陵公園**
こくえいたきのすずらんきゅうりょうこうえん

☎011-592-3333　MAP 附錄③24 G-6

可以在一望無際的廣闊公園內，觀賞鬱金香等季節花草。除了供人隨興遊玩的各種自然遊戲之外，亦有許多遊樂設施。

🕘9:00～17:00(視時節而異)　休4月1～19日、11月11日～12月22日　¥入園費450円　所札幌市南区滝野247　🚃地鐵真駒內站搭往鈴蘭公園東口的北海道中央巴士35分，終點下車即到　P2200輛

↑季節花卉盛開的鄉村花園

需時 3小時

東區 | 學習酪農、乳製品製造工程

景點 **雪印惠乳業 酪農與乳業歷史館**
ゆきじるしめぐみるくるのうとにゅうのれきしかん

☎011-704-2329　MAP 附錄③2 E-2

由導覽員負責解說與北海道酪農歷史相關的展示品。可能由於傳染病防治對策而休館，務必事先打電話洽詢。

🕘9:00～11:00、13:00～15:30(可能變更，需前一天預約)　休週六日、假日(可能視狀況休館，需事先電話洽詢)　¥免費　所札幌市東区苗穗町6-1-1　🚃JR札幌站搭往東營業所前的北海道中央巴士東63苗穗北口線10分，北6東19下車步行8分　P10輛

需時 1小時

↑可以看到以前的乳製品機器

札幌站周邊 | 能躺在草地上小歇片刻

景點 **北海道大學植物園**
ほっかいどうだいがくしょくぶつえん

☎011-221-0066　MAP 附錄③5 A-4

是日本首座近代植物園，也是保留札幌開拓以前風貌的珍貴場所。在占地約13公頃的園內，培育、保存了大約4000種植物。也有附設博物館及北方民族資料室。

🕘9:00～16:00(10月1日～11月3日至15:30)※詳情請確認官網　休週一(逢假日則翌平日休，11月4日～4月28日為週日、假日休)　¥入園費420円　所札幌市中央区北3西8　🚃JR札幌站步行10分　P無

需時 1小時

↑位於市中心卻仍保有原生林

大通 | 北海道作家製作的雜貨齊全

購物 **kanata art shop**
かなたあーとしょっぷ

☎011-211-0810　MAP 附錄③5 C-6

銷售住在北海道的工藝作家作品等的選物店。介紹重視手作溫度的優質商品。也有展示、代理訂購中村好文建築師所設計的家具作品。

🕘11:00～18:00　休週六日、假日　所札幌市中央区大通西5 大五ビル6F　🚃地鐵大通站步行3分　P無

↑有明亮自然光灑落的店內

巴士中心前 | 啤酒發源的歷史之地

玩樂 **札幌工廠**
さっぽろふぁくとりー

011-207-5000(資訊站)　MAP 附錄③4 H-5

屬於大型商業設施，建於可追溯到1876年創業的「開拓使麥酒釀造所」的札幌啤酒工廠遺址。中庭等7棟設施匯集了大約150間商店及餐廳等。

🕘10:00～20:00，餐廳為11:00～22:00(視店鋪而異)　休不定休　¥視設施而異　所札幌市中央区北2東4　🚃地鐵巴士中心前站步行3分　P有

需時 2小時

↑覆蓋著玻璃屋頂的中庭

厚別 | 介紹北海道的自然、歷史及文化

景點 **北海道博物館**
ほっかいどうはくぶつかん

☎011-898-0466　MAP 附錄③24 H-4

北海道立綜合博物館。以講述北海道自然、歷史、文化的5個主題為展示內容。週六日等會舉辦各種活動。

🕘9:30～16:30(10～4月至16:00)　休週一(逢假日、補休則翌平日休)　¥綜合展示室入場費600円　所札幌市厚別区厚別町小野幌53-2　🚃JR新札幌站搭往開拓之村的JR北海道巴士15分，北海道博物館下車即到　P105輛

需時 2小時

↑納瑪象與猛瑪象的骨骼標本

札幌

深入挖掘札幌魅力！區域Navi

札幌地區導覽

讓四季花卉成為旅行回憶！

「旅行照片」Tips

「MAPPLE」取材攝影師傳授拍出好看「旅行照片」的實用技巧。

季節花卉篇

為旅行增色的各種花卉隨著季節更迭，有不同種類迎接來客。拍下在旅遊景點所見的各式花卉，一定可以為回憶增添更多美麗的季節性色彩。

1

Tips 1　構圖（角度）

❶盛開的花叢搭配藍天，是按下快門的好景緻！無論怎麼取景都有如畫作一般美麗，不過若是將花景再往後延伸，畫面會更加開闊，此即「三分法則」的基本構圖。❷試試看近距離大膽拍攝花草的生動模樣。此時不要將花放在畫面中央，稍微偏左或偏右會更好看。❸透過景深效果來凸顯花卉，醞釀柔和的氛圍。

2 3

Tips 2　微觀的世界（近拍）

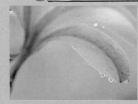

多數相機都有微距鏡頭或微拍功能，靠近花朵近拍看看吧。花朵可能會隨風吹動，要看準停下來的瞬間拍攝。有三腳架更方便。

Tips 3　花花綠綠的風景（位置）

花田雖然美，但森林中的長椅、陽光灑落的樹蔭也很不錯，最近會在手水缽插花裝飾的寺社也變多了。有許多顏色鮮明的風景。悠哉旅行之餘，不妨四處找找屬於自己的風景。上傳到社群網站準沒錯！

※ 照片為示意圖

大通　各種伴手禮應有盡有

【購物】

おみやげの店 こぶしや

おみやげのみせこぶしや

☎011-251-3352　　MAP附錄③7 C-4

位於狸小路內，札幌市內最大的伴手禮店。以「白色戀人」、「六花亭」等北海道代表性名點為首，還有其他伴手禮店及機場買不到的原創點心、伴手禮雜貨等五花八門的多種商品，非常吸引人。幾乎網羅了所有伴手禮，不妨在這裡一次買齊。消費金額達到含稅5400円以上的話，最遠送到九州的運費一律1100円，划算的運費令人開心。

🕒9:00～22:00　🈳無休　📍札幌市中央区南3西4 狸小路4丁目　🚇地鐵大通站步行5分　🅿無

僅此才有的原創甜點大受歡迎！
可以買到甜點師的手工甜點

❸今年推薦的產品是北海道奶油法式鹹薄餅

札幌站周邊　活用新鮮海產的水產加工品

【購物】

佐藤水産 本店

さとうすいさんほんてん

☎011-200-3100　　MAP附錄③5 D-3

水產公司直營店，製造、販售以鮭魚為主的多種水產加工品。備有超過300種高品質原創加工品。

🕒9:00～18:30　🈳無休　📍札幌市中央区北4西3 交洋ビル 1～2F　🚃JR札幌站即到　🅿無

❸販賣樓層為1、2樓

❸深受鮭魚乾愛好者歡迎的「TOBAP'S」

大通　所有商品都在北海道的工房製作

【購物】

手作り鞄の専門店
水芭蕉札幌店（舊ななかまど）

てづくりかばんのせんもんてんみずばしょうさっぽろてんきゅうななかまど

☎011-207-4077　　MAP附錄③7 C-4

諸如以輕巧柔軟為特色的鹿皮製品、名為「皮革寶石」的科爾多瓦皮等，有許多匠心獨運的逸品。現場免費刻字服務備受歡迎。

❸有眾多原創皮革製品

🕒9:00～22:00　🈳無休　📍札幌市中央区南3西4 キラク堂ビル 2F　🚇地鐵大通站步行5分　🅿無

薄野　表演與美味之樂同時滿足

【美食】

活かにの花咲

かつかにのはなさき

☎011-532-3393（手機預約專線090-2813-7949）　MAP附錄③6 E-5

以在顧客面前表演解體活鱈場蟹聞名，榮獲米其林星級。菜單皆附活鱈場蟹料理。

❸活鱈場蟹季節全餐34200円（每人）
※2人起餐

🕒18:00～21:00（需預約）　🈳不定休　📍札幌市中央区南5西2 美松村岡ビル5F　🚇地鐵豐水薄野站即到　🅿無

巴士中心前　原創甜點超熱門

【美食】

LITTLE JUICE BAR 札幌本店

りとるじゅーすばーさっぽろほんてん

☎011-213-5616　　MAP附錄③6 G-4

原創冷凍甜點「草莓刨冰（いちごけずり）®」的專賣店。在改建自石造倉庫的店內，可以享用以專用機器將冷凍水果削成薄片，再盛上北海道牛奶慕斯所製成的美味刨冰。

❸草莓刨冰®一中杯1600円

🕒11:00～19:00（冬季可能縮短營業時間）　🈳不定休　📍札幌市中央区南4東3-11-1　🚇地鐵巴士中心前站步行5分　🅿無

西線11條　札幌發跡的巧克力專賣店

【咖啡廳】

ショコラティエ マサール

しょこらていえまさーる

☎0120-039-245（免付費電話）　MAP附錄③8 D-3

陳列著不吝使用世界各國嚴選優質巧克力所製成的蛋糕、烘焙點心等甜點。附設沙龍，供應現做甜點菜單。

預算 🕒2000円

❸Masále Lactée巧克力舒芙蕾（880円）

🕒10:00～18:00（沙龍至17:00）　🈳週二（活動期間沙龍可能臨時公休）　📍札幌市中央区南11西18-1-30　🚃市電西線11條步行8分　🅿11輛

搭機前後不妨順道遊逛
機場附近的玩樂景點

該地區坐擁廣闊的閑靜農業地帶。提早到機場周邊，在出發前玩一下也不錯。

約45分

↑天空的門戶新千歲機場位於千歲市以南

新千歲機場周邊
しんちとせくうこうしゅうへん

愜意地享受北海道特有的悠閒時光

在大自然中玩樂

玩樂 苫小牧
♪北國優駿公園
のーさんぽーすぱーく

☎0144-58-2116 **MAP**附錄③26 H-1

可以在大自然中盡情享受騎馬、搭馬車、可愛迷你馬秀等豐富多樣的活動。也有能品嘗在地食材料理的餐廳。

🕐9:00～17:00(冬季為10:00～16:00) 休4月10～14日(可能臨時公休) ¥入園費800円(冬季為500円) 所苫小牧市美沢114-7 🚌新千歲機場搭免費接駁巴士15分 Ｐ500輛

➡可以一個人騎馬，在白樺林中散步的騎馬健行。約30分，5500円(保險費500円另計，預約者優先)。也有提供騎馬用具出租服務

與馬交流的主題公園

↑熱門的開心迷你馬表演

↑還有能觀賞放牧馬匹的觀景台

➡除了使用北海道產食材的料理之外，還有自製麵包及甜點

景點 千歲
🔭鮭魚的故鄉 千歲水族館
さけのふるさとちとせすいぞくかん

☎0123-42-3001 **MAP**附錄③26 H-1

展示以鮭魚為主的生物，飼育淡水魚的水族館。秋季時能看到鮭魚在千歲川逆流而上的模樣。

🕐9:00～16:30 休無休(有維護休館日) ¥800円 所千歲市花園2-312鮭魚公園內 🚃JR千歲站步行10分 Ｐ220輛

學習鮭魚及淡水魚的知識

↑覆有青苔的綠色溪谷「苔之洞門」

↑有夢幻之魚遠東哲羅魚、鱒魚等悠遊的大水槽

玩樂 惠庭
♪ECORIN村
えこりんむら

☎0123-34-7800 **MAP**附錄③24 H-6

由在日本全國展設漢堡排餐廳「嚇一跳驢子（びっくりドンキー）」的公司所經營的環保主題庭園。看點在於英式庭園、放牧羊群的牧場等。

🕐銀河庭園&綠色牧場為9:30～17:00(10月至16:00)※可能視設施、季節變動 休視設施而異 ¥1200円(銀河庭園&綠色牧場) 所惠庭市牧場277-4 🚌JR惠庭站搭免費接駁巴士15分 Ｐ300輛

擁有豐富大自然與動物的環保主題庭園

↑牧羊犬趕羊群的「綠色牧場秀」很有人氣

↑腹地內也有餐廳及商店

▶特色介紹
札幌到新千歲機場之間及其周邊，橫跨了北廣島、惠庭、千歲及苫小牧這四座城市，散布著能欣賞北海道特有自然景觀的景點。人氣甜點店也很多。

▶交通方式
🚗**開車** 札幌市中心經國道36號約30公里至惠庭市中心。惠庭市中心經國道36號約9公里至千歲市中心

🚃**鐵道** 札幌站搭JR快速「Airport」24分，惠庭站下車。惠庭站搭JR快速「Airport」5分，千歲站下車

▶洽詢處
北廣島市經濟部觀光振興課 ☎011-372-3311
惠庭觀光協會 ☎0123-21-8900
千歲觀光連盟 ☎0123-24-8818
苫小牧觀光協會 ☎0144-34-7050

旅行小記 COLUMN

在暢貨中心大買特買！

札幌～新千歲機場之間有兩家暢貨中心。其中一家是位在北廣島市的「三井OUTLET PARK 札幌北廣島（MAP附錄③24 G-5）」，坐落北海道規模最大的店鋪數。屬於室內型設施，天候情況不用顧慮天候也能盡情享受購物樂趣。此外，也有許多購物以外的享受。品嘗湯咖哩、豬肉丼等北海道人氣店鋪的拉麵、豬肉丼等北海道人氣店鋪的拉麵、咖哩等美食也是能一大享受。除了購物之外在此也還能展現北海道的購物魅力。

從札幌再走遠一點

小樽

從小樽再走遠

富良野・美瑛・旭川

「旅行照片」Tips

「MAPPLE」取材攝影師的「旅行照片」重點建議。

── 風景篇 ──

邂逅令人感動的風景是旅行的一大樂趣,一點小功夫就能大大改變照片給人的印象。

Tips❶ 構圖(角度)

拍大海、山巒的絕景時,不要將整體風景平均地入鏡,總之先稍微放大前景試看看❶。將中心稍微錯開空間就會變寬,能夠營造有深度空間感的風景。當雲朵和天空很美時,反而要放大上方天空所占的比例,如此便能拍出令人印象深刻的照片❷。拍攝有歷史感的街道、有水流經的風景亦可,只要轉移中心就能拍出印象截然不同的照片❸。

Tips❷ 燈光(時間)

在天氣晴朗的日子可以把藍天綠景拍得很漂亮,不過中午前後在頂光下也會讓陰影變深❶。此外,在早晨及夕陽的時間帶有許多按下快門的好機會。想讓太陽入鏡時,不妨試試取景時不要將其置於畫面中心❷。太陽西沉的方向會隨季節大幅變動,最好確認方位與時間來擬定計畫。如果要拍夜景,建議選在天空仍偏藍的魔幻時刻或是日落後20〜40分內❸。使用夜景模式並「關掉閃光燈」為佳。雖然近年來也有不少機型內建強大的防手震功能,但相機和智慧型手機還是盡量保持不動才能拍得更美。

Tips❸ 拉近(視角)

不妨有效地使用縮放功能來拍攝。不要用看望遠鏡的感覺來拍照,試著以裁剪風景的用法來享受變化多端的角度。遇到雄壯的風景時,先以全景模式拍攝❶,另一張利用縮放功能來大膽裁剪拍攝對象也不錯❷。

※照片為示意圖

Doremo LeTAO
どれもるたお

📞0123-23-1566 MAP 附錄③26 H-1

擁有1600坪用地的「LeTAO」商店＆咖啡廳。幾乎入口即化的鬆餅、每月更換口味的色菲、使用100%北海道產小麥的原創新鮮義大利麵等菜色頗受歡迎。

⏰11:00〜17:00(L.O.16:30,商店為10:00〜)※視時節而異 休無休 所千歲市朝日町6-1-1 JR千歲站開車5分 P70輛

↓有林間隙光灑落的明亮開闊空間

可以在咖啡廳品嘗鬆軟黏稠的鬆餅

享受名產甜點

↑蜂蜜奶油鬆餅(1324円)

←當然也能品嘗熱門的原味雙層起司蛋糕(440円)

滿滿在地食材的蛋糕＆麵包

購物 千歲 もりもと千歲本店
もりもとちとせほんてん

📞0120-24-4181(週一〜五9:00〜17:00) MAP 附錄③26 H-1

創業70週年以上,千歲發源的日西式點心、麵包專賣店。除了以藍靛果果凍為首的人氣點心之外,本店限定商品、附設咖啡廳限定菜色也一應俱全。

⏰9:00〜19:00 休無休 所千歲市千代田町4-12-1 JR千歲站步行7分 P29輛(購物享1小時免費優惠)

↑千歲本店限定「千歲總店手工銅鑼燒」1個270円

購物 千歲 ジェラテリア ミルティーロ
じぇらてりあみるてぃーろ

📞0123-23-5323 MAP 附錄③24 H-6

位於有機藍莓田中,相當講究的義式冰淇淋店。因應耶誕節等季節活動所推出的口味,使用當令食材製作的口味應有盡有。

⏰11:00〜17:30 休週三 所千歲市長都2 JR長都站步行20分 P50輛

名產是藍莓義式冰淇淋

↑三種口味中杯580円

景點 千歲 麒麟啤酒 北海道千歲工廠
きりんびーるほっかいどうちとせこうじょう

📞0123-24-5606 MAP 附錄③24 H-6

由啤酒工廠、試喝設施、特製成吉思汗烤肉的啤酒餐廳所構成。有能參觀啤酒製造過程的工廠參觀行程。

⏰10:00、11:00、13:00、14:00、15:00(週六日、假日10:30、13:30、14:30也有舉辦) 休週一二 ¥親身體驗麒麟一番搾美味的行程(500円) 所千歲市上長都949-1 JR長都站步行10分 P50輛

也有麥汁試喝評比及試吃麥芽等活動

↑盡情感受「麒麟一番搾生啤酒」的魅力

參觀工廠的快樂行程

推薦的順道景點

手工火腿及培根深受歡迎

購物 エーデルワイスファーム Piccola Foresta本店
えーでるわいすふぁーむびっこらふれすたほんてん

📞011-887-6985 MAP 附錄③24 H-5

販售以傳統古早製法、獨門冰溫熟成技術製成的火腿及培根。

⏰10:00〜17:00(有冬季營業時間) 休週二 所北廣島市輪厚531-7 JR北廣島站開車15分 P24輛

北寄貝的甘甜與咖哩很對味

美食 マルトマ食堂
まるとましょくどう

📞0144-36-2023 MAP 附錄③26 H-3

直接使用苫小牧漁港卸貨海鮮進行烹調的店家,新鮮度為其賣點。以「北寄貝咖哩」最受歡迎。

⏰5:00〜13:50 休週日、假日 所苫小牧市汐見町1-1-13 JR苫小牧站搭往錦西文化公園的市營巴士10分,卸賣市場下車步行3分 P10輛

酪農家直營的餐廳

美食 みるくのアトリエ
みるくのあとりえ

📞0123-39-2546 MAP 附錄③24 H-6

位於惠庭的農場餐廳。推薦披薩與義大利麵的午餐菜單。據說美味的關鍵在於使用每天現擠新鮮牛乳製成的起司。

⏰11:00〜15:30 休週三 所惠庭市惠南28 JR惠庭站開車5分 P30輛

在溪谷的溫泉街 體驗非日常

位於支笏洞爺國家公園內，特色在於自然豐富的環境。透過溫泉與溪谷之美療癒身心吧。

↑流經定山溪溫泉街中央，別具風情的豐平川

定山溪溫泉
じょうざんけいおんせん

大自然環繞的「札幌奧座敷」

投宿知名旅館

住宿 定山溪第一寶亭留翠山亭
じょうざんけいだいいちほてるすいざんてい

☎011-598-2141
MAP 附錄③24 E-2

半數的客房都有附溫泉，晚餐能享用以北海道當令食材製成的和食宴席料理及創意和食。也有住宿房客專用的獨棟湯屋「森乃湯」，可以一邊感受古早溫泉療養場的氣氛，一邊享受泡湯之樂。
🏠札幌市南區定山溪溫泉西3-105 🚌第一ホテル巴士站即到 🅿60輛

露天浴池「桂木乃湯」

坐擁多種客房及浴池 有自家源泉的旅館

↑位於高地的溫泉旅館
↓採用當令食材的和食宴席料理

▲可以一邊眺望樹齡300年的大樹一邊泡湯

附觀景浴池的客房

晚餐範例

留宿 DATA
住宿費 1泊2食19000円～（未稅，泡湯費另計）
IN 15:00 OUT 11:00
房數 57間 刷卡 可

◆附源泉放流式半露天浴池

彷彿回到故鄉 舒適的溫泉旅宿

露天浴池

故鄉館

↑和風沉穩的和室 ◆在地下露天浴池「YUMEMI（ゆめみ）」享受非日常時光

住宿 溫暖之宿 古川
ぬくもりのやどふるかわ

☎011-598-2345 MAP 附錄③24 E-2

以鄉下旅館為意象的寧靜旅館。晚餐是能品嘗現採當令食材的和食全餐料理。
🏠札幌市南區定山溪溫泉西4-353 🚌定山溪湯之町巴士站即到 🅿80輛

留宿 DATA
住宿費 1泊2食15700円～
IN 15:00 OUT 10:30
房數 55間 刷卡 可
外來旅客入浴 1500円（12:00～15:00）

也有這種獨特旅宿！

旅館內有高級肉品店及酒館，供人隨興旅居的新型溫泉旅館。

旅籠屋 定山溪商店
はたごやじょうざんけいしょうてん

☎011-598-2929
MAP 附錄③24 F-1

IN 16:00 OUT 12:00 🏠1泊2食12000円～（2人1房，未稅）
🏠札幌市南區定山溪溫泉西2-5 🚌定山溪大橋巴士站步行5分 🅿20輛

住宿 定山溪鶴雅休閒渡假溫泉SPA飯店森之謌
じょうざんけいつるがりぞーとすぱもりのうた

☎011-598-2671 MAP 附錄③24 F-2

在設施內隨處可見各種以森林為意象的設計。有樓中樓型的寬敞客房，能享受悠閒的時光。在設有開放式廚房的餐廳，使用在地食材的自助餐很受歡迎。
🏠札幌市南區定山溪溫泉東3-192 🚌定山溪溫泉東2丁目巴士站即到 🅿70輛

↑以「森林」為主題的水上度假Spa

豪華雙床房

↑在兩床中央設置沙發的寬敞配置

露天浴池

彷彿被森林環繞的 柔和溫暖旅館

鬱鬱蔥蔥的奢華空間

留宿 DATA
住宿費 1泊2食19800円～ IN 15:00（別墅為14:00）OUT 10:00（別墅為11:00）房數 54間 刷卡 可
外來旅客入浴 附餐3400円～（11:15～12:35、13:00～14:20，使用餐廳，需預約）

▶特色介紹

修行僧美泉定山在大約150年前發現源泉，使定山溪溫泉作為「札幌的奧座敷（內廳）」發展至今。以充滿季節感的自然環境為魅力，有超過20家溫泉旅館集中在此。近年又以受女性歡迎的溫泉勝地廣為人知。

▶交通方式

🚗 開車 札幌市中心經國道230號約25公里

🚌 巴士 札幌站前巴士總站（12號乘車處）搭往定山溪方向的定鐵巴士或「河童LINER號」（預約制）55分～1小時20分（在離住宿設施等最近的巴士站下車。巴士站請參照附錄③P.24上圖）

▶洽詢處

定山溪觀光協會
☎011-598-2012

也能煮溫泉蛋的休憩公園

玩樂
♪ 定山源泉公園
じょうざんげんせんこうえん

📞 011-598-2012 (一般社團法人定山溪觀光協會)
🅼🅰🅿 附錄③24 E-2

園內重現了開山祖師美泉定山邂逅溫泉的風景。除了「美泉定山像」之外，還有足湯、能煮溫泉蛋的「溫土之湯」，可以輕鬆享受源泉。

🕐7:00～21:00 ⊗免費入園 🏠札幌市南區定山溪溫泉東3 🅿50輛(公共停車場)

➡來的美泉定山像

定山溪名稱由

⬆園內中央有足湯，可以免費利用

能眺望溪谷的二見吊橋是絕美景點

➡從二見吊橋能看到二見岩及河童淵

景點
👀 定山溪散步路線
じょうざんけいさんさくろ

📞 011-598-2012 (一般社團法人定山溪觀光協會)
🅼🅰🅿 附錄③24 E-2

➡散步道上有浙江百合等花卉盛開

定山溪是內行人才知道的高山植物寶庫。西側的散步道是私房景點，可以一邊享受森林浴一邊觀賞稀有的野草。尤其在紅葉季節，從二見吊橋所見的溪谷景色美不勝收。

🕐5月下旬～11月下旬自由散步 🏠札幌市南區定山溪溫泉 🚌定山溪湯之町巴士站步行2分 🅿50輛(公共停車場)

玩樂
♪ Blue Marble Sapporo
ぶるーまーぶる

📞 080-1895-5872 🅼🅰🅿 附錄③24 F-1

在保留原始風貌的豐平川享受漂流的樂趣。諸如春季有急流、夏季能觀賞野鳥及動物等，能享受四季不同的自然景觀與溪谷之美。立槳(SUP)行程也相當受歡迎。

🕐4月20日～10月31日的9:00～18:00(視行程而異。漂流行程需預約) ⊗營業期間無休 ¥漂流行程5500円(週六日、假日為6500円) 🏠札幌市南區定山溪933 🚌定山溪大橋巴士站步行8分 🅿10輛

在定山溪體驗漂流

⬅特別推薦秋天的紅葉季節

也有這種活動!

以國家公園豐富的大自然為舞台，舉辦光雕投影及彩燈秀。

定山溪自然彩燈節 🅼🅰🅿 附錄③24 E-2
📞 011-598-2012 (一般社團法人定山溪觀光協會)
🕐6月～10月中旬的19:00～21:00(9～10月為18:00～) ⊗天候惡劣時休 🏠定山溪溫泉住宿旅客限定，免費入場 🏠札幌市南區定山溪溫泉西4 定山溪二見公園～二見吊橋

欣賞溪谷之美

從札幌再走遠一點

從小樽再走遠

也有免費景點!

河童家族的祈願手湯
かっぱかぞくのがんかけてゆ
用熱水洗淨雙手後，朝向河童大王的方位念咒3次並許願，即可實現願望。
🕐自由入浴
🅼🅰🅿 附錄③24 F-2

以足會友太郎之湯
あしのふれあいたろうのゆ
設有毛巾自動販賣機，空手前來也沒問題。也有御神籤可以抽。🕐7:00～20:00
⊗無休 ¥免費入浴
🅼🅰🅿 附錄③24 F-2

泡手湯、足湯 療癒身心

能按己所好享受的大人綠洲

⬆沒有時間限制，可以舒適地享受閒靜時光

➡可坐在沙發看書等等的療癒交誼廳

溫泉
♨ 森乃別邸 心之里 定山
もりのべっていこころのさとじょうざん

📞 011-598-5888 🅼🅰🅿 附錄③24 E-2

可以在足湯、冥想室、療癒交誼廳等處，享受個人自由時間的設施。足湯位在能聽到瀑布聲的場所等，總共有8處。國中以上方可使用。

🕐10:00～18:00 ⊗無休 ¥1500円(附茶點、飲料) 🏠札幌市南區定山溪溫泉西4-372-1 🚌定山溪湯之町巴士站即到 🅿20輛

推薦的順道景點

也很推薦這裡
豐平峽溫泉

位於國家公園的森林內，主打能欣賞四季景觀的露天浴池。溫泉直接使用源泉放流，還可以飲用。能在館內食堂品嘗的道地印度咖哩也很受歡迎。

豐平峽溫泉 ほうへいきょうおんせん
📞 011-598-2410 🅼🅰🅿 附錄③24 F-5
🕐10:00～21:45 ⊗無休 ¥1000円 🏠札幌市南區定山溪608-2 🚌JR札幌站搭往豐平峽溫泉的定鐵巴士1小時20分，終點下車即到 🅿200輛

➡尼泊爾主廚烹煮的印度咖哩
⬆主打寬敞的露天浴池

暢遊定山溪的大自然
玩樂
♪ 定山溪農場
じょうざんけいふぁーむ
📞 011-598-4050
🅼🅰🅿 附錄③24 F-5

除了採摘季節水果，還能享受樹林冒險、果園庭園、戶外BBQ等。

🕐4月下旬～10月底的9:00～17:00(10月至16:00) ⊗週三(逢假日則照常營業) 🏠札幌市南區定山溪832 🚌定山溪溫泉開車5分 🅿200輛

味道柔和的溫泉饅頭
購物
🛍 大黑屋
だいこくや
📞 011-598-2043
🅼🅰🅿 附錄③24 E-2

1931年創業的老店。手工溫泉饅頭不使用任何添加物，古早樸素的滋味廣受好評。

🕐8:00～18:00 ⊗週三 🏠札幌市南區定山溪溫泉東4-319 🚌定山溪湯之町巴士站即到 🅿10輛

在地產蘋果製成的蘋果派很受歡迎
美食
🍴 J·glacée
じぇいぐらっせ
📞 011-598-2323
🅼🅰🅿 附錄③24 E-2

使用當地果園蘋果製成的蘋果派添加了味醂，使蘋果本身的甘甜更加突出。霜淇淋、午餐菜單也頗受歡迎。

🕐9:00～17:00 ⊗不定休 🏠札幌市南區定山溪溫泉西4-356 🚌定山溪湯之町巴士站即到 🅿10輛

崖上的絕景咖啡廳
美食
🍴 カフェ崖の上
かふぇがけのうえ
📞 011-598-2077
🅼🅰🅿 附錄③24 E-1

如同店名所述，蓋在山崖上的咖啡廳。可以透過店內的大窗戶欣賞四季各異的絕景。

🕐10:00～18:00 ⊗週一(逢假日則翌日休) 🏠札幌市南區定山溪567-36 🚌定山溪大橋巴士站步行15分 🅿7輛

約1小時25分

↑觀光步道的腳燈點燈時間
為日落後～21時半

前往源泉地
與溫泉街的名勝

以岩理袒露在外、景色荒涼的地獄谷為首，周邊有許多溫泉勝地特有的看點。

のぼりべつおんせん

登別溫泉

在全國首屈一指的溫泉勝地感受大地氣息

彷彿有惡鬼棲息地獄般的光景

地獄谷也是登別溫泉最大的源泉地

景點 👀 登別地獄谷
のぼりべつじごくだに

📞0143-84-3311
（登別國際觀光會議協會）
MAP 附錄③17 D-6

在登別溫泉的東北方，長徑約450公尺的爆裂火山遺址。有繞一圈20分鐘左右的觀光步道，「昭和地獄」、「鉛地獄」等15處以地獄命名的溫泉露頭、噴氣孔散布其中，有多種溫泉湧出。

🕐早晨～日落自由散步
📍登別市登別溫泉町
🚌登別溫泉巴士總站步行10分
🅿使用登別地獄谷停車場（160輛，500円／輛）

購物 🛍 藤崎わさび園
ふじさきわさびえん

📞0143-84-2017 MAP 附錄③17 D-6

山葵漬是使用OROFURE山溪清流孕育的真正山葵，非常受歡迎。自1913年起開始自家栽培山葵，從加工到販售一手包辦。真正山葵特有的嗆鼻辛辣堪稱絕妙美味。

🕐9:00～22:00（冬季可能變動）🈺無休
📍登別市登別溫泉町49 🚌登別溫泉巴士總站步行5分 🅿無

↑山葵漬（140g，648円）

歷史悠久的無添加山葵漬

流經登別原生林的河川天然足湯

別忘了帶條擦腳毛巾再去

溫泉 ♨ 大湯沼川天然足湯
おおゆぬまがわてんねんあしゆ

📞0143-84-3311（登別國際觀光會議協會）
MAP 附錄③17 D-5

從大湯沼順著河川沿岸往下走約15分，有座以圓木組合而成的足湯場。有些地方溫度非常高，最好找到合適的溫度再泡。

🕐早晨～日落自由入浴 📍登別市登別溫泉町
🚌登別溫泉巴士總站步行25分 🅿使用大湯沼停車場（20輛，500円／輛，冬季關閉）

美食 🍴 溫泉市場
おんせんいちば

📞0143-84-2560 MAP 附錄③17 D-6

從大型水槽中撈出登別近郊或北海道產的現捕海鮮，做成生魚片、炭烤或是丼飯品嘗的餐館。也可以配送北海道特產品。能品嘗濃郁牛乳滋味的「生乳霜淇淋」也頗受好評。

🕐11:15～20:30 🈺不定休 📍登別市登別溫泉町50
🚌登別溫泉巴士總站步行5分 🅿無

在溫泉街品嘗新鮮的海產

10色前濱丼 2680円

特色介紹

能享受9種泉質，以一天多達1萬噸的豐沛湧泉量聞名的溫泉勝地。山間的溫泉街上大型飯店林立，位於最深處的源泉地地獄谷蒸氣騰騰。

交通方式

🚗開車 札幌市中心經道央自動車道（札幌南IC～登別東IC）、道道2、350號約107公里至登別溫泉

🚌巴士 札幌站前巴士總站（10號乘車處）搭道南巴士「高速溫泉號」（預約制）1小時40分～2小時20分，登別溫泉巴士總站下車。登別站搭往登別溫泉的道南巴士14～22分，登別溫泉巴士總站下車

洽詢處

登別國際觀光會議協會
📞0143-84-3311

人氣溫泉旅宿

面對日本庭園的和風旅館
🏠住宿 登別溫泉鄉 瀧乃家
のぼりべつおんせんきょうたきのや

📞0143-84-2222
MAP 附錄③17 D-6

創業百餘年的和風旅館。魅力在於美麗庭園內的露天浴池、活用山珍海味的割烹料理。以全新設備與款待之心迎接來客。

🕐IN 14:00、OUT 11:00 🈺無休
💰1泊2食36600～76200円
📍登別市登別溫泉町162
🚌登別溫泉巴士總站步行4分
🅿36輛

身處綠意之中泡名湯
🏠住宿 登別石水亭
のぼりべつせきすいてい

📞0570-026-570
MAP 附錄③17 D-5

諸如能眺望滿天星空的空中露天浴池、眼前有大片綠景的空中大浴場等，可以在多種浴池享受泡名湯的樂趣。

🕐IN 14:30、OUT 10:00 🈺無休（有維護檢修期間）💰1泊2食8500～24000円（未稅），不住宿入浴900円 🚌登別溫泉巴士總站步行15分（札幌站、新千歲機場有接送服務，預約制）🅿150輛

又名「登別迎賓館」的知名旅館
🏠住宿 祝之宿 登別格蘭飯店
いわいのやどのぼりべつぐらんどほてる

📞0143-84-2101
MAP 附錄③17 D-6

開業80多年的老字號旅館。備有羅馬風大浴場、能眺望日本庭園的岩盤天浴池、風情洋溢的浴場。

🕐IN 15:00、OUT 10:00 🈺無休（4月10～12日維護檢修）💰1泊2食10000～35000円，不住宿入浴2000円（含服務費）📍登別市登別溫泉町154 🚌登別溫泉巴士總站下車即到 🅿100輛

5種泉質與寬敞空間令人折服
🏠住宿 第一瀧本館
だいいちたきもとかん

📞0143-84-2111
MAP 附錄③17 D-6

總面積廣達1500坪的大浴場設有男女共35座浴槽，以源泉放流的方式注入5種泉質的溫泉。

🕐IN 14:00、OUT 10:00 🈺無休 💰1泊2食15700～60800円，不住宿入浴2250円 📍登別市登別溫泉町55 🚌登別溫泉巴士總站步行7分 🅿130輛

體驗自然奇觀與湖泊絕景

從湖上眺望洞爺湖的絕景

除了湖上絕美景點及美食，由於2000年有珠山噴發而受災的火山遺構也是一大珍貴看點。

↑位於湖中央的紙人島是在有珠人山噴發作用下形成

洞爺湖 とうやこ

能遠眺風光明媚湖水風景的溫泉度假地

在湖上享受划加拿大獨木舟

↑遊覽船需時50分。白天每30分一班

↑可以搭遊覽船前往浮在湖上的中島

隨四季展現不同風情的洞爺湖

玩樂 ♪ 洞爺湖遊覽船

とうやこゆうらんせん

☎0142-75-2137（洞爺湖汽船株式會社）
MAP 附錄③17 A-5

搭乘以中世古城為意象的「Espoir」等遊覽船，享受大約1小時的乘船之旅。在「洞爺湖長期煙火大會」舉辦期間，還有夜間出港的行程。

🕘9:00～16:30（每30分出航），冬季期間為9:00～16:00（每60分出航） 休無休 ¥遊覽船1500円，煙火觀賞船1600円 所洞爺湖町洞爺湖溫泉 交洞爺湖溫泉巴士總站步行3分 P150輛

景點 👀 西山山麓火口散步道

にしやまさんろくかこうさんさくろ

☎0142-75-4400（洞爺湖町觀光振興課）
MAP 附錄③17 A-5

走這條散步道可見識到2000年3月有珠山噴發時，對居民生活圈造成的大地變動。能參觀受災的民宅、工廠、地面抬升高達約70公尺的道路模樣等。

🕘4月中旬～11月中旬的7:00～18:00（視時節而異） 休開放期間無休 ¥免費 所洞爺湖町泉 交JR洞爺站搭往洞爺湖溫泉的道南巴士14分，西山遊步道入口下車即到 P300輛

能就近觀看有珠山噴發的創痕

↑將火山噴發的慘狀傳承至今

玩樂 ♪ TOYA TOY BOX

とうやといぼっくす

☎0142-87-2355（預約制／電話受理為8:30～18:00）
MAP 附錄③27 C-3

可以在透明度超高的洞爺湖體驗划獨木舟。選擇「輕鬆體驗☆獨木舟」方案，能一邊划船一邊享受在湖上喝飲料、拍照的時光。

🕘全年的8:30～18:30（可能視預約狀況變動） 休營業期間不定休 所洞爺湖町洞爺町224 交洞爺湖溫泉巴士總站搭往洞爺水之站的道南巴士25分，曙下車即到 P5輛

✎「輕鬆體驗☆獨木舟」需時約90分，6600円

在「Mt.USU Terrace」眺望絕景

↑坐在沙發上悠閒欣賞昭和新山及洞爺湖的絕景吧。露台也有附設咖啡廳

景點 👀 有珠山空中纜車

うすざんろーぷうえい

☎0142-75-2401（WAKASARESORT株式會社 有珠山事業部）MAP 附錄③17 C-6

從空中纜車有珠山山頂站右手邊的觀景台，能將洞爺湖、昭和新山盡收眼底。再步行約7分即可抵達火口原展望台，能就近觀看大噴火口。

🕘8:15～17:30（可能視時節變動） 休維護檢修期間公休 ¥來回1800円 所壯瞥町昭和新山184-5 交洞爺湖溫泉巴士總站開車15分 P400輛

推薦的順道景點

香草蒸餾體驗

玩樂 ♪ ハーバルランチ
はーばるらんち
☎090-1529-0438
MAP 附錄③27 C-3

可從佔地內種植的香草田中摘採喜歡的香草，製作原創花草茶（700円）。

🕘6～10月的10:00～15:30 休營業期間週二 所洞爺湖町月浦44 交洞爺湖溫泉巴士總站開車10分 P10輛

使用特產品製作洞爺名產

美食 🍴 岡田屋
おかだや
☎0142-75-2608
MAP 附錄③17 A-5

創業超過60年的甜點店。使用北海道產牛乳、洞爺湖町產大福豆等製成的原創「白色汁粉」很受歡迎。

🕘10:00～15:00 休不定休 所洞爺湖町洞爺湖溫泉36 交洞爺湖溫泉巴士總站步行3分 P5輛

牧場內的咖啡餐廳

美食 🍴 レークヒル・ファーム
れーくひるふぁーむ
☎0142-83-3376
MAP 附錄③27 C-3

位於牧場內，使用自家產牛乳製的手工義式冰淇淋（450円）很受歡迎。也有使用牧場蔬菜的菜色。

🕘9:00～18:00（視時節而異） 休無休 所洞爺湖町花和127 交JR洞爺站開車20分 P50輛

復古氣氛頗受歡迎

美食 🍴 望羊蹄
ぼうようてい
☎0142-75-2311
MAP 附錄③17 A-5

1946年開業。推薦餐點為開業之初就有、使用留壽都產豬肉做的番茄豬肉。

🕘11:00～15:00、17:00～20:00 休不定休 所洞爺湖町洞爺湖溫泉36-12 交洞爺湖溫泉巴士總站步行3分 P18輛

▶ 特色介紹

洞爺湖是日本國內第三大的火口湖。有珠山及昭和新山動感十足的火山觀光很有人氣。南岸有飯店林立，也是北海道內首屈一指的溫泉度假地。名列世界地質公園。

▶ 交通方式

開車 札幌市中心經國道230號約101公里至洞爺湖溫泉

巴士 札幌站前巴士總站（16號乘車處）搭往洞爺湖溫泉的道南巴士（預約制）2小時40分～50分，洞爺湖溫泉巴士總站下車。洞爺站搭往洞爺湖溫泉站、東町太陽宮飯店的道南巴士18～25分，洞爺湖溫泉總站下車

▶ 洽詢處

洞爺湖溫泉觀光協會
☎0142-75-2446

用五感享受大自然的山岳度假村

魅力在於能透過原創的休閒活動，享受展現多樣風貌的大自然。讓人想停留好幾天的度假勝地。

從札幌再走遠一點　約2小時10分

↑總面積約1000公頃，相當於大約213座東京巨蛋

整新開幕的雲海平台。站在觀景甲板的前端，就能品味彷彿浮在空中的感覺。

←可愛甜點及飲料齊備的「雲Cafe」

↓約13分可至雲海平台

前往早晨的絕美景點

とまむ

TOMAMU

能暢遊一整天的絕景＆活動

在最近的地方眺望雲海

▶特色介紹

TOMAMU位於幾近北海道中央的占冠村內，是能全年享受北海道獨特大自然的度假勝地。離高速公路及國道很近，往富良野、帶廣的交通也很方便。

星野集團RISONARE TOMAMU
ほしのりぞーと りぞなーれとまむ
☎0167-58-1111（代表電話）
MAP附錄③22 G-4
¥免費入場　所占冠村中トマム
➡JR TOMAMU站搭免費接駁巴士10分　P1500輛
HPhttps://www.snowtomamu.jp

▶交通方式

🚗開車　札幌市中心經道央、道東自動車道（札幌南IC〜TOMAMU IC）、道道136號約140公里至星野集團RISONARE TOMAMU

🚃鐵道　札幌站搭JR特急「十勝號」等1小時35〜55分至TOMAMU站。TOMAMU站有免費接駁巴士至飯店等處

▶洽詢處

星野集團RISONARE TOMAMU
☎0167-58-1111（代表）

景點 👀雲海平台

うんかいてらす

可以從各種觀景角度欣賞難得一見的氣象現象。搭乘雲海纜車，即可輕鬆前往雲海平台。雲海的產生機率為40%左右，產生狀況不妨至官網確認。

🕐5月11日〜10月16日的5:00〜7:00（下山纜車末班8:00），視時節而異　休天候惡劣時停駛　¥大人1900円，小學生1200円

也很推薦這裡

在TOMAMU內商店能買到
雲海伴手禮

雲形瑪德蓮蛋糕
6入**1500円**
彷彿在吃雲的鬆軟口感與柔和滋味為其魅力

雲形沙布列
1300円
將雲朵造型的沙布列裹上白巧克力

紀念扭蛋模型
500円
將TOMAMU的代表性設施做成扭蛋。共4種

Hoshino Resorts TOMAMU

↑離地高度為最高8公尺左右

彷彿浮在雲上

Cloud Pool くらうどぷーる

站在雲形甲板能體驗彷彿浮在雲上的感覺，將日高方向的風景盡收眼底。

Cloud Bar くらうどばー

能俯瞰雲海的雲上特等座

↻從特等座俯瞰絕景

可以在離地3公尺高、以吧檯為意象的觀景點眺望雲海及朝陽。只要爬上附座椅的梯子，即可體驗浮坐在群山風景中的感覺。

能享受空中散步的甲板

Cloud Walk くらうどうぉーく

↻彷彿漫步雲上的不可思議體驗

感覺就像在眼前的大片雲海上散步。除了雲海出現的日子，天氣晴朗時也很舒服。

🍴美食 Farm Designs
ふぁーむでざいんず

大啖TOMAMU產乳製品

在這家咖啡廳能享用「星野農場」生產、加工的乳製品。從店內能一覽北海道特有的牧場風景也是其魅力之一。在附設的現場工作室，可以參觀乳酪師傅製作起司的光景。

🕙10:00～16:30

↑可以外帶喜歡的菜色，也很推薦在戶外用餐

🍴美食 OTTO SETTE TOMAMU
おっとせって とまむ

使用北海道當令食材製作義式料理

以全餐的形式供應以北海道特有食材所製成的義大利鄉土料理。使用當季最美味的食材。

🕕18:00開店(需預約)

↑使用北海道夏季當令食材製作義式料理的全餐

○OTTO SETTE TOMAMU專用托兒服務(免費)。可以一邊用餐一邊學習刀叉用法

享受身處大自然的時光

在牧場內體驗小蓮的生活

↑蓬鬆柔軟的「巨大牧草床」

🎵玩樂 農場區域
ふぁーむえりあ

有能眺望牧場景色及動物的「牧場Lounge」、「巨大牧草床」等，供遊客度過享受大自然的奢侈時光。天候惡劣時公休。

🕙牧場Lounge 4月28日～9月24日的9:30～16:00、巨大牧草床7月1日～9月30日的9:00～16:00(視設施而異) 💴免費

↑能感受牧場的「牧場Lounge」

盡情享受留宿 度假村的生活

魅力在於簡單&隨興的旅居生活

↑可供4人住宿的家庭四人房

↑供家庭、情侶等廣泛客群入住使用

🛏住宿 Tomamu The Tower
とまむ ざ・たわー

位於腹地內中央區域，便利性也很高的TOMAMU地標。備有能隨興住宿的客房。

💴1晚附早餐(2人1房)每人11400円～

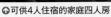

↑簡單卻明亮、功能性佳的標準雙床房

🛏住宿 RISONARE Tomamu
りぞなーれ とまむ

所有客房皆為大套房，每層樓僅4間房的奢華格局。全客房均附觀景按摩浴缸及私人三溫暖。

💴1晚附早餐(2人1房)每人21900円～

↑雲朵設計相當可愛的「雲套房」

在寬敞大套房享受奢侈時光

↑供家庭、團體客使用的設計五人套房

↑能眺望TOMAMU大自然的觀景按摩浴缸

更多人氣設施

在神祕的空間散步
🔭美景 **水之教堂**
みずのきょうかい

世界級建築師安藤忠雄的教會三部曲之一。特別對外開放一般謝絕遊客進入的教會。

🕙開放期間可能視狀況變更或中止，詳情請至官網確認

總是充滿恆夏氣氛!
🎵玩樂 **微笑海灘**
みなみなびーち

備有日本規模最大造浪泳池的室內海灘。可以在常保30℃左右恆夏溫度的館內享受玩水樂趣。

🕙以2023年為例是4月28日～11月1日的11:00～20:00 ※視時期而異(木質之湯為15:00～23:00) 💴Tomamu The Tower、RISONARE Tomamu的住宿旅客免費(不住宿旅客為大人2600円、小學生1100円)

針葉樹森林環繞的餐廳
🍴美食 **Forest Restaurant Nininupuri**
もりのれすとらんににぬぷり

在開放的森林中享用各式料理。早餐以「海寶丼」、晚餐以「肉自助餐」最受歡迎。

🕙以2023年為例是4月28日～11月1日的6:00～10:00、17:30～21:00(時間可能視期間變動)

北海道特有的海鮮料理
🍴美食 **Buffet Dining hal**
びゅっふぇだいにんぐはる

名產是以北海道特有食材鮭魚、鮭魚卵做成的親子手捲壽司。衛生措施完善，可以安心享用自助餐。

🕙以2023年為例是4月28日～11月1日的6:30～10:00、17:30～21:00(時間可能視期間變動，預約制)

匯集9家餐飲設施及商店的景點
🍴美食 **螢火蟲之街**
ほたるすとりーと

位於山腰處，以能感受夏季涼風的木製平台銜接的街區。餐廳及商店林立。

🕙以2023年為例是4月28日～11月1日的11:00～22:00(視店鋪而異) 💴免費入場

↑支笏湖畔也有保留巨樹的原生林區域

し こ つ こ
透明度極高的日本最北端火口不凍湖

支笏湖

被支笏洞爺國家公園的天然林環繞的火口湖

能一覽湖景的絕景露天浴池

眺望鈷藍色的湖泊

支笏湖為周長約42公里的葫蘆形火口湖。大自然的美麗色彩映照在湖面上。

↑浴槽為與湖水相連的天然露天浴池

温泉
丸駒溫泉旅館
まるこまおんせんりょかん

建於湖邊沿岸，瀰漫著祕湯氛圍的獨棟旅館。推薦四周巨岩環繞的天然露天浴池。也可以住宿，還有能品嘗姬鱒的方案。

☎0123-25-2341
MAP 附錄③26 F-1
🕐10:00～15:00 🈳不定休
💴入浴費1000円 🏠千歲市幌美內7 🚌支笏湖巴士站開車15分 🅿70輛

玩樂
♪Ocean Days
おーしゃんでいず

☎080-9325-6507 **MAP** 附錄③26 H-5

最受歡迎的活動是「透明獨木舟之旅」，能夠在超過10年水質連續位居日本第一的支笏湖、有支笏湖水注入的千歲川享受划船樂趣。秋季時還可以看到在繁殖期變色的姬鱒。

🕐8:30～17:30(10～3月為9:00～16:30) 🈳不定休 💴透明獨木舟之旅8000円 🏠千歲市支笏湖溫泉 🚌JR千歲站搭往支笏湖畔的北海道中央巴士42分，終點下車即到 🅿使用支笏湖停車場

能眺望支笏湖的湖底

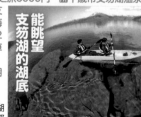

↑不會結凍的湖水，一年四季都能划獨木舟

景點
👀支笏湖遊客中心
しこつこびじたーせんたー

☎0123-25-2404 **MAP** 附錄③26 H-5

分別以森林、山、湖泊為主題，介紹支笏湖的看點。還有透過立體透視模型、影片解說湖泊如何形成的破火山口劇場，以及能聆聽野鳥叫聲的鳥鳴錄音等。

🕐9:00～17:30(視時節而異) 🈳無休(12～3月為週二休，逢假日則翌日休) 💴免費入館 🏠千歲市支笏湖溫泉 🚌支笏湖巴士站即到 🅿使用支笏湖停車場

快樂學習支笏湖的自然

↑能學習湖泊如何形成的破火山口劇場

推薦的順道景點

以樽前山的熔岩圓頂丘為意象
購物
🍰スイーツショップ パティシエ・ラボ
すいーつしょっぷぱてぃしえらぼ

☎0123-25-2211 (支笏湖 鶴雅休閒度假溫泉SPA飯店水之謌)
MAP 附錄③26 H-5

能買到使用北海道產食材製成的甜點。名產是「樽前山泡芙」(240円)。

🕐9:00～16:30，營業時間可能變更(可能變更) 🈳無休 🏠千歲市支笏湖溫泉 支笏湖 鶴雅休閒度假溫泉SPA飯店水之謌 🚌支笏湖巴士站即到 🅿無

2樓有完善的遠距工作空間
購物
🛍memere
めめーる

☎0123-25-2717 **MAP** 附錄③26 H-5

「丸駒溫泉旅館」經營的外帶專賣店。推薦原創的丸駒炸饅頭、自製藍靛果霜淇淋。

🕐9:30～16:00(可能視時節變更) 🈳不定休 🏠千歲市支笏湖溫泉番外地 🚌支笏湖巴士站即到 🅿使用支笏湖停車場

玩樂
♪支笏湖觀光船
しこつこかんこうせん

☎0123-25-2031 (支笏湖觀光運輸)
MAP 附錄③26 H-6

可以在湖上欣賞神祕的湖泊支笏湖。熱門的水中遊覽船船底設有窗戶，不僅能清楚看見湖底的模樣，運氣好的時候還能看到棲息在湖中的姬鱒。

🕐4月中旬～11月上旬的8:40～17:10(視時節而異) 🈳營業期間無休 💴遊覽船1650円 🏠千歲市支笏湖溫泉 🚌支笏湖巴士站步行3分 🅿無

↑水中遊覽船需時30分。白天每30分一班

特色介紹

支笏湖是在大約4萬年前火山作用下誕生的火口湖。擁有全球首屈一指的清澈水質，搭觀光船能看到湖底獨特的柱狀節理風景及姬鱒。在湖泊東岸可以享受泡湯之樂。

交通方式

🚗開車 札幌市中心經國道453號約49公里

🚌巴士 札幌市中心沒有直達巴士至支笏湖。千歲站搭往支笏湖的北海道中央巴士45分至支笏湖溫泉，終點支笏湖下車

洽詢處

支笏湖遊客中心
☎0123-25-2404

認識愛奴的歷史
品嘗白老牛

↑面向太平洋的白老町。除了溫泉之外，景觀之美也很有名

在白老的波羅多湖畔體驗愛奴文化與愛奴料理。遊玩過後，去吃美味的白老牛、講究的雞蛋甜點填飽肚子吧。

↑以原住民愛奴族的歷史與文化為主題，日本最北的國立博物館

白老 しらおい

在森林、海洋環繞之地沉浸於愛奴文化

景點 Upopoy（民族共生象徵空間）

うぽぽいみんぞくきょうせいしょうちょうくうかん

📞0144-82-3914 MAP 附錄③26 F-3

2020年誕生，作為發揚愛奴文化據點的國家中心。不僅能接觸愛奴的歷史、語言、傳統藝能等愛奴文化，還可以體驗愛奴料理、傳統樂器口簧琴（ムックリ）演奏等。傳統舞蹈等傳統藝能表演也不容錯過。

🕐9:00～18:00(可能視季節變動，最後入場為60分前) 🈺週一(逢假日則翌日以後的平日休) 💴1200円(入場與參觀博物館需預約) 📍白老町若草町2-3 🚃JR白老站步行約10分 🅿️約557輛(每次500円)

復興、發展愛奴文化的據點

在2樓的全景大廳能欣賞以波羅多湖為首的白老町雄壯景觀

1 認識歷史與文化
國立愛奴民族博物館
以愛奴民族的觀點，依照6大主題來展示。也有販售原創商品、愛奴民族工藝品的博物館商店。

↑Upopoy的宣傳吉祥物「TureppoN」

波羅多湖

體驗學習館
戶外舞台(夏季)
🅿️ 2 體驗交流大廳
傳統村落
瞭望廣場 3 入口棟 工房
1 國立愛奴民族博物館

Pick up!

2 就近觀賞傳統藝能
體驗交流大廳
能欣賞傳統舞蹈、口簧琴等傳統樂器演奏、動畫的空間。

舉辦愛奴傳統樂器口簧琴的演奏等
照片提供：(公財) アイヌ民族文化財団

3 買伴手禮及用餐的地方
入口棟
不僅能享用愛奴文化傳統食材入菜的餐點，也有多種原創商品。

「Nepuy」商店有販售TureppoN相關商品
照片提供：(公財) アイヌ民族文化財団

推薦的順道景點

能享受白老的自然與文化
住宿 **界 波羅多**
かい
📞050-3134-8092
MAP 附錄③26 F-3
聳立在波羅多湖畔，所有客房皆為湖景房的大人溫泉旅館。滯留期間不僅能享受植物性褐炭溫泉，還能充分認識愛奴文化。
🕐IN 15:00／OUT 12:00 💴1泊2食31000円～ (2人1房時的每人費用) 📍白老町若草町1-1018-94 🚃JR白老站步行10分 🅿️42輛

護膚廠商經營的複合設施
玩樂 **ナチュの森**
なちゅのもり
📞0144-84-1272
MAP 附錄③26 E-4
原是國中用地，改建成生產護膚產品的工廠、咖啡廳、商店及花園。推薦使用和薄荷等北海道產植物製成的護膚產品。
🕐10:00～17:00 🈺週三四 (逢假日則營業) 📍白老町虎杖浜393-12 🚃JR登別站開車8分 🅿️150輛

使用大量現產雞蛋
購物 **マザーズプラス**
まざーずぷらす
📞0144-82-6786
MAP 附錄③26 F-3
養雞農場直營的甜點店。使用當天現產的新鮮雞蛋，以講究製法製成的泡芙及布丁很受歡迎。
🕐10:00～18:00 🈺不定休 📍白老町社台289-1 🚃JR白老站開車13分 🅿️50輛

享用全國知名的白老牛
美食 **ファームレストランウエムラ・ビヨンド**
ふぁーむれすとらんうえむらびよんど
📞0144-84-3386
MAP 附錄③26 F-3
從繁殖、培育、育肥到加工販售一手包辦的上村牧場直營餐廳。能透過牛排、漢堡排、紅酒燉牛肉等多種形式享用白老牛。
🕐11:00～20:00 (冬季至19:00) 🈺不定休 📍白老町社台289-8 🚃JR白老站開車5分 🅿️50輛

▶特色介紹

從札幌前往登別溫泉的路上，位於太平洋側的城鎮。擁有2020年開幕的Upopoy（民族共生象徵空間）、新開幕的飯店等眾多看點，近年來是備受矚目的觀光勝地。

▶交通方式

開車 札幌市中心經道央自動車道約52公里至白老站

鐵道 札幌站搭JR特急「北斗號」或「鈴蘭號」1小時～1小時10分至白老站

▶洽詢處

白老站北觀光旅遊服務中心
📞0144-82-2216

札幌 從札幌再走遠一點 小樽 從小樽再走遠 富良野・美瑛・旭川

約2小時15分

↑ 羊蹄山坐鎮的二世古地區 以豐富自然景觀為特色

能享受大自然的 高原度假勝地

除了享受泛舟等戶外活動，還能在使用在地食材的餐廳、溫泉盡情體驗二世古！

二世古
にせこ

北海道首屈一指的溫泉&休閒活動

↑ 融雪水較多的春季 無比刺激

挑戰在尻別川激流 泛舟而下

玩樂 NAC Niseko Adventure Center
なっくにせこあどべんちゃーせんたー

☎ 0136-23-2093 MAP 附錄③ 17 C-2

可以和導遊一同搭乘10人共乘船，享受挑戰激流的泛舟活動。還有雙人獨木舟、騎登山車穿梭山間等，全年都能盡情玩樂。

🕐 8:00～21:00 休無休 ¥泛舟體驗費用6300円（2024年度可能變動）所俱知安町ニセコひらふ1-2-4-8、🚇 JR俱知安站開車15分 P 100輛

越過淺灘時，全員通力合作！

據說有仙人棲息的 美麗湖沼

景點 神仙沼
しんせんぬま

☎ 0135-67-8778
（共和町產業課商工觀光室商工觀光組）

MAP 附錄③ 17 A-1

四周有偃松等林木環繞，在高山植物盛開的6月下旬至7月下旬之間、紅葉季的10月上旬特別美。

🕐 6～10月 所共和町前田
🚇 JR二世古站開車35分
P 80輛

↑ 立於濕原的寂靜湖沼

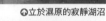

↑ 也有繞沼一圈的散步道

美食 ヴィラ ルピシアレストラン
うぃらるぴしあれすとらん

☎ 0136-21-7880 MAP 附錄③ 17 C-2

茶專賣店「ルピシア（LUPICIA）」經營的餐廳。可以一邊聽爵士樂現場演奏，一邊享用與啤酒或葡萄酒很搭的、使用大量北海道產新鮮食材製成的料理。

🕐 營業日、時間視季節而異（詳情請至官網確認）
休不定休 所俱知安町樺山58-5 🚇 JR俱知安站開車20分
P 有 HP https://villa.lupicia.co.jp

晚餐時段的現場演奏

活用道產食材的料理 以及羊蹄山麓啤酒

↑ 二世古大自然所孕育的「羊蹄山麓啤酒」500円起

特色介紹

東有羊蹄山，西北有二世古連峰，南有昆布岳……二世古是群山環繞的高原度假勝地。這一帶農業興盛，尤以蘆筍、馬鈴薯及百合根等最有名。

交通方式

🚗 開車 札幌市中心經國道230號、道道66號約94公里至二世古站；經國道230號、國道276號約91公里至俱知安站

🚃 鐵道 札幌站搭JR函館本線快速「Airport」等33分，在小樽站轉乘JR函館本線1小時50分～2小時20分至俱知安站；2小時30～55分至二世古站

🚌 巴士 札幌站前巴士總站（1號乘車處）搭北海道中央巴士「高速二世古號」2小時27分至俱知安（俱知安十字街）；2小時49分至二世古（本通）

洽詢處

二世古景觀廣場觀光服務處
☎ 0136-43-2051
俱知安觀光服務處 ☎ 0136-22-3344

從札幌再走遠一點

一邊欣賞風景
一邊享用牧場甜點

美食
ニセコ
高橋牧場
ミルク工房

にせこたかはしぼくじょうみるくこうぼう

☎0136-44-3734
MAP 附錄③17 B-3

使用大量自家牧場擠的牛乳製成的霜淇淋、泡芙等甜點很受歡迎。腹地內也有附設咖啡廳、餐廳及起司工房，能享用牧場才吃得到的餐點。

🕐9:30～18:00
(冬季為10:00～17:30)
休無休 所ニセコ町曽我888-1 交JR二世古站開車10分 P230輛

⟹霜淇淋350円

⟸眺望羊蹄山的攝影景點

堅持地產地消的
法式料理

美食 レストラン・
マッカリーナ

れすとらんまっかりーな

☎0136-48-2100
MAP 附錄③17 D-4

能嘗到堅持地產地消的道地法式料理，由知名主廚菅谷伸一大展廚藝。可以在美麗的景色當中，品嘗以山麓美味湧泉與真狩產食材製成的料理。

🕐11:30～14:00、17:30～19:30(需預約) 休週三(逢假日則營業，11月中旬～12月上旬、3月中旬～4月上旬為週一～三休) 所真狩村緑岡172-3 交JR俱知安站搭往洞爺湖溫泉的道南巴士40分，真狩下車步行15分 P4輛

想買二世古晨採蔬菜
就來這裡吧

⟹馬鈴薯、番茄及豇豆等最有人氣

⟹蔬菜種類最豐富的時段是早上。中午過後可能會售完

購物
二世古
景觀廣場
公路休息站

みちのえきにせこびゅーぷらざ

☎0136-43-2051
MAP 附錄③17 C-3

自由空間棟內有「二世古景觀廣場直銷會」。展出生產者親手栽種的特產品，一大早就陳列各式各樣的蔬菜。

🕐9:00～18:00(資訊廣場棟、直銷會為8:30～17:00，冬季為9:00～17:00) 休無休(資訊廣場棟) 所ニセコ町元町77-10 P101輛
輕食區 🕐9:30～16:30(冬季為10:00～16:00)(視店鋪而異)

推薦的順道景點

可品嘗羊蹄山湧出的泉水

景點 吹出公園

ふきだしこうえん

0136-42-2111 (京極町觀光協會)
MAP 附錄③25 D-6

位於羊蹄山山麓的名勝。可以自由汲取獲選為「名水百選」的湧泉。
🕐自由入園 所京極町川西45 交JR俱知安站搭往喜茂別的道南巴士30分，京極巴士總站下車步行15分 P315輛

源泉放流式美肌之湯

溫泉 五色溫泉旅館

ごしきおんせんりょかん

0136-58-2707
MAP 附錄③17 A-1

能一邊泡湯一邊眺望二世古安努普利山的雄壯景色。
🕐9:00～20:00(11～4月為10:00～19:00) 休不定休 ¥800円 所ニセコ町ニセコ510 交JR二世古站搭往昆布溫泉、五色溫泉郷的二世古巴士(冬季停駛)40分，終點下車步行5分 P50輛

硫磺泉湯的源泉是大湯沼

溫泉 蘭越町交流促進中心雪秩父

らんこしちょうこうりゅうそくしんせんたーゆきちちぶ

☎0136-58-2328
MAP 附錄③17 A-2

有充滿開放感的露天浴池，能享受硫磺泉溫泉的熱門溫泉設施。
🕐10:00～19:00(11～3月的平日12:00～) 休週二(逢假日則翌日休) ¥700円(可能變更) 所蘭越町湯里680 交JR二世古站開車20分 P40輛

天然酵母做的披薩捲

美食 ピーカンロールピザ

ぴーかんろーるぴざ

☎0136-55-6262
MAP 附錄③17 C-4

特色是使用北海道產小麥與天然酵母，製作柔軟又有彈性的餅皮。推薦以鯷魚提味的鯷魚番茄大蒜口味1480円。
🕐11:00～18:00(冬季為12:00～18:30) 休週四(冬季為週三四休) 所ニセコ町近藤260-1 交JR二世古站開車10分 P10輛

小樽

おたる

將商都的繁華傳承至今的復古都市

小樽運河的煤氣燈與石板路營造出的懷舊氣氛極具魅力

小樽自江戶時代後期開始便作為北前船往來的重要港都發揮功能，與函館並列為北海道歷史最悠久的都市。說到來此不能錯過的料理，那就是充分活用了在港都卸貨的優勢，以新鮮海產捏製而成的壽司。市內以壽司屋通為中心有多家壽司店。若是想尋覓伴手禮，推薦到玻璃藝品店、甜點店及海產店林立的堺町通。

不容錯過！在小樽的必做清單！

小樽運河漫步 P.100

全長1140公尺的小樽運河沿岸設有散步道，可以眺望留有往昔面貌的石造倉庫群，享受懷舊散步的樂趣。

午餐吃現捕海產做成的壽司 P.110

港都小樽以壽司之城聞名。午餐享用以漁港卸貨新鮮海產製成的壽司，是小樽觀光的經典行程。

享用LeTAO甜點度過咖啡廳時光 P.106

以原味雙層起司蛋糕聞名的LeTAO以堺町通為中心展店，能嘗到直營店特有的現做甜點。

小樽近郊 交通方式圖

朝里川溫泉
巴士 搭北海道中央巴士「朝里川溫泉線」35分／340円

積丹（美國）
巴士 小樽站前搭北海道中央巴士1小時17～26分／1150円

札幌
鐵道 搭JR快速「Airport」等33分（白天1小時3～4班左右）／750円

余市
鐵道 搭JR函館本線普通25分／440円

定山溪溫泉
鐵道+巴士 搭JR快速「Airport」等33分（在札幌站轉乘）、定鐵巴士55分～1小時20分，定山溪湯之町下車／1540～1710円

新千歲機場
鐵道 搭JR快速「Airport」1小時15分／1910円

小樽

規劃行程的訣竅

租車自駕或搭巴士前往余市、積丹
前往余市、積丹建議開車兜風。也可以搭JR、路線巴士前往余市；想搭路線巴士前往積丹，但需留意班次不多。

推薦入住運河周邊的旅館
在鄰近觀光地的小樽運河周邊投宿很方便。想住溫泉旅館的話，不妨從小樽站搭巴士約35分至朝里川溫泉。

基本上以步行來移動！
在小樽市中心觀光基本上以步行為主。要前往小樽水族館、祝津方向時，搭巴士移動比較方便。

市中心觀光一天就很夠用
觀光設施大多集中在市中心，最短半天、盡情遊逛也只要一天就很足夠。從札幌搭JR約33分即可抵達。

觀光洽詢
小樽觀光協會 ☎0134-33-2510
小樽市觀光振興室 ☎0134-32-4111

小樽看點MAP

小樽運河
運河沿岸林立著讓人緬懷文明開化的煤氣燈及石造倉庫群。夜晚瀰漫著懷舊氣氛。

北方華爾街
位於堺町通北側的日銀通、色內大通周邊的地區。仍保有小樽曾是北海道經濟中心的往昔風貌。

堺町通
小樽郵局到童話交叉路口，長約1公里的道路。有伴手禮店、美術館等各種設施林立。

（地圖標示）
湯之花・ホーマック・小樽港・色內埠頭公園・マックスバリュ・鱗友早市・運河公園・北運河・舊日本郵船(株)小樽分店・小樽市綜合博物館運河館・田中酒造本店・淨應寺・稻穗5・北一硝子・北一威尼斯美術館・小樽運河・小樽海上觀光船・運河廣場・小樽藝術村・童話交叉路口・LeTAO・南小樽駅・日本銀行舊小樽分店金融資料館・小樽文學館・壽司屋通・北方華爾街・小樽市・820・新日本海渡輪碼頭・新南樽市場・有幌町・堺・住吉町・函館本線・5・コープ・長崎屋・小樽站・小樽署・稻穗小・檢察廳・南大通・後志合同廳舍・圖書館・小樽市役所・花園小・菁園小・西陵中・天主教小樽教會富爾聖堂・公會堂・小樽公園・總合体育館・山の手小

MAP 附錄③11 B-6
MAP 附錄③11 B-4
MAP 附錄③11 B-2

地區內交通導覽

小樽市內線巴士
繞行小樽水族館等周邊地區的路線巴士。使用小樽市內1日乘車券（參照下方表格）比較划算。
☎0134-25-3333
（北海道中央巴士小樽總站）

出租自行車
想要隨興地觀光的話，推薦租自行車遊覽。可以在小樽站的周邊租借。
☎070-5605-2926
（小樽站前Kitarin）
MAP 附錄③11 B-6
☎080-8038-4329
（COTARU）
MAP 附錄③11 B-4

租車
若想走遠一點到余市、積丹，建議租車自駕。只想單程（自由還車）利用的話，也可以到機場附近的店鋪還車。
☎0134-27-0100
（豐田租車札幌小樽站前店）

搭觀光船前往祝津
可以從小樽運河附近的小樽第三埠頭搭船到祝津。單程約20分，航行期間為4月22日～10月15日。
☎0134-29-3131（小樽海上觀光船）
MAP 附錄③11 B-2

由此出發！小樽站導覽

JR小樽站
☎011-222-7111
（JR北海道電話服務中心）
所 小樽市稻穗2-22
MAP 附錄③11 B-6

巴士
站前有北海道中央巴士、JR北海道巴士起迄的巴士總站。

關於手提行李
小樽站內從小型到大型投幣式置物櫃都有。
※可能視狀況變動

能在小樽市內使用的主要1日乘車券

卡片／票券名稱	開放使用的路線	費用
小樽市內1日乘車券	北海道中央巴士的小樽市內路線巴士（均一區間內）	800円
小樽1日自由套票	札幌～小樽區間高速巴士來回乘車券＋小樽市內1日乘車券	1900円
小樽1日、札幌單程套票	小樽市內線巴士1日乘車券＋小樽→札幌區間高速巴士單程乘車券	1350円
小樽水族館套票	小樽站前～小樽水族館區間巴士來回乘車券＋小樽水族館入館券＋小樽～札幌區間高速巴士來回乘車券	2700円（冬季為2350円）

划算的巴士乘車券
在北海道中央巴士販售。也很推薦多加利用搭配觀光設施的套票。

小樽交通便利MAP

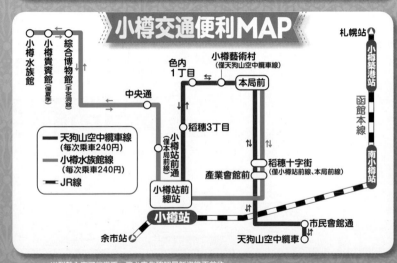

（圖中站名）
小樽水族館・綜合博物館（手宮洞窟）・色內1丁目・小樽藝術村（僅天狗山空中纜車線）・本局前・札幌站・小樽築港站・中央通・稻穗3丁目・小樽站前通（僅本局前線）・稻穗十字街（僅小樽站前線、本局前線）・產業會館前・小樽站前總站・函館本線・南小樽站・小樽站・市民會館通・余市站・天狗山空中纜車

■ 天狗山空中纜車線（每次乘車240円）
■ 小樽水族館線（每次乘車240円）
■ JR線

市中心在步行範圍內
在小樽運河、堺町通等市中心，觀光以步行移動為主。觀光地區相對平坦，所以也推薦租自行車遊逛。

穿方便行走的鞋子
小樽是坡道多的城市。小樽運河等觀光勝地石板路多，穿著運動鞋等方便步行的鞋子比較安心。

遊逛的原則

石板路上立有63座煤氣燈
夜晚散步道上亮起的煤氣燈營造出夢幻氛圍

別忘可在淺草橋拍照留念

醉心於復古街道 小樽運河

懷舊散步之旅!!

最佳季節	5月中旬～10月
所需時間	3小時
雨天時…	撐傘散步

小樽從明治後期到昭和初期作為商都繁盛一時。
運河周遭隨處可見留有濃厚昔日風貌、歷史悠久的建築物。
可以在充滿懷舊氛圍的街上享受散步樂趣。

START

原型是上野站的復古站舍

① JR小樽站
じぇいあーるおたるえき

↑站舍也名列國家有形文化財

建於1934年,北海道最古老的鋼筋混凝土站舍。站內洋溢著濃厚的復古氣氛,傳統的車站月台、剪票口與正面入口處的成排電燈迎接來客。

→ P.99

📞 011-222-7111
(JR北海道電話服務中心)
MAP 附錄③ 11 B-6

MAP

小樽運河遊覽船的航線，需時約40分
巡遊到小樽港及小樽運河，再返回中
央橋的乘船處。

④ 小樽運河　　⑤ 小樽藝術村

往堺町通請看 P.104

⑦ 堺町通

北方華爾街

③ 舊國鐵手宮線

⑥ 日本銀行舊小樽分店金融資料館

② 三角市場

① JR小樽站

巡遊運河！

可以從水上眺望小樽復古街道的遊覽船行程。一邊聽經驗老道的工作人員導覽，一邊享受從小樽運河中央橋出發，巡遊小樽港～北運河～淺草橋～中央橋的40分鐘航程。

小樽運河遊覽船

● たるうんがくりーず
📞 0134-31-1733 MAP 附錄③ 11 B-2
🕙 10:30～末班(視時期而異，需至官網確認)
休 無休(可能視天候臨時公休)
💴 日間航程1800円，夜間航程2000円
🏠 小樽市港町5-4(中央橋起訖站)
🚉 JR小樽站步行約10分
Ⓟ 無

1 中央橋起訖站

搭運河船出發！

⌄⌄

2 運河

邊聽運河歷史邊前進

⌄⌄

4 北運河

曾用作《假面騎士》修卡基地的製罐廠遺址

3 中央橋

穿越橋下時驚險十足！

維繫港都小樽繁華榮景的石造倉庫群

4 小樽運河

● おたるうんが

小樽運河於大正末期完工，作為北海道的門戶輸送了不少物資。從淺草橋拍張紀念照是到此一遊的經典行程。建於運河沿岸的倉庫採用木骨造結構，是小樽獨特的建築，如今被用作餐廳及美術館等。

📞 0134-32-4111(小樽市產業港灣部觀光振興室)
🚶 自由散步 🏠 小樽市港町 🚉 JR小樽站步行8分
Ⓟ 無 MAP 附錄③ 11 C-2

在歷史悠久的建築內欣賞藝術

5 小樽藝術村

● おたるげいじゅつむら

活用5棟建於20世紀初的歷史建築。不僅對外展示妝點各時代的國內外珍貴美術品，還可以從內部仔細參觀當時的建築。

📞 0134-34-1033
MAP 附錄③ 11 C-2
➡ P.102

在北海道最古老的鐵軌上漫步

↑軌道一路接到小樽市綜合博物館本館

3 舊國鐵手宮線

● きゅうこくてつてみやせん

舊手宮線連接手宮～札幌，作為北海道第一條鐵道於1880年開通，在輸送物資方面相當活躍。廢線後仍保有原始的軌道及平交道，供人在鐵道上自由散步。

📞 0134-32-4111(小樽市產業港灣岸部觀光振興室) MAP 附錄③ 11 C-4
🚶 自由散步 🏠 小樽市色內 🚉 JR小樽站步行10分 Ⓟ 無

在充滿異國情調的商店街購物

7 堺町通

● さかいまちどおり

明治時代作為小樽的中心街道繁盛一時的場所。在可購買及享用小樽特色雜貨及享受美食的觀光主要街道上，當時的復古建築被再利用作為伴手禮店及咖啡廳。
MAP 附錄③ 10 G-2 ➡ P.104

🅖🅞🅐🅛

6 日本銀行 舊小樽分店 金融資料館

● にっぽんぎんこうきゅうおたるしてん きんゆうしりょうかん

出自辰野金吾之手 明治時期的銀行建築傑作

建於1912年，設計者是以東京車站紅磚站舍聞名的辰野金吾。屋頂上有大大小小5個圓頂，屬於文藝復興風格的建築。如今作為金融資料館展示日本銀行的業務等。 ➡ P.105

📞 0134-21-1111
MAP 附錄③ 11 D-4

2 三角市場 ● さんかくいちば

JR小樽站即到，擁有半個世紀歷史的老市場。在小樽近海捕獲的海鮮自不用說，也有販售在地蔬菜及生鮮食品。還有能品嘗海鮮丼的食堂，也很推薦順道來這裡吃早餐。

📞 0134-23-2446 MAP 附錄③ 11 B-6 ➡ P.109

知名市場 JR小樽站旁的

お買物は皆様の 三角市場

在歷史悠久的建築欣賞近現代藝術
小樽藝術村

小樽藝術村
★ おたるげいじゅつむら

☎ 0134-31-1033

MAP 附錄③11 C-2

由西洋美術館、舊三井銀行小樽分店、似鳥美術館、彩繪玻璃美術館這四座設施構成的藝術村。每座設施都活用了歷史建築，能同時欣賞別具風情的建築與珍貴的美術品。

🕐 9:30～16:30（11～4月為10:00～15:30） 休第4週週三（11～4月為每週週三，逢假日則翌日休） 💴四館通用票2900円（也有單館門票） 📍小樽市色內1-3-1 🚃小樽站步行10分 🅿 使用合作停車場（收費）

最佳季節	全年
所需時間	3小時
雨天時…	不影響館內參觀

小樽藝術村利用了過去的銀行建築等作為展示空間，供人欣賞國內外多樣的藝術作品。不妨一邊緬懷商都小樽的昔日繁華，一邊欣賞值得一看的收藏品。

西洋美術作品
河畔邊欣賞
在小樽運河

西洋美術館展示的法國彩繪玻璃（中）

2022年4月 OPEN

西洋美術館
★ せいようびじゅつかん

這間美術館活用了1925年完工的倉庫建築。對外展示19世紀後半葉至20世紀初之間，在歐美製作的新藝術運動、裝飾藝術風格的玻璃工藝品及家具等西洋美術品。

⬆能看到玻璃藝術品、圓頂玻璃器具

⬆新藝術運動風格的寢室

光之藝術家路易斯的彩繪玻璃不容錯過

↑3樓為廣納雷諾瓦、岸田劉生等知名畫家作品的奢華空間　→面向色內銀行街的十字路口

醉心於復古建築與美麗的藝術作品

舊北海道拓殖銀行小樽分店

似鳥美術館

★ にとりびじゅつかん

從地下1樓到地上4樓，不僅能觀賞美國製彩繪玻璃，還有展示國內外知名創作者的近現代日本畫、西洋畫及雕刻作品等。

↑1樓展示著路易斯・康福特・蒂芙尼以創新技法製成的彩繪玻璃作品

西洋美術館

似鳥美術館

彩繪玻璃美術館

舊三井銀行小樽分店

↑建築物之間是美麗的綠地

【 被指定為國家重要文化財 】

舊三井銀行小樽分店

★ きゅうみついぎんこうおたるしてん

2022年2月被指定為國家重要文化財的銀行建築。由花崗岩堆砌而成的古典外觀堅固而厚實。館內的巧思也不容錯過。

→該建築於1927年竣工
↓天花板的石膏裝飾很美

象徵小樽繁榮的銀行建築

陳列著英國作品莊嚴的光之空間

能欣賞使用傳統彩繪技法製成的作品

【 舊荒田商會、舊高橋倉庫 】

彩繪玻璃美術館

★ すてんどぐらすびじゅつかん

展示19世紀後半葉至20世紀初之間在英國製作，曾用於裝飾教會窗戶的彩繪玻璃。能近距離欣賞細部裝飾。

堅持使用北海道牛乳的甜點
sweets garden Prateria
すいーつがーでんぷらてりあ

☎0134-64-6122 **MAP**附錄③10 F-2

甜點使用了濱中町指定牧場的優質牛乳。除了濃郁的牛奶甜點之外，還能享用堅持以北海道產食材製成的蛋糕及烘焙點心。

🕐10:00～18:00 🏠不定休
📍小樽市堺町5-29(伴手禮店こぶしや小樽店內)　🚉JR南小樽站步行10分　🅿無

↑小樽店限定的北海道牛乳泡芙&布丁

↑在伴手禮店こぶしや小樽店內開張

石造倉庫變成甜點天國
北菓楼 小樽本館
きたかろうおたるほんかん

☎0134-31-3464 **MAP**附錄③10 H-2

溫潤柔軟的年輪蛋糕「妖精之森」、小樽限定的水果蛋糕「果樹園的六月」最受歡迎。不妨搭配飲料一起品嘗。

🕐10:00～17:00(營業時間可能變更) 🏠無休
📍小樽市堺町7-22　🚉JR南小樽站步行10分　🅿無

↑果樹園的六月(小樽本館限定)1300円

←將歷史悠久的石造倉庫作為店鋪

→霜淇淋(香草)418円

在 堺町通 購物

小樽雜貨及解饞美食相當豐富

堺町通是歷史建築林立的主要觀光街道。到利用倉庫、古民宅改建而成的商店，購買小樽特色的伴手禮吧。

散步途中不妨小歇片刻
六花亭 小樽運河店
●ろっかていおたるうんがてん

☎0120-12-6666 (免付費電話) **MAP**附錄③10 G-2

北海道的代表性甜點製造商「六花亭」的直營店。供應奶油葡萄夾心餅乾、草莓巧克力等伴手禮。

🕐11:00～17:00(可能視季節變動)
🏠無休　📍小樽市堺町7-22
🚉JR南小樽站步行10分　🅿無

↑雪降起司蛋糕1個230円

北一硝子三号館(P.108)

六花亭 小樽運河店

北菓楼 小樽本館

小樽オルゴール堂 本館

小樽洋菓子舖ルタオ本店(P.106)

いか太郎本舗

何謂堺町通？
明治時代作為小樽的中心地繁盛一時，從北方華爾街到童話交叉路口長約1.2公里的道路。當時的復古建築重生為各種店鋪，變成了能感受小樽特色的購物區。
MAP附錄③10 G-2

↑以石造倉庫翻修而成的建築

童話交叉路口
位於堺町通的不規則五叉路。能聽見小樽音樂盒堂的蒸氣鐘報時等，是觀光客熙來攘往的熱鬧場所。

小樽名產魷魚絲
いか太郎本舗
●いかたろうほんぽ

☎0134-22-7100 **MAP**附錄③10 G-2

手烤魷魚絲「いか太郎」的直營店。招牌商品「魷魚太郎」使用新鮮的北海道產真魷魚製成，發揮了魷魚既有的甘甜與風味，芳香柔軟的口感讓人欲罷不能。

🕐10:00～18:00 🏠週三 📍小樽市堺町6-4　🚉JR南小樽站步行10分　🅿無

←在店頭可以看到烤魷魚絲的地方

被夢幻音色環繞
小樽オルゴール堂 本館
●おたるおるごーるどうほんかん

☎0134-22-1108 **MAP**附錄③10 H-2

以名列小樽市歷史建築的建築物改建而成的商店，懷舊的空間很吸引人。以挑高9公尺的大廳為中心，陳列著38000件音樂盒。

🕐9:00～18:00
🏠無休
📍小樽市住吉町4-1　🚉JR南小樽站步行7分　🅿無

↑魷魚太郎540円起

↑建於1915年。由紅磚、石造這兩棟建築構成

→壽司音樂盒1個3630円起

→蒸氣鐘音樂盒4180円

→壓花音樂盒2500円起

小樽音樂盒堂手作體驗遊工房
能參加製作體驗，在所好樂曲的音樂盒上裝飾玻璃配件。1500円起。

↑光彩細長啤酒杯
3850円

↑玻璃飾品880円

↑浮球一輪插花瓶 1個1980円

能製作全世界僅此一個原創玻璃杯的熱門體驗。需時20分，3850円（需預約）

魅力是和風創意玻璃與製作體驗
大正硝子館
●たいしょうがらすかん
☎0134-32-5101 **MAP**附錄③11 D-3
主要販售自社工房製作的和風玻璃器皿及原創商品。迷你玻璃商品廣受女性歡迎。也有提供多種體驗菜單。
⏰9:00～19:00（視時期而異）休無休 所小樽市色內1-1
🚃JR小樽站步行15分 🅿4輛

↑改建明治時期的商店

小樽的在地美食「麵包饅頭」專賣店
桑田屋本店
●くわたやほんてん
☎0134-34-3840
MAP附錄③11 D-3
麵包饅頭是明治時代起在小樽深受喜愛，有如麵包的帶皮饅頭。章魚燒大小的外皮內塞滿了以紅豆泥、奶油館為首的內餡，共有9種口味。
⏰10:00～18:00（11月上旬～3月至17:00）※營業時間可能變動
休週二 所小樽市色內1-1-12
🚃JR小樽站步行15分 🅿無

↑麵包饅頭
1個108円～116円

色彩繽紛的蠟燭好療癒
小樽キャンドル工房
●おたるきゃんどるこうぼう **MAP**附錄③11 D-2
☎0134 24-5880
供應國內外各種蠟燭與蠟燭相關產品的商店。可以體驗製作原創蠟燭，或在2樓咖啡廳的燭光中品嘗自製蛋糕。
⏰10:00～18:00（視時期而異）
休無休 所小樽市堺町1-27
🚃JR小樽站步行15分 🅿無

↑活用1912年建石造倉庫的建築

↑蠟燭製作體驗的蠟燭作品範例。體驗費用為1650～2750円

↑小樽運河剪影蠟燭座 1540円

↑柔軟輕盈、有韌性的鹿皮製品

越用越有韻味的皮革製品
手作り鞄の專門店 水芭蕉
●てづくりかばんのせんもんてんみずばしょう
☎0134-24-5241 **MAP**附錄③10 E-2
活用鹿皮、牛皮、馬皮等素材原有的特色，供應多種在北海道內工房細心製作的皮包及錢包。
⏰9:00～18:00 休無休
所小樽市堺町2-15
🚃JR小樽站步行15分 🅿無

←除了皮包之外，小物件的種類也很豐富

北方威尼斯美術館

sweet garden Prateria

小樽キャンドル工房

大正硝子館

桑田屋本店

かま栄 工場直売店
(P.119)

堺町通

香り工房フィトン

手作り鞄の專門店 水芭蕉

→三角（S）
各600円

+α 去看看吧
遊逛繁華時代的厚實建築
「北方華爾街」漫步
前往可追溯至明治～昭和初期，銀行、商社等建築林立的大商業地帶走走吧。 **MAP**附錄③11 D-3

北方華爾街

舊北海道銀行 本店
●きゅうほっかいどうぎんこうほんてん
☎0134-24-2800（小樽バイン）**MAP**附錄③11 D-3
設計者為經手眾多銀行建築的長野宇平治。外牆使用了札幌軟石。如今1樓作為葡萄酒咖啡廳。
葡萄酒&咖啡餐廳 小樽バイン ➡ P.114

市立小樽文學館
●しりつおたるぶんがくかん
☎0134-32-2388 **MAP**附錄③11 D-4
作為郵政省小樽地方貯金局於1952年所建。如今市立小樽文學館、市立小樽美術館、市民藝廊併設在同一座設施。
⏰9:30～16:30 休週一（一週為假日則後天休）、假日的翌日（當天為週六日、假日則週二以後補休）¥300円 所小樽市色內1-9-5 🚃JR小樽站步行10分 🅿20輛

小樽運河總站
●おたるうんがたーみなる
☎011-200-4560（北海道中央巴士不動產、相關事業部）**MAP**附錄③11 D-3
1922年作為三菱銀行小樽分店而建的歐式建築。現為商業設施營業中。
⏰9:00～18:30（冬季至18:00），營業時間可能變更 休無休 所小樽市色內1-1-12 🚃JR小樽站步行10分 🅿無

日本銀行舊小樽分店 金融資料館
●にっぽんぎんこうきゅうおたるしてんきんゆうしりょうかん
☎0134-21-1111 **MAP**附錄③11 D-4
由辰野金吾等人設計，於1912年完工。堪稱銀行建築的傑作，厚實沉穩的建築。如今作為金融資料館。
⏰9:30～16:30（12～3月為10:00～）休週三（逢假日則開館），有臨時休館 ¥免費入館 所小樽市色內1-11-16 🚃JR小樽站步行10分 🅿無

原創香水與香氛蠟燭專賣店
香り工房フィトン
●かおりこうぼうふぃとん
☎0134-23-9565
MAP附錄③10 F-2
以10種香味為基礎，代客調配專屬原創香水的「香氛店」。也有多種手工香氛蠟燭。
⏰11:00～18:00（可能變更，需至社群網站等處確認）休週一四（逢假日則翌日休）所小樽市堺町4-3 🚃JR小樽站步行20分 🅿無

←原創香水2300円起

↑Niagara的香氛蠟塊550円

↑瀰漫著清爽香氣的店內

LeTAO

以「原味雙層起司蛋糕」大受歡迎的西點店。小樽市內有6家店鋪，可以享用各有特色的菜單。

內用品嘗 小樽才有的 限定菜色

What's LeTAO

LeTAO以小樽為據點廣設分店。對北海道產原料、製法都很講究的「原味雙層起司蛋糕」為其招牌商品。其他起司、巧克力甜點也頗受好評。

堺町通

A 小樽洋菓子舖ルタオ本店

●おたるようがしほるたおほんてん

☎0134-40-5480 **MAP**附錄③10 H-2

「LeTAO」的本店位於童話交叉路口，遠比其他分店更受歡迎。常備大約60種甜點，其中又以現做的「北海道限定原味雙層起司蛋糕」特別美味，嘗起來的滋味與冷凍伴手禮截然不同。

🕐9:00～18:00（2樓咖啡廳至17:30），營業時間可能變動 🈲無休 🏠小樽市堺町7-16 🚉JR南小樽站步行5分 🅿16輛

⬆位於童話交叉路口的建築。本店（照片）的鐘每到整點就會響起

⬇2樓的咖啡廳。搭配本店限定的紅茶一同品嘗甜點吧

能品嘗季節紅茶與工房現做的蛋糕

巧克力誘惑套餐 1430円 也是本店限定！

限定

奇蹟的入口即化套餐 1430円
能品嘗原味雙層起司蛋糕、馬斯卡彭乳酪烤布蕾，本店限定的人氣No.1菜色。附飲料。

吃LeTAO特製甜點

限定

軟嫩奶酪舒芙蕾 ～Pathos～ 1650円
在烤得溫潤的乳酪舒芙蕾上淋鮮奶油食用的新感覺甜點。附飲料。

⬆2樓為咖啡廳

雙層蛋糕拼盤 1430円 也很熱銷！

堺町通

B ルタオパトス

●るたおぱとす

☎0134-31-4500 **MAP**附錄③10 G-2

「LeTAO」直營店中最大的分店。1樓為寬敞的店鋪，2樓除了能享用帕托斯限定甜點之外，還能品嘗義大利麵等餐點。

🕐10:00～18:00（咖啡廳為10:00～17:30，餐點為11:00～14:00），營業時間可能變動 🈲無休 🏠小樽市堺町5-22 🚉JR南小樽站步行10分 🅿16輛

⬅店鋪面向堺町通與臨港線

限定

D ルタオ プラス
堺町通
●るたおぷらす

☎0134-31-6800　**MAP**附錄③10 G-2

在「LeTAO」人氣商品販賣所加設外帶區J造的店。以添加起司的起司霜淇淋，讓完配料的芭菲最受歡迎。

🕐9:00~18:00(可能變動)
休無休
📍小樽市堺町5-22
🚉JR南小樽站步行11分
🅿16輛

店鋪位在堺町通以東一條一街的臨港線側

鬆軟舒芙蕾蛋糕捲460円也很熱門

三重重乳酪蛋糕覆盆了650円
淋有覆盆子醬的霜淇淋上盛有「原味雙層起司蛋糕」。

盛有原味雙層起司蛋糕的限定芭菲

C ヌーベルバーグ ルタオ ショコラティエ 小樽本店
堺町通
●ぬーべるばーぐるたおしょこらていえおたるほんてん

能享受濃郁的巧克力香

☎0134-31-4511　**MAP**附錄③10 G-2

以自由的創意研發嶄新美味的巧克力專賣店。可以嘗到濃郁可可風味的霜淇淋不容錯過。

🕐9:00～18:00(可能變動)
休無休
📍小樽市堺町4-19
🚉JR南小樽站步行10分
🅿16輛

巧克力霜淇淋 430円
使用酸味恰到好處、味道濃郁的可可，加上LeTAO原創鮮奶油製成的霜淇淋。

綜合口味420円也是限定商品!

↑位在ルタオパトス對面的高雅商店

↑巧克力店特有的雅緻沉穩空間

F エキモ ルタオ
小樽站周邊
●えきもるたお

☎0134-24-6670　**MAP**附錄③11 B-5

緊鄰小樽站的店鋪。備有工房手工蛋糕，店內也有內用區。作為休息、會合處等也很方便。

🕐10:00～18:00(可能變動)
休無休　📍小樽市稻穗3-9-1 サンビルスクエア1F　🚉JR小樽站即到
🅿16輛

→設有內用區，作為會合處等很方便

站前限定甜點
站前LeTAO的限定甜點

原味雙層起司蛋糕切片
432円
北海道限定。奶油乳酪的重乳酪層與馬斯卡彭乳酪的慕斯層交織，堆疊出深奧的滋味

E フロマージュデニッシュ デニルタオ
堺町通
●ふろまーじゅでにっしゅでにるたお

☎0134-31-5580　**MAP**附錄③10 H-2

以北海道產奶油乳酪、義大利產馬斯卡彭乳酪製作起司奶油餡，再以丹麥酥皮包裹並烤成口感酥脆的乳酪丹麥酥的專賣店。

🕐10:00～18:00(可能變動)
休無休，有冬季休業
📍小樽市堺町6-13
🚉JR南小樽站步行10分
🅿16輛

↗飲料菜單也很豐富，最適合在散步途中休息片刻

↑建於LeTAO本店對面的店，也有內用區

能嘗到現烤的丹麥酥

乳酪丹麥酥 297円
丹麥酥皮使用了100%北海道產小麥、以白樺樹液做成的自製天然酵母。經低溫熟成發酵後，將酥皮折成27層。

買回家!
LeTAO的人氣商品
以下介紹最適合當作伴手禮的LeTAO人氣商品!

限定

Sante Lien
共6種口味各594円～

6種色彩繽紛的巧克力棒。搭配香檳、葡萄酒等酒類也很對味。Ⓒ

尼加拉瓜白酒巧克力 8入864円
使用大量北海道眾所熟知的尼加拉瓜白酒做成的白巧克力。
ⒶⒷⒸⒹⒻ

原味雙層起司蛋糕
1836円
「LeTAO」的代表性招牌商品。滑順的生乳酪層與重乳酪層構成雙層結構。
ⒶⒷⒹⒻ

小樽色內通 起司夾心餅乾
10片入972円
使用與原味雙層起司蛋糕同樣的馬斯卡彭乳酪製成的起司貓舌餅。
ⒶⒷⒹⒺⒻ

限定

蘋果酒巧克力 12入1620円
添加余市產蘋果酒的甘納許與牛奶巧克力絕配。
ⒶⒷⒸⒹ

巧克力雙層起司蛋糕
1836円
可可的微苦與起司的酸味恰到好處，大人的起司蛋糕。
ⒶⒷⒸⒹⒻ

特製乳酪蛋糕捲 1條1620円
鬆軟的海綿蛋糕內夾有大量起司奶油餡。Ⓐ

限定

焦糖布丁
3入1620円
入口即化的三層構造布丁。以大量鮮奶油增添醇厚風味。
ⒶⒷ

紅茶巧克力夾心餅乾
24片入2592円
飄香巧克力餅乾夾著散發大吉嶺紅茶香的巧克力餡。
ⒶⒷⒸⒹⒻ

煤油燈亮起 167盞 營造夢幻氣氛

堺町通

北一ホール
●きたいちほーる

☎0134-33-1993 MAP 附錄③ 10 G-2

能品嘗北海道鄉土料理及甜點的咖啡廳，店內照明只有煤油燈。也很推薦在開店時間前去，觀望手工點亮一盞盞煤油燈的光景。平日週二～五還能欣賞現場鋼琴演奏。
🕐9:00～17:00(可能視狀況縮短營業時間)
休無休 所小樽市堺町7-26 🚃JR南小樽站步行10分 P有

↗北一 特製奶茶
霜淇淋500円

對可愛的小樽玻璃一見鍾情

北一硝子

北一硝子於明治時期創業，是小樽的代表性玻璃店。以石造倉庫改建而成的店內，陳列著許多閃閃發光的玻璃製品。不妨在購物完以後，到點著煤油燈的咖啡廳放鬆一下。

冰彩碗(中)
1個1200円
→大小便於使用的甜點碗。色彩種類豐富

小樽切子萬花筒杯麻葉(橘、茜色)
各7800円

繽紛醬油瓶
1200円
→倒少量醬油也不會溢出的款式

三輪插花瓶(小)
2600円
←適合擺在窗邊、玄關的三輪插花瓶

→倒入飲料之後，花紋會宛如萬花筒般變化

堺町通

北一硝子三号館
●きたいちがらすさんごうかん

☎0134-33-1993 MAP 附錄③ 10 G-2

創業以來傳承超過一個世紀半的小樽老字號玻璃店。備有每層樓搭配不同主題的多種玻璃製品。以北海道大自然為主題的餐具及動物裝飾品很受歡迎。
🕐9:00～18:00(可能視狀況縮短營業時間)休無休 所小樽市堺町7-26 🚃JR南小樽站步行10分 P有

→建於1891年。還能看到留有過往倉庫時代餘韻的貨物輸送小火車的軌道

將始自明治的玻璃製作工藝承襲至今

花園店也能

參加玻璃製作體驗

北一硝子 花園店
きたいちがらすはなぞのてん

☎0134-33-1991
MAP 附錄③ 10 E-6

能參加製作玻璃製品的噴砂體驗。先在玻璃表面點上貼紙，再噴砂製作喜歡的圖案。
🕐10:00～19:00(可能視狀況縮短營業時間)休無休 所噴砂體驗2500円～ 所小樽市花園1-6-10 🚃JR小樽站步行7分 P無

→店家備有任何工具就能輕鬆體驗

不需要任何準備就能輕鬆體驗

插座燈 小樽運河煤氣燈
5000円
→適合妝點室內的長銷商品。顏色組合很豐富

稜鏡蠟燭玻璃杯組
2900円
←透過玻璃看到的燭光相當美

不可思議的水晶項鍊
3700円
→玻璃的顏色會隨著背景色改變，不可思議的玻璃項鍊

髮圈
1個1600円
←有手工玻璃華玉的髮圈

小樽的代表性老字號市場

也推薦順道來這裡吃早餐

離小樽站很近，所以有不少店以旅客為客群

小樽站周邊
三角市場
● さんかくいちば

坐擁半個世紀歷史的市場。除了在小樽近海捕獲的海鮮之外，也有供應在地蔬菜及生鮮食品。市場內也有能品嘗海鮮丼的食堂。鄰近JR小樽站，便於順道前往也是一大魅力。

📞0134-23-2446
MAP附錄③ 11 B-6
🕐8:00～17:00 休無休 所小樽市稻穗3-10-16 站JR小樽站即到 P50輛

南小樽站周邊
南樽市場
● なんたるいちば

位於住宅區多的南小樽地區，歷史超過半個世紀的市場。鮮魚、熟食、高級肉品、蔬果等店家櫛比鱗次，熱鬧到足以稱為市民的廚房。有9家鮮魚店林立，陳列在店頭的當令海鮮讓人垂涎三尺，相當吸引人。

📞0134-23-0722
MAP附錄③ 10 H-6
🕐9:00～18:00 休週日 所小樽市新富町12-1 站JR南小樽站步行9分 P50輛

↑寒季的當令帆鰭足滿魚。生吃火烤皆宜

應有盡有 小樽市民的廚房

前往小樽的 4大市場 逛逛吧！
海鮮市場

港都小樽是座海鮮寶庫。市內有市民經常光顧的市場，魅力是能以便宜的價格買到、嘗到新鮮度一流的海產！

小樽最早開的市場 4時開始營業！

西田商店

北運河
鱗友早市
● りんゆうあさいち

開店時間為凌晨4時，之所以這麼早是承襲自早期商人採購的時段。以前舊國鐵的手宮站就在前方，所以至今仍有不少老熟客光顧。市場內有2家食堂，早餐吃生魚片定食等的旅客模樣也很吸睛。

📞0134-22-0257
MAP附錄③ 10 G-5
🕐4:00～14:00 休週日(逢假日則營業) 所小樽市色內3-10-15 站JR小樽站開車6分 P有

↑也有陳列北海道以外的珍稀海鮮

小樽築港
新南樽市場
● しんなんたるいちば

位於WING BAY OTARU附近的市場。建議在16時以前購物。食堂在15時左右就會閉店。

📞0134-27-5068 MAP附錄③ 10 H-6
🕐9:00～18:00(閉店時間視店鋪而異) 休週三 所小樽市築港8-11 站JR小樽築港站步行8分 P120輛

開車前往好方便！ 小樽最新的市場

↑也有供應多種北海道蔬菜

魚真握壽司 3300円
食材、醋飯都分量十足，
令人滿意。湯品料理土瓶
蒸的高湯香醇，相當奢侈

由魚店直營
自然新鮮又平價

小樽

小樽站周邊
魚真 ●うおまさ
☎0134-22-0456
MAP 附錄③11 C-4

能以平價享用挑魚行家以精選新鮮海產製成的壽司、燒烤、天婦羅等。人氣祕訣在於CP值很高，每道料理分量都多得驚人，壽司用的食材也很大塊。
🕐12:00～14:00(可能提早打烊)、16:00～20:30(可能視季節變動) 休週日 所小樽市稻穗2-5-11 交JR小樽站步行5分 P15輛

↑除了吧檯座、桌位座之外，也有準備包廂

還有這道!
魚真焗烤 950円
在馬鈴薯上灑大量起司、鹹牛肉及海膽當配料的著名料理

盡情享用在近海捕獲的鮮魚

壽司&海鮮丼

以小樽玻璃餐具
盛裝甘醇無比的壽司

使用當令海鮮的握壽司。
內容視當天採購狀況而
異，照片為示意圖

壽司屋通
握 群来膳 ●にぎりくきぜん
☎0134-27-2888 MAP 附錄③10 E-4
在北海道捕獲的天然海鮮，盡是色澤鮮艷又大塊的美味食材。也很講究玻璃之城小樽的特色，會使用小樽玻璃餐具盛裝料理也是該店特色。需來電預約。
🕐11:30～14:30、17:30～21:00 (需預約) 休週二 所小樽市東雲町2-4 ヴィスタ東雲1F 交JR小樽站步行10分 P有合作停車場(1小時免費)

←充滿和風摩登氣氛的時尚店家

CP值很高!

鮪三樂 3貫352円(上)、
活締竹筴魚 2貫528円(中)、
活締牙鮃 2貫462円(下)
※可能視進貨狀況無法供應

小樽的迴轉壽司

運河周邊
回転寿し 和楽 小樽店
☎0134-24-0011 MAP 附錄③10 E-2
以北海道內為主，向全國各地訂購當季最美味的海鮮，供人品味生鮮美食。也有提供在小樽前濱卸貨的新鮮海產。
🕐11:00～21:30 休無休 所小樽市堺町3-1 交JR小樽站步行15分 P30輛

↑改造大正時代興建的石造倉庫

花園
都寿司 ●みやこずし
☎0134-22-9450
MAP 附錄③10 G-6
堅持使用在地物產及近海鮮魚的壽司店。食材是每天早上向熟識的魚店採購而來。秋季時，在日本海側才能捕獲的蝦夷鮑正值當令，推薦和小黃瓜一起品嘗的「蝦夷鮑磯河童捲」。
🕐12:00～21:30 休週二 所小樽市花園3-10-3 交JR小樽站步行13分 P3輛

↑有不少常客手拿壽司配日本酒

持續受到挑嘴
在地客愛戴的店

還有這道!
烤星鰻
1貫300円
用炭火烤至鬆軟

壽司 3800円
以小樽產為主，集結北海道近海當令美味的10貫壽司。薄塗一層煮切醬油，引出食材本身的美味

在小樽近海捕撈的海鮮會送到批發市場競價出售，於晨間轉往各家壽司店。因此，在小樽的壽司店及食堂可以嘗到高品質海鮮。

110

日本酒手帳

作者：東京書籍編輯部

規格：224頁/9x16 cm

人人出版 定價：250元

\日本旅遊必備/
全系列熱銷10萬本

本書羅列全日本

✓ **196**個知名酒廠品牌

✓ **750**款以上的日本酒

詳列風味特色，邀您共享日本酒的世界！

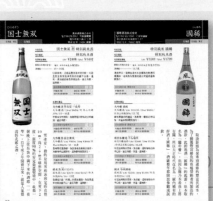

搭配好酒，
讓美味更上一層樓！

系列作 手指壽司｜燒肉手帳｜雞尾酒手帳

小樽站周邊

北のどんぶり屋 滝波食堂

●きたのどんぶりやたきなみしょくどう

☎0134-23-1426 **MAP**附錄③11 B-6

位於小樽站附近三角市場內的食堂。大清早就開始營業，有許多觀光客一抵達小樽站就會順道來吃頓觀光前的早餐，是如此受歡迎的店家。除了海鮮丼也有提供定食、生魚片、燒烤等多種菜色。

🕗8:00～17:00 休無休 所小樽市稲穂3-10-16 三角市場內 🚃JR小樽站即到 Ｐ無

還有這道！
瀧波丼 3300円
盛有牡丹蝦、新鮮扇貝及海膽、黑鮪魚、自製鮭魚卵、鮭魚的招牌海鮮丼

三角市場的魚店直營店所製
豪華海鮮丼

任選3料丼 2420円～
可以搭配喜歡的食材，享受自己專屬的海鮮丼。照片為新鮮海膽、自製鮭魚卵及鮭魚

➡食堂對面有直營的鮮魚店

↑成排菜單照片相當吸睛

小樽站周邊

味処 たけだ

●あじどころたけだ

☎0134-22-9652 **MAP**附錄③11 B-6

店鋪對面的「武田鮮魚店」直營的食堂。以擺滿大量新鮮海產的海鮮丼為首，生魚片、炙烤等單點料理也相當豐富。有100席座位，也有準備和式座位。

🕗7:00～16:00 休無休 所小樽市稲穂3-10-16 三角市場內 🚃JR小樽站即到 Ｐ30輛

↑也設有寬敞的和式座位

還有這道！
當令生魚片定食 2100円
在豐富多樣的定食菜單中也是人氣料理

價格實惠&
分量十足

當令綜合丼 5000円
盛有店主當天在拍賣會精選的最美味海鮮

➡備有大型水槽的鮮魚店直營店

堺町通

万次郎 ●まんじろう

☎0134-23-1891

MAP附錄③10 E-2

備有各超過10種、分量十足的定食與丼飯。生魚片及炸物等配飯的單點料理也很豐富。淋上自製苦椒醬汁的辛辣鮪魚丼也很受歡迎。

🕗11:00～19:30(售完打烊) 休不定休 所小樽市堺町2-15 🚃JR小樽站步行15分 Ｐ隔壁有收費停車場

↑從小樽運河步行約5分可至該店

還有這道！
海鮮丼 1400円
在花枝、鮭魚、鮮蝦上淋自製芝麻醬食用

便宜又美味
分量十足的海鮮丼

鮭魚親子丼 2800円
中央擺滿自製醬油漬鮭魚卵，周圍鋪上新鮮鮭魚的豪華丼飯

在港都的洋食店品嘗海產

海鮮洋食

小樽有不少使用大量海產的洋食名店。品嘗料理之餘，也要享受西式店鋪的氣氛。

海鮮燉飯 3900円(2人份)
加入大量在小樽近海捕獲新鮮海產的知名菜色。建議事先預約

運河周邊

洋食屋マンジャーレ TAKINAMI

●ようしょくやまんじゃーれたきなみ

使用小樽海鮮的人氣洋食店

0134-33-3394 MAP附錄③11 B-3

將明治時代的倉庫改建成復古摩登建築的店家。以主廚親身嘗遍的地中海沿岸料理為基礎，使用在地食材加以變化。也有豐富的小樽產海鮮。

營11:30～14:00、17:30～20:00
休週三四(其他可能不定休)
所小樽市色內2-1-16
交JR小樽站步行10分
P4輛

還有這道!
後志燉魚 1800円
以小樽產鱈魚、鮮蝦、扇貝、馬鈴薯等燉煮而成的料多奶油濃湯

↑將以前作為倉庫的明治初期建築重新利用

↓店內的梁柱、石牆等還留有當時的氣氛

北方華爾街

ビストロ ブランシュ

●びすとろぶらんしゅ

大正浪漫洋溢在獨棟建築品嘗歐風料理

0134-32-5514 MAP附錄③11 C-4

店主開朗的個性與絕品料理備受喜愛，當地也擁有眾多粉絲的店家。將北海道產食材與義式、法式料理融合，供應洗鍊的美味料理。

營11:30～14:00、17:30～20:30 休週二(其他可能不定休) 所小樽市色內1-9-10 交JR小樽站步行8分 P2輛(僅夏季)

↑店面改建自大正末期興建的獨棟建築

海膽魩仔魚白醬義大利麵 1650円
鮮奶油為十勝產，並使用以獨門管道採購的海膽。最後加上豆苗點綴

還有這道!
魚貝番茄醬義大利麵 1400円
添加蛤仔、淡菜、鮮蝦及扇貝。有時店主心血來潮，還會添加鮮美的魚下巴

壽司屋通

NO NAME

●の一ねーむ

0134-31-1020 MAP附錄③10 E-3

40年來持續受到愛戴的小樽洋食店「海猫屋」店主於2017年開設的洋食店。不論晝夜都能一邊享用葡萄酒，一邊品嘗使用在地新鮮海產製成的料理。店主為人直爽亦為其魅力之一。

營11:30～14:00、17:30～21:00 休週二 所小樽市東雲町2-1 妙見川通 交JR小樽站步行10分 P無

↑摩登又時尚的店內

名產是濃郁的細點圓趾蟹義大利麵

余市產細點圓趾蟹義大利麵 1680円
將細點圓趾蟹熬煮3小時萃取出濃郁高湯，淋上十勝產鮮奶油製成的逸品

還有這道!
醃漬小樽產真章魚 750円
以十勝產洋蔥製作特製佐醬，淋在新鮮小樽產真章魚上做成的料理

熱衷研究的年輕店主陸續推出絕品義式料理

還有這道!
鮮蝦奶油醬玉棋 920円
人氣菜色之一。奶油醬使用了甜蝦

薄切生白肉魚 880円
使用的白肉魚會視季節改變。照片為赤斑魚。搭配以高湯醋製成的佐醬，嘗起來更爽口

小樽站周邊

イタリア料理バリロット

●いたりありょうりばりろっと

090-1385-7974 MAP附錄③11 A-5

在這家店能輕鬆享用以在地產食材、稀奇食材製成的道地義式料理。老闆的葡萄酒知識也相當豐富，後志產葡萄酒一應俱全。除了吧檯座之外，也有四人用桌位座。

營18:00～21:30
休週三
所小樽市稲穂3-15-5
交JR小樽站步行5分 P無

↑葡萄酒的種類也很豐富

快樂兒童系列

給孩子的交通工具小百科

工作車祕密大圖鑑

作者：講談社編輯部
規格：42頁／16.5 x 16.5 cm
定價：350元

- 日本知名車輛大蒐羅
- 最受歡迎的知識圖鑑
- 人見人愛精美口袋童書
- 適讀年齡：3歲以上

人氣車輛Best 88

作者：Group.Columbus
規格：26頁／16.5 x 17 cm
定價：320元

人氣列車Best 177

作者：廣田尚敬、廣田泉、坂正博
規格：26頁／16.5 x 17 cm
定價：320元

勾芡炒麵 870円
清脆蔬菜、鮮蝦及黑木耳的口感與勾芡很搭

深受喜愛長達半個世紀以上！

小樽站周邊

中華食堂 桂苑
●ちゅうかしょくどうけいえん

☎0134-23-8155 **MAP** 附錄③11 D-5
位於都通拱廊內的老字號大眾食堂。推薦在勾芡炒麵上淋搭配醬油芡汁的黃芥末醬與醋享用。
🕐11:00～18:30(週日、假日至18:00)
休週四(逢假日有補休)
🏠小樽市稻穗2-16-14
🚃JR小樽站步行4分 Ｐ使用合作停車場

➡氛圍宛如街上食堂的舒適店內

History
從昭和30年代起就是小樽眾所熟知的招牌菜色。

小樽站周邊

若雞時代 なると
●わかどりじだいなると

☎0134-32-3280 **MAP** 附錄③11 A-5
炸半雞是將雞肉以鹽、胡椒調味後靜置一晚，再以高溫油炸而成的簡單料理，從創業時代就備受喜愛。有提供外帶。
🕐11:00～20:30 休不定休 🏠小樽市稻穗3-16-13 🚃JR小樽站步行6分 Ｐ21輛

炸半雞 980円
爽口的鹽味。皮脆肉嫩，口感很棒。

⬆能嘗到經過持續油炸的現炸滋味

簡單調味讓人欲罷不能的炸半雞

昭和時代起就深受喜愛的小樽人御用菜單

靈魂美食

從分量十足的在地美食，到麻糬文化根深柢固的小樽老字號和菓子店，以下介紹長年受到在地人喜愛的小樽名店。

History
1965年誕生的料理。原本是用火烤，改成油炸以後大受歡迎。

從明治到大正時期，慰勞港都小樽勞動者的麻糬點心。至今仍有許多販售麻糬點心的店家。

創業超過100年 備受喜愛的和菓子店

花園 **ツルヤ餅菓子舖**
●つるやもちがしほ

☎0134-22-2609 **MAP** 附錄③10 G-6
小樽的老字號麻糬點心店。以手工製軟糯麻糬與甜餡廣受當地人喜愛。磚製煙囪相當顯眼。
🕐9:30～18:00 休週三 🏠小樽市花園3-16-3 🚃JR南小樽站步行13分 Ｐ無

➡草大福150円、豆大福150円

⬆大正末期創業。別具風情的木造建築是一大魅力

花園 **新倉屋花園本店**
●にいくらやはなぞのほんてん

☎0134-27-2122 **MAP** 附錄③10 E-5
創業126年的老店。特徵在於糰子上抹有砌成山形的北海道產紅豆製黑餡、白餡及抹茶餡。
🕐9:30～18:00 休無休 🏠小樽市花園1-3-1 🚃JR小樽站步行10分 Ｐ3輛

➡店內也有內用空間

⬆100%發揮米風味的花園糰子每支110円

堺町通
大正硝子 くぼ家

●たいしょうがらすくぼや

☎0134-31-1132 **MAP**附錄③10 F-2

利用明治時代商家改建而成的甜品茶屋。供應飲料為主，盛裝的餐具採用大正硝子館（P.105）的手工藝品，就連熱飲也是用耐熱玻璃杯提供。可以欣賞每種餐具不同的外觀。放有當時小樽港照片的菜單本也不容錯過。

🕐10:00～16:00 休不定休 所小樽市堺町4-4
🚃JR小樽站步行10分 P無

↑堺町通的代表性歷史建築，店面幾乎位於馬路中央

↑店鋪入口也有展示、販售大正硝子館的製品

咖啡 500円
最適合觀光途中稍作休息。玻璃杯也很可愛。

在復古空間內享受悠閒時光
改建咖啡廳

小樽散布著從過去繁華商店及石造倉庫等改建而來的咖啡廳。緬懷昔日美好風情，享受悠閒放鬆的時光吧。

也能欣賞玻璃餐具復古摩登的甜點店

在厚實的建築內品嘗在地產葡萄酒

BINE起司火鍋 2人份1810円
挖空麵包當容器，盛裝大量以小樽葡萄酒融化的起司。

History
建於1912年
活用了舊北海道銀行本店的建築。

北方華爾街
葡萄酒&咖啡餐廳 小樽バイン

●わいんあんどかふぇれすとらんおたるばいん

☎0134-24-2800 **MAP**附錄③11 D-3

堅持使用北海道產葡萄釀製葡萄酒的葡萄酒咖啡廳。可以用平價喝到白、紅、桃紅葡萄酒。評比套餐能嘗到3種不同的葡萄酒。

🕐11:00～19:00（飲料至19:30，20:00閉店），商店為11:00～20:00，營業時間可能視況狀變動
休週三（商店無休）
所小樽市色內1-8-6
🚃JR小樽站步行10分 P14輛

↑厚實的石造建築。重現了興建當時的外牆顏色。

運河周邊
ISO

●いそ

☎0134-31-1888 **MAP**附錄③11 B-3

利用小樽市指定歷史性建築物紅磚倉庫改建而來的餐廳。主要使用北海道產海產品及食材，可以在不同時段品嘗多種料理。

🕐11:30～15:00（午餐時段至14:00）、17:00～22:00 休週三 所小樽市色內2-2-14 🚃JR小樽站步行10分 P8輛

新鮮海膽松葉蟹鮭魚卵奶油醬油義大利麵 3300円～
午餐菜色。附沙拉、法國長棍麵包、濃湯及飲料

←歷史悠久的建築，顏色高雅的磚瓦相當吸睛

History
建於1906年
在小林多喜二的小説《不在地主》中登場的紅磚倉庫。該建築作為小樽的象徵廣為人知。

在頗有氣氛的紅磚倉庫品嘗小樽特色洋食

隱蔽咖啡廳氣氛的 保有藥局

性建築物
→小樽市指定歷史

原創咖哩
1000円
中間是後志產豬肉，特徵為用湯匙就能切開的軟嫩肉質。

南小樽
(舊)岡川藥局 CafeWhite
●きゅうおかがわやっきょくかふぇほわいと
☎0134-64-1086 MAP附錄③10 G-6

將1930年所建的「岡川藥局」整新翻修。在以白色為基調的挑高咖啡廳，可以品嘗使用豬肉、米等後志產食材為主的菜單。店內可以窺見舊藥局的風貌，還會以燒杯、試管盛裝咖啡的牛奶及砂糖。

➡️11:30～21:00(週日、連休最後一天至17:30)，可能變更 休週一四
🏠小樽市若松1-7-7 (舊)岡川藥局
🚉JR南小樽站步行5分 🅿️11輛

↑將以前調劑室所在的地方翻修成廚房

香腸拼盤 1078円
盛有巴伐利亞白香腸等3種香腸的人氣拼盤。

運河周邊
小樽倉庫No.1
●おたるそうこなんばーわん
☎0134-21-2323 MAP附錄③11 C-2

這間啤酒吧與位於運河沿岸倉庫群的「小樽啤酒」釀造所相通。可以喝到麥芽香醇的「Donker」、散發果香的香蕉風味「Weiss」等活用酵母的德國啤酒。

↑觀釀造所
←還能免費參

➡️11:00～22:30
休無休 🏠小樽市港町5-4 🚉JR小樽站步行12分 🅿️無

小樽運河沿岸石造倉庫內的啤酒吧

←3種自製啤酒使用不同的玻璃杯盛裝

在與澀澤榮一有關的倉庫吃道地咖哩

北印度風雞肉咖哩
1100円
使用16種香辛料及香草燉煮而成的道地印度咖哩。

北運河
PRESSCAFÉ
●ぷれすかふぇ
☎0134-24-8028 MAP附錄③10 G-5

推薦以店家原創食譜製成的印度咖哩、義大利麵及自製甜點。透過木骨造大窗，能感受到保有小樽昔日榮景面貌的北運河的氣氛。

➡️11:30～21:00，午餐時段至15:00
休週四五 🏠小樽市色内3-3-21
🚉JR小樽站步行15分 🅿️10輛

↑向前突出的右側是店面

北海道第一家冰淇淋店
小樽站周邊
アイスクリームパーラー美園
●あいすくりーむぱーらーみその
☎0134-22-9043 MAP附錄③11 C-5

大正時代在北海道率先開賣冰淇淋的老店。可以嘗到以嚴選食材做成的冰淇淋與古早味芭菲。

奶油霜淇淋
500円
布丁芭菲
780円
手工製作的溫和滋味

➡️11:00～18:00
休週二三
🏠小樽市稻穗2-12-15
🚉JR小樽站步行4分
🅿️夏季僅2輛

→位於拱廊2樓的店鋪

創業超過70年的老咖啡廳
花園
喫茶コロンビア
●きっさころんびあ
☎0134-33-5178 MAP附錄③10 F-4

建於花園銀座通沿岸的咖啡廳。店內是保有濃厚昭和氣息的寬敞奢華空間。也有提供多種經典菜色。

➡️11:00～22:00
休不定休
🏠小樽市花園1-10-2
🚉JR小樽站步行11分
🅿️無

↑水晶吊燈與紅色天鵝絨沙發別有意趣

法式布丁 800円
手工布丁搭配水果等的甜點。銀色餐具也別有一番風味

能充分感受昭和氣氛的咖啡廳。價格實惠、分量十足的菜單也很吸引人。

昭和懷舊氛圍咖啡廳

「喝酒住宿」好快樂！
復古建築的 酒吧&旅舍

能與當地居民交流的新型態店家在小樽陸續登場。吃著美食把酒言歡、投宿於歷史建築，創造小樽之旅的美好回憶吧。

以精釀啤酒乾杯！
能入住的啤酒吧

建築物History
將歷史超過百年的建築整棟改建。特色是木造建築的正面設有落地窗

運河周邊
Otaru Tap Room-Craft Beer & Hostel
●おたるたっぷるーむくらふとびああんどほすてる

📞080-9613-3285(旅舍預約) MAP附錄③11 A-3

前方是立飲啤酒吧，內部是旅舍。啤酒吧常備約6種小樽地啤酒、店主精選的國內外桶裝生啤酒。旅舍有提供通鋪與包廂，不論是個人旅行還是親友、情侶出遊都很適合。會免費招待住宿旅客1杯啤酒吧的啤酒。

🕐15:00～22:00(週六日為13:00～)，旅舍為IN16:00／OUT11:00 休週四(不定休)，旅舍為無休
💴通鋪3200円～；雙人房、三人房、和室、雙床房7600円～
🏠小樽市色内2-4-8
🚃JR小樽站步行8分
🅿無

⬆能享受點酒都是餐到付費的立飲店

⬆墨西哥捲餅600円起。使用墨西哥風經典豬肉

⬆除了通鋪還有雙人房、三人房、和室及雙床房

⬆試喝套餐1500円。來此尋覓「小樽拉格啤酒」等自己偏好的啤酒吧

希望大家能和世界各地的人談天說笑，創造小樽之旅的美好回憶。

老闆 細見文乃小姐

也推薦這裡！
在北方華爾街入住歷史性建築物
OMO5小樽by 星野集團

📞050-3134-8095 MAP附錄③11 C-3

有從歷史性建築物「舊小樽商工會議所」改建而來的南館，以及追求功能性與設計性的北館。諸如會雞婆地推薦旅客早市熱門食材的「雞婆丼飯之旅」等，提供許多能暢遊港都小樽的活動。

🕐IN 15:00／OUT 11:00 💴1晚每房16000円～(餐點費用另計) 🏠小樽市色内1丁目6-31
🚃JR小樽站步行10分 🅿有

⬆南館的高級房

⬆能感受小樽歷史與現在的建築

⬆可以在三角市場品嘗盛滿小樽特有食材的海鮮丼

運河周邊
Cafe Bar & Hostel [石と鉄 STONE and IRON]
●かふぇばーあんどほすてるいしとてつすとーんあんどあいあん

📞0134-61-1214 MAP附錄③11 B-3

改建自屋齡約百年的石造倉庫。白天是能品嘗午餐的咖啡廳，晚上則化身為酒吧。2樓位於石造倉庫內，是可供住宿的旅舍。店主過去以主廚身分活躍於東京及澳洲，使用了大量小樽土雞及在地蔬菜烹調，打造外觀鮮艷、味道細緻的料理。

🕐11:30～21:30(午餐時段11:30～14:30，咖啡時段15:00～16:30，酒吧時段17:00～21:30)，旅舍為IN15:00／OUT11:00 休週一四17:00～
💴整棟包租20000円～ 🏠小樽市色内2-2-8
🚃JR小樽站步行10分 🅿5輛

店名的「石與鐵」取自小樽的石造倉庫與鐵道手宮線

甲威士忌等鄰近出產的酒類一字排開

⬅小樽產葡萄酒、一

⬆能入住石造倉庫的旅舍

在使用小樽軟石蓋的石造倉庫休憩片刻

⬆使用100％北海道產蕎麥粉、北海道礦泉水製成口感酥軟的「生火腿煙燻培根法式鹹薄餅（附飲料，1550円）」

希望更多人知道酷炫小樽的歷史與街道，期望這裡能成為與在地人交流的場所。

建築物History
建於1920年的石造倉庫。據說以前是用作批發水產品等的商店倉庫

老闆 中源博幸先生

一邊拍紀念照一邊參觀
整片藍色的洞窟

青之洞窟 觀光船

前往洞窟內的藍色世界

運河周邊～鹽谷
TUUSEN
●つうせん

☎0134-23-8942　**MAP** 附錄③10 G-5

從位於北運河的乘船處出發，前去觀賞小樽市鹽谷地區「青之洞窟」的觀光船航程。進入斷崖裂口之後，陽光反射於海面、洞窟內閃耀著藍色光輝的奇蹟風景自眼前展開。

⏱4月上旬～10月底的9:00～19:00（可能視季節變動）　休天候惡劣時休　¥5500円（線上優惠價4950円）小樽市色内3-3-1 北日本燃料前（乘船處）☒JR小樽站步行13分　Ｐ30輛

→搭乘寬敞的開放式甲板觀光船，欣賞美麗的海岸風景

→還能體驗餵海鷗

前往小樽周邊的

更多!

人氣景點

除了漫步小樽運河，還有許多有趣的行程可以安排。有時間的話，不妨也去逛逛能觀賞小樽特有大自然、動物及生產現場的人氣景點。

海豚表演場會舉辦魄力十足、暢快淋漓的寬吻海豚表演秀

海豚秀

海豚等海洋哺乳類的表演很有趣！

祝津
小樽水族館
●おたるすいぞくかん

☎0134-33-1400　**MAP** 附錄③24 E-3

飼育、展示以北方海洋及河川生物為主的250種、5000隻生物。還可以欣賞海獅、海豹等的海獸秀，或是魄力十足的海豚秀。在大自然環繞的水族館內，生物充滿了魅力。

⏱9:00～16:30（視時期而異）　休2月下旬～3月中旬、11月下旬～12月中旬　¥入館費1800円（冬季為1300円）☒小樽市祝津3-303　☒JR小樽站搭往小樽水族館的北海道中央巴士25分，終點下車即到　Ｐ1000輛

→巨大海獅帶來的表演也很震撼

→隨興舞動的企鵝也在電視節目中蔚為話題

酒廠參觀

位於古老酒廠內的地酒製造場

南小樽
田中酒造 龜甲藏
●たなかしゅぞう きっこうぐら

☎0134-21-2390

MAP 附錄③10 H-6

以創業120年的歷史自豪，小樽唯一的釀酒屋。全年都在使用100%北海道產米釀造地酒，對外開放免費參觀釀酒過程（10人以上需預約）。參觀後還能試喝代表品牌「寶川」及酒廠限定的日本酒。歷史悠久的建築也值得一看。

⏱9:05～17:55（製酒參觀至17:30）　休無休　☒小樽市信香町2-2　☒JR南小樽站步行5分　Ｐ70輛

→可以看到釀酒人在釀造桶旁作業的模樣

→在麴室延展蒸米以造麴

←龜甲藏店鋪限定「純米吟釀原酒 龜甲藏」（720ml 2420円）很熱銷

→利用名列小樽市歷史性建築物的石造倉庫

朝里川
北海道ワイン おたる ワインギャラリー
●ほっかいどうわいんおたるわいんぎゃらりー

☎0134-34-2187　**MAP** 附錄③24 E-3

北海道規模最大，位於小樽的葡萄酒莊。熱門行程為工廠內部參觀＋特級葡萄酒試喝（每人2000円，需預約）。附設的直銷所不僅提供試喝，還備有豐富的葡萄酒商品、北海道產下酒菜。

⏱9:00～17:00　休無休　¥付費試喝（1杯100㎖）300～500円（可能變更）☒小樽市朝里川溫泉1-130　☒JR南小樽站開車15分　Ｐ50輛

工廠參觀

當作伴手禮

將道產葡萄酒

→驚人的釀造桶群！

→工廠參觀預約請至

諸如能了解小樽歷史的博物館、能眺望市內景色的觀景台等，有好多玩樂方式。在從小樽開車15分可至的祝津，可以學習鯡魚漁業的歷史。

↑魅力在於美麗大海與運河的懷舊港都

余市・積丹➡P.120・121

運河周邊 咖啡廳 使用北海道優質食材製作
ル・キャトリエム 運河通り店
るきゃとりえむうんがどおりてん

☎0134-27-7124　MAP附錄③11 A-2

小樽出身的主廚老闆製作的蛋糕備受好評。2樓是咖啡廳，咖啡廳限定甜點菜單及午餐都很受歡迎。

🕐12:00〜17:00(午餐時段為12:00〜14:00)
休週二三
📍小樽市色內2-3-1
🚃JR小樽站步行10分
🅿無

↑奶油烤布蕾（700円）

花園 購物 使用「保證牛乳」生乳做的霜淇淋
小樽ミルクプラント
おたるみるくぷらんと

☎0134-22-5192　MAP附錄③10 G-6

「保證牛乳」所創立的霜淇淋店。是小樽最古老的店，也有許多時常光顧的老顧客。人氣商品是高達約30公分的「紐約巨無霸霜淇淋」。也推薦能嘗到各種口味的彩虹霜淇淋。

🕐4月上旬〜11月上旬的11:00〜18:00
休營業期間無休　📍小樽市花園2-12-13
🚃JR小樽站步行15分　🅿12輛

↑彩虹B（550円）

運河周邊 購物 古早懷舊路邊攤的糖果店
飴屋六兵衛本舖（飴谷製菓）
あめやろくべえほんぽ（あめたにせいか）

☎0134-22-8690　MAP附錄③11 A-3

1918年創業。使用北海道產甜菜糖、小樽水做成的古早味手工糖果味道都很溫和。

↑散步途中不妨順道去這家攤販應應。
🕐9:00〜17:00　休週日、假日　📍小樽市色內2-4-23
🚃JR小樽站步行13分　🅿無

小樽市中心 開車20分 前往小樽奧座敷
朝里川 朝里川溫泉
あさりがわおんせん

☎0134-32-4111(小樽市產業港灣部觀光振興室)
MAP附錄③24 E-3

沿著朝里川發展，南北狹長的溫泉街。設有完善的散步道，能一邊欣賞新綠、紅葉等四季景色，一邊輕鬆感受大自然。

📍小樽市朝里川溫泉
🚃JR小樽築港站搭北海道中央巴士朝里川溫泉線20分，溫泉街下車即到

↑「小樽朝里克拉瑟飯店」的露天浴池

天狗山 景點 書夜都推薦的絕美景點
小樽天狗山空中纜車
おたるてんぐやまろーぷうえい

☎0134-33-7381　MAP附錄③24 E-3　需時1小時

從海拔532公尺高的山頂觀景台不僅能眺望市中心、小樽港及石狩灣，天氣晴朗時還能看到積丹半島。

↑從5座觀景台眺望小樽街道吧

🕐9:00〜21:00(可能視季節變動)　開放期間無休(4、11月有維護檢修期間)　¥需洽詢　📍小樽市最上2-16-15　🚃JR小樽站搭往天狗山空中纜車的北海道中央巴士15分，終點下車即到　🅿200輛

天神 玩樂 原創玻璃製作體驗
淺原硝子製造所
あさはらがらすせいぞうしょ

☎0134-25-1415　MAP附錄③24 E-3　需時30分

至今仍持續守護傳統玻璃製造技術的老字號玻璃工廠。可體驗製作浮球、浮球蠟燭等。初學者也OK。

↑日本唯一一家浮球工廠

🕐10:00〜18:00
休週六日、假日
¥吹玻璃體驗(浮球、杯子等，需預約)2000円〜　📍小樽市天神1-13-20
🚃JR小樽站搭往天神町的北海道中央巴士15分，天滿宮下下車步行3分　🅿4輛

手宮 景點 珍貴的鐵道相關展示必看！
小樽市綜合博物館 本館
おたるしそうごうはくぶつかんほんかん

☎0134-33-2523　MAP附錄③10 G-5　需時1小時

位於舊手宮線手宮站腹地內的博物館。尤其夏季公開的室外展示鐵道列車最值得一看。展示歷史悠久的機關車、柴油機車等50輛列車。

↑室內展示的蒸氣機關車「靜號」

🕐9:30〜17:00　休週二，逢假日則翌平日休　¥入館費400円(冬季為300円)　📍小樽市手宮1-3-6　🚃JR小樽站搭往高島3丁目的北海道中央巴士10分，綜合博物館下車步行3分　🅿120輛

小樽站周邊 美食 氣氛也很棒的蕎麥麵與美酒店
小樽・蕎麦屋 籔半
おたるそばやややぶはん

☎0134-33-1212　MAP附錄③11 C-5

能享用在江戶文化占有一席之地的蕎麥麵本來面貌的老店。使用蘭越產蕎麥粉打製的麵條很適合用蒸籠調理。店內深處還有明治末期的石造倉庫。

↑炸什錦蒸籠蕎麥麵可以選要調合粉1640円還是在地粉1800円

🕐11:00〜15:00、17:00〜20:00
休週二，每月2次逢週三不定休　📍小樽市稻穗2-19-14
🚃JR小樽站步行8分　🅿7輛

祝津 景點 田中福松建於泊村
小樽市鯡御殿
おたるしにしんごてん

☎0134-22-1038　MAP附錄③24 E-3　需時30分

以前由人稱「鯡魚大亨」的船主田中福松建於泊村。正面寬約29公尺、深約13公尺，是現存的鯡魚御殿中規模最大者。展示漁具及生活用品。

🕐4月上旬〜11月下旬當時年輕漁夫留宿的場所的9:00〜17:00(10月中旬起至16:00)　休開放期間無休　¥300円　📍小樽市祝津3-228　🚃JR小樽站搭往小樽水族館的北海道中央巴士25分，終點下車步行5分　🅿10輛

祝津 景點 保存鯡魚漁業榮景的國家登錄有形文化財
鯡魚御殿 小樽貴賓館（舊青山別邸）
にしんごてんおたるきひんかんきゅうあおやまべってい

☎0134-24-0024　MAP附錄③24 E-3　需時30分

祝津三大船主之一青山古吉與其女政惠所建，建築總費用31萬円，相當於現在價格30億円的豪宅。

↑繪於1樓大廳的139幅花卉天井畫

🕐9:00〜17:00(11〜3月至16:00)，餐廳為10:00〜16:30(11〜3月為15:30，用餐為11:00〜14:30)　休無休　¥大人1100円，小學生550円　📍小樽市祝津3-63　🚃JR小樽站搭往小樽水族館的北海道中央巴士20分，祝津3丁目下車步行5分　🅿30輛

富岡 景點 異國風情洋溢的尖屋頂教堂
天主教小樽教會富岡聖堂
かとりっくおたるきょうかいとみおかせいどう

☎0134-22-2587(住之江聖堂)　MAP附錄③10 G-6

異國風情洋溢的尖屋頂很吸睛的教會。這棟混合了中世紀羅馬式與哥德式風格的特色建築，在紅葉或雪景當中顯得更加美麗。教堂內部由彩色玻璃組合而成的藝術窗也值得一看。

🕐自由參觀(教會活動期間除外)　📍小樽市富岡1-21-25
🚃JR小樽站步行10分　🅿10輛

↑名列小樽市歷史性建築物

小樽站周邊　在攤販品嘗小樽美食

美食　小樽屋台村 浪漫橫丁
おたるやたいむらロマンよこちょう

視店鋪而異　**MAP** 附錄③ 11 D-5

位於小樽拱廊街的「SUN MALL一番街」，酒館及烤雞肉串店等7家店林立、充滿復古風情的攤販村。能享用小樽特有的海鮮料理等。

↑「和バルTAKU」的天婦羅以及炸串（200円起）

休 視店鋪而異
所 小樽市稻穗SUN MALL一番街拱廊內
交 JR小樽站步行5分　P 無

運河周邊　菜單豐富多樣的啤酒屋

美食　ニュー三幸
にゅーさんこう

☎ 0134-33-3500　**MAP** 附錄③ 11 D-4

1954年創業的老字號綜合餐廳。從山珍海味到洋食、成吉思汗烤肉，能享用種類豐富的多樣菜色。

↑「小樽勾芡炒麵」為1230円

營 11:30～21:00　休 無休
所 小樽市稻穗1-3-6
交 JR小樽站步行8分　P 8輛

祝津　享受漁夫自豪的美味

美食　民宿 青塚食堂
みんしゅくあおつかしょくどう

☎ 0134-22-8034　**MAP** 附錄③ 24 E-3

以在店頭炭烤的祝津名產鯡魚為首，能以平價品嘗蛾螺、扇貝等的食堂。可以一邊眺望大海一邊用餐。也備有住宿設施。

↑特大烤鯡魚（前）

營 10:00～不定　休 不定休　所 小樽市祝津3-210
交 JR小樽站搭往水族館的北海道中央巴士25分，終點下車即到　P 20輛

堺町通　一次買齊北海道伴手禮

購物　おみやげの店 こぶしや 小樽店
おみやげのみせこぶしやおたるてん

☎ 0134-33-5248　**MAP** 附錄③ 10 F-2

小樽的名產伴手禮自不用說，還有北海道內的人氣商品、限定角色相關產品等，品項廣泛而齊全這點很吸引人。也有供應原創商品，別忘了多加留意。

↑位於小樽觀光中心地帶的伴手禮店

營 9:00～18:00　休 無休
所 小樽市堺町5-29
交 JR南小樽站步行10分　P 無

運河周邊　名產美食雲集的攤販村

美食　小樽出拔小路
おたるでぬきこうじ

☎ 0134-24-1483（工會綜合管理）　**MAP** 附錄③ 11 D-2

重現了明治時期正時代小樽街道的空間內，成吉思汗烤肉店、海鮮食堂等約20家店林立。每間店都積極使用當地食材。

↑從觀景台樓可以遠眺運河

休 視店鋪而異
所 小樽市色內1-1
交 JR小樽站步行10分　P 無

堺町通　復古摩登氣氛洋溢的旅店

美食　蝦夷活海 小樽店
えぞかつみおたるてん

☎ 080-4507-2779　**MAP** 附錄③ 10 E-3

是小樽少數能享用牡蠣的店。食材由水產公司直接批發，所以能夠以平價嘗到新鮮海產。除了用餐以外還可以住宿。

↑能以喜歡的吃法品嘗牡蠣，每個198円～

營 12:00～22:00（IN15:00／OUT10:00）
休 無休　¥ 1泊2食18000円～　所 小樽市堺町2-12　交 JR小樽站步行13分　P 3輛（限住宿旅客）

堺町通　也能參觀魚板的製造過程

購物　かま栄 工場直売店
かまえいこうじょうちょくばいてん

☎ 0134-25-5802　**MAP** 附錄③ 10 E-2

小樽的人氣魚板店。用吐司包捲魚漿再油炸的「麵包捲」，現炸之後當場吃最美味。也有供應多種伴手禮用魚板。還可以透過玻璃參觀魚板工廠。

↑麵包捲237円（1個）

營 9:00～19:00(11～4月至18:00)　休 無休
所 小樽市堺町3-7　交 JR小樽站步行15分　P 80輛

小樽站　發揚地區「美食」的商店

購物　駅なかマート「タルシェ」
えきなかまーとたるしぇ

☎ 0134-31-1111　**MAP** 附錄③ 11 B-6

位於JR小樽站的特產直銷商店，販售以小樽為首的後志地區新鮮蔬菜、海鮮及加工品等。亦附設伊勢壽司櫃台，只淺嘗1貫壽司也沒問題。

↑陳列使用在地食材的特產品

營 9:00～19:00
休 無休
所 小樽市稻穗2-22-15 JR小樽站內
交 JR小樽站即到　P 使用市營停車場

約30分

↑蒸餾所內也有能參觀威士忌貯藏光景的場所

以「一甲威士忌」創業之地聞名

余市

よいち

景點 一甲威士忌 余市蒸餾所

にっかういすきーよいちじょうりゅうしょ

☎0135-23-3131 MAP 附錄③25 C-3

創辦人竹鶴政孝將余市選作了釀造蘇格蘭威士忌之地。可以參觀威士忌的發酵、蒸餾、熟成等釀造工程。此外，還能購買這裡才有的限定商品。

🕐9:00～16:30（舉辦僅事先預約者有導遊隨行的參觀行程。最後出發時間為15:00。需事先至官網等處確認）

休不定休 ¥免費 所余市町黑川町7-6

🚃JR余市站步行3分 P90輛

夫人→創辦人竹鶴政孝與麗塔

創業當時的復古建築很美

穿過美麗的石造正門，就會看到坐擁廣大腹地的蒸餾所

威士忌&葡萄酒產地巡禮

從小樽開車約30分可至余市。附近有葡萄酒莊、一甲威士忌蒸餾所，也是盛產水果及海鮮的城鎮。

↑從仁木町可以遠眺余市灣

一邊遠眺葡萄田一邊品飲葡萄酒

←當地限定販售的葡萄酒應有盡有。3種葡萄酒試喝評比套餐最受歡迎

→在餐廳可以享受餐酒搭配的樂趣（需預約）

玩樂 NIKI Hills Winery

にきひるずわいなりー

☎0135-32-3801 MAP 附錄③25 C-3

備有餐廳、花園的複合型葡萄酒莊。參加1小時的葡萄酒莊之旅（需預約），即可一邊巡遊釀造設施等，一邊聆聽葡萄酒釀造工程的導覽，還可以試喝。

🕐10:00～16:00 休不定休

¥免費入園 所仁木町旭台148-1

🚃JR仁木站開車7分 P50輛

推薦的順道景點

大啖現採水果

玩樂 宜得利觀光果園

にとりかんこうかじゅえん

☎0135-23-6251
MAP 附錄③25 D-3

從6月的草莓到11月的葡萄，能享受摘各種水果的樂趣。尼加拉瓜霜淇淋也很受歡迎。

🕐6月中旬～11月上旬的9:00～17:00 休營業期間無休 所余市町登川1102-5 🚃JR余市站開車5分 P200輛

滿滿水果感的義式冰淇淋

購物 フレッシュフルーツファクトリー FRUTICO 余市本店

ふれっしゅふるーつふぁくとりーふるてぃこよいちほんてん

☎0135-48-5500
MAP 附錄③25 C-3

能嘗到使用自社農園、余市周邊食材製成的義式冰淇淋。位於國道沿岸，方便在兜風途中順道來訪。

🕐3～10月的13:00～16:00(週六日、假日至17:00) 休營業期間的週一二 所余市町大川町8-31 🚃JR余市站步行15分 P12輛

也有販售伴手禮及輕食

購物 エルラプラザ

えるらぷらざ

☎0135-22-1515
MAP 附錄③25 C-3

鄰接JR余市站的觀光物產中心。義式冰淇淋（單球350円，僅夏季）、町內果園現烤的蘋果派（350円）很熱銷。

🕐9:00～18:00 休無休(冬季為週一休，逢假日則翌日休) 所余市町黑川町5-43 🚃鄰接JR余市站 P無

大排長龍的人氣店

美食 柿崎商店

かきざきしょうてん

☎0135-22-3354
MAP 附錄③25 C-3

能以平價品嘗甜蝦、海膽、花枝等余市的新鮮海產。熱門的海鮮丼為1580円。也有販售海鮮及蔬菜。

🕐10:00～17:30 休不定休 所余市町黑川町7-25 🚃JR余市站步行3分 P50輛

特色介紹

面對小樽旁日本海的城鎮。作為晨間劇小說《阿政與愛莉》舞台的「一甲威士忌余市蒸餾所」很有人氣。釀造高品質葡萄酒的葡萄酒莊也相當豐富。

交通方式

🚗 開車 小樽市中心經國道5號約20公里

🚃 鐵道 小樽站搭JR函館本線普通列車25分至余市站

🚌 巴士 小樽站前搭北海道中央巴士余市線29～42分，余市站前十字街下車

洽詢處

余市觀光協會
☎0135-22-4115

享受積丹藍大海與海膽丼！

從小樽 再走遠一點　約1小時30分

朝汪洋突出魄力十足的海岬

↑季節花卉與積丹藍的對比很美

積丹 しゃこたん

變化豐富的海岸絕景連綿

經島武意海岸在神威岬折返是經典行程。午餐當然要大啖海膽丼！

景點 🔭 神威岬
かむいみさき

→走觀光步道20分左右可以到海岬尖端

📞0135-44-3715［一社］積丹觀光協會 MAP 附錄③25 A-2

朝從海面突出、高約41公尺的神威岩，及其對面略帶弧形的無垠地平線，營造出有如大地盡頭般的荒涼風景。6～7月時蝦夷萱草會盛開。

🕐8:00～19:30（大門開放時間視時節、天候等而異）
休天候惡劣時閉門　¥免費
🏠積丹町神岬　🚌JR小樽站搭往神威岬的北海道中央巴士2小時21分，終點下車步行20分（4月中旬～10月中旬運行）🅿300輛

海岬景觀讓人印象深刻
↑位於尖端的神威岩

景點 🔭 島武意海岸
しまむいかいがん

📞0135-44-3715［一社］積丹觀光協會
MAP 附錄③25 A-1

穿過行人專用隧道後，正藍色的大海突然自眼前擴展開來。能欣賞積丹神祕景觀的絕佳景點。

🕐自由參觀　🏠積丹町入舸町　🚌JR小樽站搭往積丹余別的北海道中央巴士1小時52分，島武意海岸入口下車步行15分　🅿70輛

欣賞透明度高的大海顏色
→透明度高的大海可以窺看到岩盤

美食 🍴 お食事処みさき
おしょくじどころみさき

📞0135-45-6547 MAP 附錄③25 A-2

由漁夫直營，能享用海濱料理的店。前濱捕獲的帶殼活海膽、新鮮海膽丼等最有人氣。

🕐4月下旬～10月下旬的9:00～15:00
休不定休，第2、4週三（7月2日休）🏠積丹町日司町236　🚌JR小樽站搭往積丹余別的北海道中央巴士1小時53分，日司下車即到　🅿20輛

前濱捕獲的最高級天然海膽
↑使用紫海膽做成的新鮮海膽丼3550円
→生赤馬糞海膽丼（6～8月，限定20客）為6400円

Column
積丹的海膽
積丹半島周邊盛產優質海草，吃這些海草長大的海膽也格外美味。6月到8月採集海膽是積丹的夏季風情畫。有許多衝著海膽來訪的觀光客。

→紫海膽　　→馬糞海膽

推薦的順道景點

從海岬眺望絕景

景點 🔭 黃金岬
おうごんみさき

📞0135-44-3715［一社］積丹觀光協會
MAP 附錄③25 B-2

從海岬前端的觀景台可以眺望積丹的新興能量景點——寶島。

🕐自由參觀
🏠積丹町美国町
🚌美国巴士站步行15分
🅿使用積丹町觀光中心停車場

航行於斷崖絕壁連綿的海岸

玩樂 🎵 水中觀景船新積丹號
すいちゅうてんぼうせんにゅーしゃこたんごう

📞0135-44-2455（積丹觀光振興公社）
MAP 附錄③25 B-2

可以從觀景窗欣賞海底，在船上盡情享受雄偉的大自然。所需時間為大約40分。

🕐4月下旬～10月中旬的9:00～16:30（可能變動）¥1900円　🏠積丹町美国町 美国漁港內　🚌美国船澗巴士站步行5分　🅿50輛

盡情享用積丹海產

美食 🍴 ふじ鮨 積丹本店
ふじずししゃこたんほんてん

📞0135-44-2016
MAP 附錄③25 B-2

使用大量在前濱卸貨海鮮的壽司店。亦有拉麵、丼飯菜單。

🕐11:00～19:30
休不定休
🏠積丹町美国町船澗120-6
🚌美国巴士站即到
🅿50輛

從船上眺望神威岬

玩樂 🎵 積丹 神威觀光船
しゃこたんかむいくるーず

📞090-3773-7963
MAP 附錄③25 A-2

可以從海上欣賞神威岬及神威岩的觀光船之旅。所需時間為大約50分。

🕐9:00～18:00（預約制，可以致電洽詢）　休天候惡劣時　¥4000円（小學以下1000円，僅收現金）🏠積丹町大字來岸來岸漁港　🚌來岸巴士站即到　🅿有（漁港內共用停車場）

▶ 特色介紹

從余市一直延伸到日本海的積丹半島，奇岩與荒涼斷崖的海岸風景綿延不斷。此外，以積丹夏季美味聞名的海膽為首，能品嘗新鮮海產的店也很多。

▶ 交通方式

🚗開車 小樽市中心經國道5號、國道229號約43公里至積丹（美國）；約69公里至神威岬

🚌巴士 小樽站前搭北海道中央巴士積丹線或「高速積丹號」1小時17～26分至積丹（美國）。4月下旬～10月下旬行駛到神威岬

▶ 洽詢處

積丹觀光協會
📞0135-44-3715

富良野
美瑛·旭川

ふらの・びえい・あさひかわ

旭川
美瑛
富良野
小樽
二世古
札幌
室蘭
函館
雅內
網走
知床
阿寒
根室
釧路
帶廣

說

到富良野，就想到初夏時為丘陵增添色彩的薰衣草。國道237號沿線散布著各種觀光農園。美瑛是座丘陵之城，五彩繽紛的農地與遠方的群山互相輝映，創造出一片不像日本的風景。旭川是人口僅次於札幌的北海道第二大都市，人氣景點為採用獨特展示方式的旭山動物園。

富良野薰衣草田的先驅富田農場

在富良野·美瑛
遊覽花田&山丘

P.124,126

富良野的薰衣草田、美瑛的山丘風景，不論從何處取景都好上相！不妨拿著相機四處遊逛。

不容錯過！
在富良野·美瑛·旭川的必做清單！

看完動物之後
去旭川觀光

附錄②,140

主打能看到動物原始行為而一躍成名，日本最北端的動物園。尤其餵食秀更是不容錯過！

午餐吃蔬菜料理

P.128,138

農家直送的富良野、美瑛產新鮮蔬菜濃郁又甘甜。吃頓時蔬料理當午餐吧。

富良野·美瑛·旭川近郊
交通方式圖

旭川

鐵道 搭特急「神威號」等1小時25～35分／5220円
巴士 搭北海道中央巴士等「高速旭川號」2小時5分／2300円

巴士 搭往層雲峽的道北巴士1小時55分／2140円

鐵道 搭JR富良野線30～40分／640円
巴士 搭富良野巴士55分／750円

層雲峽溫泉

札幌

美瑛

巴士 搭旭川電氣軌道、富良野巴士35～40分／750円

鐵道 搭JR快速「Airport」37分／1150円

巴士 搭北海道中央巴士「高速富良野號」2小時35分／2500円

富良野

鐵道 JR富良野線30～50分／750円
巴士 搭富良野巴士45分／650円

旭川機場

新千歲機場

巴士 搭富良野巴士16分／380円

規劃行程的訣竅

從札幌可以當天來回
從札幌開車約2小時可至，所以若集中逛一區有辦法當天來回。想三區都逛的話，則建議在旭川或美瑛住宿。

薰衣草花季在7～8月
各觀光協會的官網都有提供薰衣草開花資訊，擬訂旅行計畫時不妨多加參考。

推薦搭薰衣草號
在各地區之間移動
有從飯店、富良野站出發，經美瑛、旭川機場至旭川的巴士「薰衣草號」在運行。行經主要觀光地區，非常方便。

想要有效率地遊逛
可以租車自駕
由於觀光景點散布的範圍極廣，故建議租車自駕以便自由移動。在當地租自行車遊逛也很不錯。

觀光洽詢
富良野觀光協會 ☎0167-23-3388
美瑛町觀光協會 ☎0166-92-4378
旭川觀光會議協會 ☎0166-23-0090

地區看點MAP

旭川
北海道第二大都市，也是道北的政治、經濟、文化中心。以旭山動物園為首的主要看點多散布於郊外。
▶附錄②、140

美瑛
美瑛之丘的東南側稱作「全景之路」、西北側稱作「拼布之路」，平緩的山丘一望無際。

富良野
有富良野市、中富良野町、上富良野町、南富良野町，到處都有花田。富良野市的麓鄉還有連續劇外景地。

由此出發！富良野・美瑛・旭川站導覽
☎011-222-7111（JR北海道電話服務中心）

JR旭川站 MAP 附錄③ 14 H-6
🚃旭川市宮下通7
- 巴士：車站右側有旭川電氣軌道與道北巴士停靠站。站前也有很多
- 關於手提行李：站內有提供多種尺寸的投幣式置物櫃

JR美瑛站 MAP 附錄③ 16 C-2
🚃美瑛町本町1-1
- 巴士：巴士站位於旭川信金前、ホシ山崎藥局前、美瑛站的西側
- 關於手提行李：夏季限定，站內會提供大型及小型投幣式置物櫃

JR富良野站 MAP 附錄③ 16 D-5
🚃富良野市日の出町1
- 巴士：站前有富良野巴士與北海道中央巴士起訖的總站
- 關於手提行李：站內有提供大型及小型投幣式置物櫃。夏季會增設大型

※2023年1月時的資訊。投幣式置物櫃可能視狀況變更。

遊逛的原則

薰衣草園鎖定一、兩家仔細遊逛
富良野有多座薰衣草園散布其中，走訪越多座，所需的移動時間就越多。規劃行程時，最好集中一個區域安排。

搭巴士前往旭山動物園
旭山動物園位在遠離市中心的地方，要從車站搭路線巴士前往。在旭川站北口東側的6號乘車處搭「旭山動物園線」前往吧。

富良野・美瑛・旭川 交通便利MAP

圖例：
- ─ 薰衣草號（富良野巴士）
- ─ 美瑛・白金線（道北巴士）
- ─ 十勝岳線（上富良野町營巴士）
- ─ 麓鄉線（富良野巴士）
- ─ 御料線（富良野巴士）
- ─ JR線

札幌站 — 函館本線 — 旭川站
名寄站 — 宗谷本線
上川站 — 石北本線 — 新旭川站
旭川站 — 富良野線 — 旭川機場
美瑛站
美沢共和 — 國立大雪青少年交流之家
美馬牛站 — 深山峠 — 白金溫泉 — 白金共和
上富良野站 — 後藤純男美術館 — 翁公園 — 吹上保養中心白銀莊 — カミホロ莊 — 十勝岳溫泉凌雲閣
薰衣草田站（臨時） — 富良野思惟林
中富良野站
瀧川站 — 根室本線 — 富良野站 — 麓鄉
富良野プリンスホテル
ナトゥールヴァルト
新富良野プリンスホテル — 9線 — 新得站
根室本線

※觀光周遊巴士預定運行
※由於颱風受災影響，東鹿越站～新得站區間改以巴士行駛（2024年3月時）

地區內交通導覽

便於觀光的交通工具

薰衣草號
富良野巴士行駛的巴士路線。從富良野的飯店及富良野站出發，經旭川機場至旭川。富良野站～旭川站（單程）為900円。

富良野・美瑛慢車號
慢車號（ノロッコ列車）朝薰衣草盛開的富良野盆地、山丘如拼布般美麗的城鎮美瑛駛去，往年於6月上旬開始運行（需確認行駛日）。
MAP 附錄③ 16 D-5

出租自行車
在富良野、美瑛有以車站為據點的自行車出租店，也可以騎自行車觀光。例如ラベンダーショップもりや美瑛的寺島商会（MAP 附錄③ 16 C-2）等。

美遊巴士
繞行美瑛之丘、白金 青池及商店等主要觀光景點，各景點都設有參觀時間。行駛期間為6月上旬～10月上旬，費用為單一路線3500円起。可至美瑛町觀光協會的官網預約、購票。
☎0166-92-4378
（美瑛町觀光協會）
HP https://www.biei-hokkaido.jp/

旭川站～富良野站（單程）費用為1290円，旭川站～美瑛站（單程）為640円。
☎0167-22-1911（富良野巴士站前服務處）

☎011-222-7111（JR北海道電話服務中心）
MAP 附錄③ 16 D-5

※刊載內容可能變更，務必事先確認最新資訊再前往。

園內能看到的5種薰衣草

【丘紫】
自古以來在北海道栽培，主要用於香水及香料。花色為偏淡的紫色。
●7月中旬～8月上旬

【羊蹄】
花色為帶紅的紫色。主要用作化妝品香料的早開品種。
●7月上旬～下旬

【濃紫早開】
花苞時期就呈現深紫色，觀賞期長，是熱門的觀賞用花。
●6月下旬～7月下旬

【花藻岩】
香味最清爽。花色是極淡的紫色，主要用作化妝品香料。
●7月中旬～下旬

【醒目薰衣草】
最晚開花的品種，會綻放藤色的花朵。獨特的香氣深受歡迎。
●7月下旬～8月中旬

照片提供：ファーム富田

Farm Tomita
薰衣草觀光的發源地

富田農場

盡情遊玩！

7月時薰衣草將富良野地區的丘陵地帶染成紫色。富田農場堪稱薰衣草觀光的始祖。除了供人欣賞花田，還集結了美食、購物等各種設施亦為其魅力所在。

A 彩色花田
低緩的山丘上以紫色薰衣草為首，有大片如彩虹般繽紛的花海。是富田農場最具代表性的花田。觀賞期為7月中旬～下旬。

所需時間？ 3小時
何時前往？ 7月上旬～下旬
雨天怎麼辦？ 撐傘欣賞

旺季時人潮洶湧，最好預留時間提早出門。

中富良野
富田農場
●ふぁーむとみた　📞0167-39-3939
MAP 附錄③ 12 B-2
🕗8:30～18:00（視時期而異）　休無休
¥免費入園　所中富良野町基線北15号
🚃JR中富良野站開車3分，JR薰衣草田站（僅夏季開放的臨時站）步行7分　P500輛

傳統薰衣草花田 B
富田農場的原點，也是日本歷史最悠久的薰衣草花田。花田對面可以看到中富良野的田園風景及十勝岳連峰。觀賞期為6月下旬～8月上旬。

玩樂方式 其1
●薰衣草花季在7月！
前去欣賞花田！

入春以後田上的積雪融化，直到入冬天再次積雪前，四季都會持續綻放各種花卉。隨著平地、斜坡等位置及花卉種植方式的不同等，催生出各式各樣的花田也是一大魅力。積雪時也可以在溫室欣賞薰衣草，以及五顏六色的花卉。

倖之花田 C
種有「濃紫早開」、「丘紫」、「羊蹄」及「花藻岩」這4種花色各異的薰衣草，紫色漸層相當美麗。觀賞期為6月底～7月下旬。

花人之田 D
位於迎賓建築「花人之舍」背後的廣大花田。青葙、金魚草、一串紅、葡萄風信子等繽紛的花卉爭妍鬥艷。觀賞期為6月～10月中旬。

⤵花田的邊界設有觀光步道，可以自由漫步

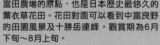

最佳 觀光季節

富田農場的薰衣草盛開期在7月，其他花卉落在4月中旬到10月左右。官網上會隨時公布開花狀況。
https://www.farm-tomita.co.jp/

↓冬季也能參觀溫室

富田農場的花季年曆

	4月	5月	6月	7月	8月	9月	10月
水仙							
針葉天藍繡球							
		青箱					
鬱紅花							
		玫瑰					
側金盞花							
			金魚草				
		罌粟					
楸子							
		花菱草					
鬱金香							
		高雪輪					
			一串紅				
		薰衣草					

※花期可能視該年狀況變更

從原料作物到觀光取向 變成人氣景點的富田農場

1958年開始栽種薰衣草作為天然香料的原料，但後來不敵合成香料導致需求遽減，於是一邊種稻維生一邊守護薰衣草田。1976年薰衣草田的照片被當成國鐵月曆採用，開始有觀光客來訪。其後也挑戰乾燥花、香氛袋、芳香精油、香水及香皂製造，並為來園訪客設置商店、咖啡廳等設施，持續成長為全國矚目的觀光農園。

使用大量在地產食材

其2 別忘了品嘗人氣美食！

午餐可以品嘗富田農場特製、以北海道產食材製成的名產料理。推薦坐在薰香乾燥花之舍的露天座，一邊眺望薰衣草一邊用餐。也可以搭配散發薰衣草香的霜淇淋、果凍、布丁等甜點一起享用。

→設置在「薰香乾燥花之舍」2樓的露天座

焗烤上富良野產五月皇后 780円
在五月皇后馬鈴薯上淋添加鮮奶油製成的濃郁醬汁、大量莫札瑞拉起司。

薰衣草蜂蜜布丁 380円
使用薰衣草精和北海道產食材，口感綿滑且散發淡淡薰衣草香。

薰衣草霜淇淋
甜筒300円，杯裝250円
添加薰衣草精，味道清爽、香氣清新的人氣菜色。

上富良野產男爵馬鈴薯佐薰衣草奶油 350円
越冬馬鈴薯添加紫色飄香奶油。

富田農場特有

其3 購買原創商品當作伴手禮！

伴手禮最推薦購買以富田農場薰衣草所製精油做成的各種商品。從招牌的香氛到入浴劑、護膚用品、糖果等，多種品項應有盡有。其中又以「花人之舍」、「香水之舍」的商品最齊全。

薰衣草精油「濃紫早開」 990円
僅採取從花苞就很美的品種「濃紫早開」壓榨的100%純精油。

薰衣草擴香組L 140ml 1848円
放置型芳香劑中最受歡迎的擴香組推出L號。木棒吸收芳香精油就會擴散香氣。

薰衣草香氛袋 440円
內含大量薰衣草花粒的人氣香氛袋。

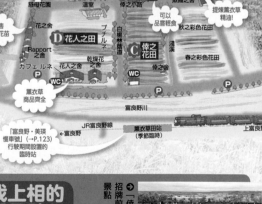

猶如畫作！

尋找上相的拍照景點！

招牌的花田景點固然漂亮，不過富田農場內還有許多美如畫的地方，像是最適合拍紀念照的招牌、不經意的工作景象等。不妨多到各個場所散散步，拍下眼光獨到的美麗風景。

→「倖之花田」的招牌前是人氣攝影景點

←風乾收割薰衣草的情景也很漂亮

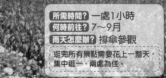

菅野農場

+α 的樂趣

原創商品
乾燥花壁飾等手工雜貨備受歡迎

現採蔬菜
可以在店內享用奶油馬鈴薯等。也有提供寄送至各地的服務

上富良野 かんのふぁーむ

菅野農場

☎0167-45-9528 **MAP** 附錄③13 B-4

位於國道237號沿線山丘上的大片鮮艷花海。從6月中旬到降初霜的10月，能欣賞薰衣草、一串紅等花卉。牧場直送的霜淇淋、精心栽培的奶油馬鈴薯也很熱銷。

⏰6月中旬~10月中旬的9:00~17:00(可能視天候、季節變動) 休開放期間無休 ¥園內免費 所上富良野町西12線北36 美馬牛峠 🚃JR美馬牛站步行20分 P100輛

花季 7月上旬~10月上旬
花人街道237沿線山丘上的大片花田

這裡必看！
從山丘上的涼亭可以欣賞美瑛的美麗景色。

所需時間？ 一處1小時
何時前往？ 7~9月
雨天怎麼辦？ 撐傘參觀

逛完所有景點需要花上一整天，集中逛一、兩處為佳。

花季 7月中旬~8月中旬
富良野地區規模最大的花田

這裡必看！
能觀賞以雄偉十勝岳為背景的當季花海。

往南北延伸的花路
花人街道237
推薦的花田景點

國道237號又名為「花人街道237」，沿路滿是薰衣草田及花田。一邊兜風一邊遊逛花田吧。

MAP 附錄③12 B-3

以該招牌為路標！

這裡必看！
道路的東西兩側都有花田。南側是夕張山地，東側是連綿的十勝岳連峰。

花季 7月
能眺望整片薰衣草與雄壯的群山

Flower Land 上富良野

上富良野 ふらわーらんどかみふらの

☎0167-45-9480 **MAP** 附錄③12 B-1

總面積廣達15萬平方公尺的花田。從山丘上可以遠眺花田後方的市區。從6月的羽扇豆到秋季的一串紅，能欣賞不同時期的多種花卉。
⏰9:00~17:00(可能視時節變動) 休12~2月休 ¥免費入園(拖拉機巴士為600円) 所上富良野町西5線北27 🚃JR上富良野站開車8分 P100輛

+α 的樂趣

安眠蕎麥殼枕製作體驗
使用蕎麥殼與薰衣草乾燥花製作。需時15分，2300円。

拖拉機巴士
6~9月巡遊花田的遊覽車，600円。需時10分。

富田農場 薰衣草東部

上富良野 ふぁーむとみたらべんだーいーすと

☎0167-39-3939
(富田農場)
MAP 附錄③12 C-3

位於富田農場(P.124)以東4公里處，是日本規模最大的薰衣草園。薰衣草田遠方是十勝岳連峰連綿的美麗山巒。

⏰7月上旬~下旬的9:30~16:30 休開放期間無休 ¥免費入園 所上富良野町東6線北16 🚃JR中富良野站開車10分 P73輛

+α 的樂趣

薰衣草白巧克力霜淇淋
薰衣草東部限定的濃郁霜淇淋。

足湯
預定設置在山丘上的足湯使用源泉掛流式天然溫泉

花人街道237 MAP

往旭川方向
菅野農場
美馬牛站
深山峠
237
Flower Land 上富良野
日出薰衣草園
千望峠
上富良野站
P.124有詳細介紹！
富田農場
西中站
北星山薰衣草園
薰衣草田站(臨時)
237
中富良野站
鹿討站
花人街道237
富田農場 薰衣草東部
樂田站
Highland Furano(6km處)
富良野站
往日高方向
N

北星山薰衣草園

中富良野 ほくせいやまらべんだーえん

☎0167-44-2133(中富良野町企劃課)
MAP 附錄③12 B-3

位於北星山山頂附近，也可以從山麓搭觀光吊椅前往。
⏰6月中旬~8月下旬的9:00~18:00 休開放期間無休 ¥免費入園(吊椅為400円) 所中富良野町宮町1-41 🚃JR中富良野站步行10分 P100輛

花季 7月

日出薰衣草園

上富良野 ひのでらべんだーえん

☎0167-45-6983(上富良野町企劃商工觀光課) **MAP** 附錄③16 B-1

往西是薰衣草田，往東是十勝岳連峰，從觀景台所見的景色美不勝收。
⏰自由入園 所上富良野町東1線北27 🚃JR上富良野站開車5分 P146輛

花季 7月中旬~下旬

Highland Furano

富良野 はいらんどふらの

☎0167-22-5700 **MAP** 附錄③22 E-1

建於薰衣草森林中的溫泉旅館。可以從露天浴池一邊眺望薰衣草田，一邊享受泡湯之樂。
⏰6:00~20:30 休無休 ¥入浴費600円 所富良野市島之下 🚃JR富良野站開車12分 P250輛

花季 7月上旬~下旬

更多！熱門的花田

也可以參觀、內部搭景
充滿溫暖的家

內部維持
《來自北國:2002遺言》的模樣

Check

《來自北國》是?
以富良野為舞台，描述家人之間細膩親情的系列劇。主演為田中邦衛（飾黑板五郎）、吉岡秀隆（飾黑板純）、中島朋子（飾黑板螢）等人。

不朽的名作

巡遊《來自北國》的舞台

由倉本聰所編的連續劇《來自北國》，外景地集中在富良野市的麓鄉地區。搭景也保留了下來。

五郎的石屋

●ごろうのいしのいえ

📞0167-23-3388（富良野觀光協會）　**MAP**附錄③12 D-5

從《95祕密》到《2002遺言》黑板五郎所住的家。設定上是五郎用石塊一個個堆疊建成。
🕐4月下旬～11月下旬的9:30～17:30(10月～至15:30)※預定
🈺開放期間無休　💴入場費500円　🏠富良野市東麓鄉1
🚃JR富良野站開車30分　🅿100輛

所需時間？	3小時
何時前往？	5～11月
雨天怎麼辦？	撐傘參觀

麓鄉地區位於從富良野市中心開車約30分可至的地方。

連續劇商品在這裡

以《來自北國》為首，網羅了倉本聰經手的3部電視連續劇作品商品，位於飯店腹地內的商店。

富良野·ドラマ館
●ふらのどらまかん

📞0167-22-1111（新富良野王子大飯店）
MAP附錄③12 A-5
🕐9:15～18:45
🈺不定休(11月有維護檢修公休)　🏠富良野市中御料　🚃JR富良野站開車10分
🅿使用新富良野王子大飯店停車場

⬆重現1942年「富良野站」開業當時令人懷念的外觀

⬆供應連續劇中五郎所戴的毛線帽（2860円）等，僅此才有的各種懷舊商品

⬆建於腹地中央的雪子家。也可以參觀內部工作室

五郎第四個家也在這裡

使用廢材親手打造的家

撿來的家
～やがて町～

●ひろってきたいえやがてまち

📞0167-23-3388（富良野觀光協會）
MAP附錄③12 D-6

五郎為了雪子（竹下景子）蓋的家。使用滑雪場廢棄的吊艙等，以廢材為材料打造而成。奇妙的風貌吸引了不少人。
🕐9:30～17:30(11月下旬～翌年4月中旬為10:00～15:30)　🈺不定休　💴入場費500円　🏠富良野市麓鄉市街地　🚃JR富良野站開車30分　🅿150輛

保存展示歷代黑板家族的家

麓鄉之森

●ろくごうのもり

📞0167-23-3388（富良野觀光協會）　**MAP**附錄③12 D-5

在綠意盎然的森林中，因為火災燒毀的圓木小屋、純興建的裝設風力發電裝置的家等，都維持拍攝當時的狀態保存下來。是歷史悠久的《來自北國》淵源之地。
🕐4月中旬～11月下旬的9:30～17:00(10 ～11月下旬至16:00)
🈺開放期間無休　💴入場費500円　🏠富良野市東麓鄉1-1
🚃JR富良野站開車30分　🅿150輛

⬆從《84夏》到《89歸鄉》，黑板住的第三個家。屋頂上有風力發電裝置

佇立在閑靜田園風景中
講究的漢堡店

享用大地的恩惠！

富良野的 產地直銷 餐廳

富良野是食材的寶庫，盛產鮮甜的蔬菜、豐饒大地孕育的肉類及乳製品等。觀光完以後，享用新鮮食材大飽口福吧！

最推薦MENU
富良野漢堡拼盤
1350円
夾有自製培根、在地豬肉餡及晨採萵苣與番茄。附粗絞肉香腸與薯條。

更多 推薦MENU
● 熱狗拼盤1050円
● 乾咖哩1350円
● 香腸拼盤1500円

FURANO BURGER
富良野 ○ふらのばーがー

☎0167-23-1418 MAP 附錄③12 B-4

由自社生產香腸及培根的「富良野牧場」經營。使用姊妹店「FURANO BAKERY」製漢堡麵包、滿是新鮮蔬菜的漢堡備受好評。

⏰4月中旬～10月底的11:00～17:30※可能僅提供外帶 休4～6月為週一，7～8月無休，9～10月為週四 所富良野市東鳥沼1 交JR富良野站開車10分 P30輛 預算白天1500円

↑位於鳥沼公園附近
↓能眺望廣大農田的露天座

唯我独尊
富良野 ○ゆいがどくそん

☎0167-23-4784 MAP 附錄③16 D-5

招牌餐點是以櫻木煙燻的自製香腸，以及備料要花3天、製醬要花1天才能完成的咖哩。亦有伴手禮用的咖哩醬及香腸，店頭也有販售。

⏰11:00～20:30(視時節而異) 休週一(逢假日則翌日休) 所富良野市日の出町11-8 交JR富良野站步行5分 P16輛 預算白天、晚上1200円

相當於富良野的咖哩店先鋒

屋一般 店內氣氛有如山中小

最推薦MENU
香腸咖哩
1290円
咖哩醬含有豐富的富良野蔬菜。香腸使用了北海道產豬肉，根據德國的古老食譜製成。

更多 推薦MENU
● 歐姆香腸咖哩1690円
● 豬肉咖哩990円
● 附沙拉的法蘭克福腸1條＆維也納香腸2條1210円

為何盛行 地產地消美食 ❓

因為地處晝夜溫差大等條件嚴苛的自然環境，在富良野能採收鮮甜又營養的農作物。

更多 推薦MENU
● 上富良野豬肉漢堡拼盤1500円
● 季節披薩1000円
● 上富良野蔬菜咖哩1400円

使用大量在地食材的咖啡餐廳

最推薦MENU
上富良野豬肉拼盤
1500円
擺滿色彩繽紛的在地蔬菜、上富良野豬肉的西式豬肉丼。附前菜。

カントリー キッチン シットココ
上富良野 ○かんとりーきっちんしっとここ

☎0167-45-6627 MAP 附錄③12 C-3

以堅持地產地消的菜單自豪。使用附近農家採收的新鮮蔬菜。以上富良野豬肉做成的餐點很受歡迎。

⏰11:00～14:30 休週二 所上富良野町東7線北18号 交JR上富良野站開車10分 P5輛 預算1500円

↑有挑高空間，充滿開放感的店內

可以嘗到這些食材！

胡蘿蔔 季8～11月
活用涼爽氣候生產優質且味道濃郁的胡蘿蔔

蘆筍 季5～7月
講究整土栽培出的蘆筍很粗又多汁

玉米 季7～9月
品種以「甜玉米」居多。沿路的小商店等也有販售晨採玉米

洋蔥 季3～4月
鮮甜的富良野產洋蔥以優良品質聞名全國

馬鈴薯 季7～10月
盆地特有的冷暖溫差孕育出甘甜的馬鈴薯

富良野

最推薦 MENU
在地蔬菜熱沾醬
1080円

夏季限定餐點，能嘗到變種的富良野產蔬菜。會視當天狀況改動蔬菜品項也很讓人期待。

更多 推薦 MENU
●軟嫩歐姆濃湯 1180円

妝點白盤的繽紛新鮮蔬菜

中富良野 ●だいにんぐしぇーぶる
ダイニング シェーブル
☎0167-44-4966 **MAP** 附錄③12 B-3

透過視覺與味蕾享受在地食材的餐廳。擺盤美觀自不用說，更以彰顯食材色彩的精心調理與細膩美味博得歡迎。
🕐11:30～14:00、18:00～20:00 休週日（7～8月為不定休） 所中富良野町南町7-35 🚃JR中富良野站步行3分 🅿無 預算白天1300円／晚上2000円

↑氣氛溫暖寧靜的店內

上富良野 ●はなしちよう
花七曜
☎0167-45-2292 **MAP** 附錄③13 B-5

能品嘗內含精緻配菜的午餐、根據預算供應的無菜單下午茶套餐。午餐與下午茶套餐需在1週前預約。
🕐11:00～15:00 休週三日、假日 所上富良野町西11線北34 🚃JR美馬牛站開車7分 🅿15輛 預算白天1400円

最推薦 MENU
午餐
3520円(1人份) ※2人起餐

提供每人1份三層重箱便當，內含當地食材做成的自製配菜。

更多 推薦 MENU
●北海道產小麥的手工塔點、蛋糕 420円～

使用大量當地採收的山珍食材製作鄉土料理

最推薦 MENU
山賊鍋
1人份1900円

除了蝦夷鹿肉、鴨肉之外，也添加大量在地產蔬菜。用味噌調味的富良野鄉土料理。

富良野
くまげら
☎0167-39-2345 **MAP** 附錄③16 D-5

能享用「山賊鍋」、「國產和牛烤牛肉丼」等，以富良野特有農產品製成的創意料理。與料理很搭的原創日本酒也很好喝。
🕐11:30～21:00 休週三 所富良野市日の出町3-22 🚃JR富良野站即到 🅿40輛 預算白天1300円／晚上3000円

更多 推薦 MENU
●國產和牛烤牛肉丼 2100円
●奶油馬鈴薯 600円
●起司豆腐 600円

《也曾在連續劇《來自北國》中登場》

蔬菜滿滿的創意義式料理

最推薦 MENU
富良野之森全餐
10500円(晚餐)

能享用產地直送的鮮魚料理、香噴噴的窯烤菜單。（照片為示意圖）

富良野 ●るごろわふらの
ル・ゴロワ フラノ
☎0167-22-1123 **MAP** 附錄③12 A-5

由編劇倉本聰監製的餐廳。可以嘗到主廚親自向生產者選購北海道食材，發揮食材本身魅力的義式料理。
🕐12:00～13:30、17:30～19:30(預約制，接待6歲以上) 休週一二 所富良野市中御料 🚃JR富良野站開車10分 🅿使用新富良野王子大飯店停車場 預算白天4000円／晚上10500円

更多 推薦 MENU
●來自田地的贈禮午餐 3900円
●北海道當令午餐 5300円
●富良野之森全餐 10500円(晚餐)

《融入周圍大自然的曲線型建築》

大啖分量十足的鐵板燒料理

富良野站周邊 ●てっぱんおこのみやきまさや
てっぱん お好み焼 **まさ屋**
☎0167-23-4464 **MAP** 附錄③16 D-5

主打御好燒、肋排等鐵板料理的店。在吧檯座還能欣賞鐵板上的表演秀。
🕐11:30～14:30、17:00～20:30 休週四(冬季需洽詢) 所富良野市日の出町11-15 🚃JR富良野站步行5分 🅿7輛

↑奶油炒飯很美味的富良野歐姆咖哩（1300円，未稅）

濃縮富良野美味的柔和滋味

富良野站周邊 ●くんえんこうぼうやまどり
くんえん工房 **Yamadori**
☎0167-39-1810 **MAP** 附錄③16 D-5

可以嘗到以上富良野豬肉做成的自製香腸及培根。活用蔬菜與香腸鮮美滋味的咖哩也很受歡迎。
🕐11:00～15:00 休週四 所富良野市朝日町4-14 🚃JR富良野站步行5分 🅿3輛

↑擺上原創培根的富良野歐姆咖哩（1320円）

此為標準的富良野歐姆咖哩

富良野 ●やまかしょくどう
山香食堂
☎0167-22-1045 **MAP** 附錄③12 A-5

長年受到在地喜愛的定食店。這家店以供應堅持使用在地食材的富良野新當地美食「富良野歐姆咖哩」聞名。
🕐11:00～13:30、17:00～18:30 休週日(7～9月無休) 所富良野市綠町9-20 🚃JR富良野站開車5分 🅿15輛

↑擺上軟嫩歐姆蛋的富良野歐姆咖哩（900円）

富良野 綠景美麗的景觀咖啡廳

前往能欣賞私藏美景與在地產食材的咖啡廳。在時光緩慢流逝、綠意盎然的空間，尋找自己專屬的特等座吧。

立地條件POINT
從露天座可以看到廣大丘陵地帶的整片葡萄田、在眼前展開的十勝岳

一邊眺望葡萄田 一邊享用六花亭的限定甜點

富良野

カンパーナ六花亭

●かんぱーなろっかてい

0120-12-6666 MAP 附錄③12 A-4

總公司位於帶廣的甜點製造商「六花亭」的直營店。坐擁2萬4千坪廣大葡萄田與大雪山連峰、富良野特有的絕佳立地條件，供人品嘗六花亭的甜點。

10:30～16:00(可能視季節變動)
休 不定休　所 富良野市清水山
JR富良野站開車10分
P 200輛

推薦MENU

富良野麻糬 110円
內含鹽味鮮明的富良野產赤豌豆的麻糬。烤得香噴噴供應給客人

↑風景出眾的露天座
←也有販售標籤採用相原求一朗畫作的原創葡萄酒

能享用多國籍料理的古民宅咖啡廳

推薦MENU

每日甜點
660円，飲料套餐900円～
當令水果做成的手工蛋糕最適合當下午茶點心。不妨搭配自家烘焙咖啡一起品嘗

立地條件POINT
從1樓的吧檯座可以眺望眼前的遼闊田園風景

富良野郊外

cafeゴリョウ

●かふぇごりょう

0167-23-5139 MAP 附錄③12 A-6

舊穀倉改建而成的咖啡廳。每日午餐為1200円，特色在於使用自家菜園採收的蔬菜等，考量到健康而完全不使用肉類。店旁還有迎賓小屋。

11:30～17:30
休 週二三
所 富良野市上御料
JR富良野站開車15分
P 10輛

←保有穀倉氣氛的建築

能自行磨豆 森林中的咖啡廳

立地條件POINT
森林時鐘靜靜地矗立於蓊鬱綠意中，能感受時光流淌的季節空間

↓以大窗為特色的店內。窗外有大片森林

推薦MENU

蛋糕套餐 1460円
可以從名為初雪、根雪、雪融的3種蛋糕中任選，搭配咖啡的套餐

富良野

珈琲 森の時計

●こーひーもりのとけい

0167-22-1111(新富良野王子大飯店)
MAP 附錄③12 A-5

作為2005年播出的連續劇《溫柔時光》舞台的咖啡廳。和劇中一樣，有需要可以自行用磨豆機磨咖啡豆。

12:00～19:00(視時期而異)　休 無休(11月有臨時公休)　所 富良野市中御料　JR富良野站開車10分
P 使用新富良野王子大飯店停車場

有花園以及露天座 山丘上的蛋糕店

富良野

菓子工房フラノデリス

●かしこうぼうふらのでりす

0167-22-8005
MAP 附錄③16 A-6

以三層富良野牛奶布丁、創業以來熱銷的原味雙層起司蛋糕等聞名的蛋糕店。也有風景良好的咖啡廳空間。

10:00～18:00(可能視時節變動)
休 週二三(假日除外)
所 富良野市下御料2156-1
JR富良野站開車10分　P 20輛

推薦MENU

小原味雙層起司蛋糕
400円
富良野牛奶布丁
350円
這兩道招牌人氣菜色使用了大量富良野產牛乳與雞蛋。

立地條件POINT
位於靠近富良野滑雪場的山丘上，從露天座能眺望富良野市區

→能一邊欣賞風景一邊享用甜點

外帶美食也很豐富

C FURADISH
こなやき処たつき的
「蔥花章魚燒」
630円
◎鬆軟的章魚燒上灑滿了蔥花

C FURADISH
ラブベリー的
「龍捲風洋芋片」
380円
◎可以嘗到各季節不同的馬鈴薯

A HOGAR
各種蔬菜　價格視商品而異
◎店內平時陳列著40～50種富良野產蔬菜，內容視季節而異

蔬菜種類相當豐富！

A HOGAR
「JAふらの」的
農協富良野洋芋片
1包140円
◎南富良野町的JA富良野SHIRERA工廠生產的在地洋芋片。還有海苔鹽味、蒜味及法式清湯味

在地洋芋片

芳醇的香氣

B ARGENT
富良野葡萄酒(紅、白)
720ml 各1420円
◎除了澀味恰到好處的順口紅酒、口感清爽順暢的白酒，還有桃紅葡萄酒

醇厚甘甜！

富良野美食大集合！

在富良野農夫市集採買選購

人氣伴手禮、甜點應有盡有的特產直銷商店。
也有多家餐飲店，來這裡吃午餐也很不錯。

限定商品！

A HOGAR
「JAふらの」的
下酒菜鹽味沾醬
180ml 520円
◎使用大量在富良野採收的大蒜製成的鹽味沾醬

道地的滋味

A B HOGAR、ARGENT
「JAふらの」的
嚴選蔬菜醬汁
(中濃／濃郁)
300ml 各320円
◎以富良野的洋蔥與胡蘿蔔為基底

B ARGENT
富良野番茄醬
1080円
◎以大約14顆富良野合作農家栽種的完熟番茄濃縮而成的番茄醬

B ARGENT
「富良野チーズ工房」的
葡萄酒切達起司
1420円
◎使用富良野的新鮮牛乳製作起司。表面的大理石紋為「富良野葡萄酒」(紅)的顏色

需冷藏

熱門天然起司

這裡也要 Check！

富良野農夫市集2

能嘗到以富良野食材所製料理的餐廳、咖啡廳、熟食店，以及販售北海道特色雜貨的商店等林立於此。

人氣急速上升

滿滿鮮美滋味

にぎりまんま
肉包飯糰 430円～
◎柔軟豬肉包著富良野產米的新感覺飯糰

Café petit petit
上富良野產厚切
炸豬里肌三明治 950円
◎特製鬆軟麵包夾著富良野產豬肉做成的炸豬排

ゆきと花
台灣乾拌麵 900円
◎將辛辣配料與自製麵條拌勻。人氣難以撼動的料理

小心會上癮！

おそうざい日和
炸鹿肉餅 420円
◎使用南富良野的鹿肉製作沒有腥味的炸肉餅。含有高麗菜，口感也很好

100%鹿肉

生活雜貨的店 e-na
「atelier Mabuchi」的
一輪插花瓶
小：2640円、大：3300円
◎在富良野開設工房的atelier Mabuchi製作的一輪插花瓶

以北海道大自然為意象

ばすすとっぷ2
藍靛果
水果芭菲
750円
◎能品嘗自製富良野產藍靛果果醬與富良野牛乳的芭菲

可以嘗到藍靛果

富良野農夫市集
●ふらのまるしぇ
☎0167-22-1001
MAP 附錄③16 D-5

「富良野農夫市集1」有農產品直銷所、網羅富良野伴手禮的物產中心、外帶店及咖啡廳。「富良野農夫市集2」有9家以餐飲店為主的店家林立。

●富良野農夫市集1
🕐10:00～18:00 (6月下旬～8月至19:00)　休11月中旬、12月31日～1月1日　所富良野市幸町13-1
🚃JR富良野站步行7分
Ｐ93輛

●富良野農夫市集2
🕐10:00～18:00 (6月下旬～8月至19:00)　休11月中旬、12月31日～1月1日　所富良野市幸町8-5
🚃JR富良野站步行5分
Ｐ38輛

設施 MAP

↑JR富良野站
停車場
農夫市場
停車場
農夫市場
活動廣場
A HOGAR
停車場
活動廣場
外帶店
甜點咖啡廳 SABOR D
FURADISH C
↓國道38號
富良野物產中心
B ARGENT
觀光服務處
富良野農夫市集2
富良野農夫市集1

美瑛之丘巡禮

※出發尋找電視廣告、海報中曾出現過的「經典風景」！

上相美景綿延不絕，正是美瑛的田園風景。車站周邊的遼闊丘陵地帶令人聯想到歐洲鄉村，相當吸引人。在時光緩緩流逝的美瑛，尋找中意的風景吧！

需時 開車3小時～、出租自行車5小時～
最佳季節 6月上旬～9月
雨天時 撐傘參觀

美瑛之丘有高低起伏，若想逛得最有效率開車比較方便。也推薦騎乘能靈活轉彎的自行車。美瑛站、美馬牛站附近有出租自行車店，也能租借電動自行車。先到「四季情報館」索取詳細地圖吧。

旭川　旭川站
452　七星之樹
親子之樹
北美瑛站
拼布之路　肯與瑪麗之樹
JR美瑛站　亞斗夢之丘
北西之丘展望公園
四季情報館
紅屋頂之家
新榮之丘展望公園　三愛之丘展望公園
美馬牛駅　237　千代田之丘觀景台
四季彩之丘
全景之路 →P.134
富良野　富良野站

美瑛站北側 拼布之路

有名字的樹木、山丘散布其中

被國道237號、452號包夾的丘陵地帶。有大片五顏六色的田地，農道交錯其間。這片風景看起來宛如拼布，因而得名。曾出現在電視廣告、商品包裝上的樹木及山丘分布於此。

推薦行程
START
JR美瑛站　開車約3小時 出租自行車約5小時

　　　　　　約2km
1 亞斗夢之丘
　　　　　　約1.5km
2 肯與瑪麗之樹
　　　　　　約4km
3 七星之樹
　　　　　　約2km
4 親子之樹
　　　　　　約3km
5 北西之丘展望公園
　　　　　　約3km
GOAL
JR美瑛站

地圖

旭川
237 JR富良野線
3 七星之樹
452
親子之樹 4
肯與瑪麗之樹 2
北美瑛站
1 亞斗夢之丘
北西之丘展望公園 5
フェルム ラ・テール 美瑛
JR美瑛站　四季情報館
美瑛川

MAP 附錄③13 B-2

觀光資訊 在這裡！

四季情報館
しきのじょうほうかん　　　MAP 附錄③16 C-2
☎0166-92-4378(美瑛町觀光協會)
美瑛的綜合觀光資訊發布據點。索取山丘的詳細地圖，擬訂旅行計畫吧。
🕐8:30～17:00
(6、10月至18:00、7～9月至19:00)
休無休　所美瑛町本町1-2-14
🚃JR美瑛站即到
🅿有(站前公共停車場)

3 七星之樹
拼布之路一帶盡收眼底
●せぶんすたーのき

○拼布之路上的人氣拍照留念景點

聳立在山丘上的一棵櫟樹。1976年被印在觀光香菸「七星」的包裝上，因而得名。不妨一併眺望周圍廣闊的美瑛丘陵地帶。
MAP 附錄③13 B-2

4 親子之樹
感情融洽、依偎在一起的3棵櫟樹
●おやこのき

如同親子般聳立而得名

微微隆起的山丘上聳立著3棵感情融洽、相互依偎的櫟樹。那不畏風雪酷暑堂堂直立的模樣，吸引了不少人關注。**MAP** 附錄③13 B-2

5 北西之丘展望公園
能眺望美瑛之丘以及大雪山連峰的觀景公園
●ほくせいのおかてんぼうこうえん

廣達5公頃的觀景公園。園內有薰衣草、向日葵等花卉綻放，從金字塔型的觀景台能遠眺美瑛之丘及大雪山連峰。也有附設觀光服務處。
MAP 附錄③16 C-1

觀光服務處免費發送地圖等

周邊的 休憩、住宿景點

品嘗美瑛產食材的自然派餐廳
フェルム ラ・テール 美瑛
●ふぇるむらてーるびえい

☎0166-74-4417 **MAP** 附錄③13 B-3
能享用美瑛產小麥製麵包與甜點、北海道產食材製料理的餐廳。
🕐午餐11:00～14:30(預約優先制)，晚餐17:00～19:00(需預約)，商店10:00～17:00)※使用餐廳需洽詢
🈺不定休 🏠美瑛町大村村山
🚉JR美瑛站搭計程車8分 🅿36輛

○午餐提供套餐菜單。會視季節改變內容

立地絕佳！山丘上的民宿
美瑛馬鈴薯之丘度假村
●ぽてとういれっじびえいほてとのおか

☎0166-92-3255 **MAP** 附錄③13 B-3
位於山丘上，主打立地優良的旅館。也很推薦以此作為拍照的據點。房間附浴室及廁所。
🕐IN15:00／OUT10:00 🈺需洽詢
¥1泊2食11200円～，週三四僅純住宿
🏠美瑛町大村村山 🚉JR美瑛站搭計程車5分 ※接送服務需洽詢 🅿20輛

○從房間可以看到拼布之丘

1 亞斗夢之丘
以旭岳、十勝岳連峰為背景的花田
●ぜるぶのおか

位於國道237號沿線的山丘。在廣達約8公頃的花田內，薰衣草、多葉羽扇豆、向日葵等花卉隨季節競相爭豔。腹地內設有觀光步道，最適合悠閒漫步。
MAP 附錄③16 D-1

腹地內也有餐廳、商店

2 肯與瑪麗之樹
仰望山丘就能看到白楊樹
●けんとめりーのき

有棵高大的白楊樹聳立在拼布之路上，是美瑛的代表性風景。這棵白楊樹在1972年曾入鏡日產汽車「愛的地平線」肯與瑪麗的廣告。
MAP 附錄③13 B-3

美瑛之丘巡禮

JR美瑛站・四季情報館

美瑛川

966

白金溫泉

JR富良野線

新榮之丘展望公園 4

237

三愛之丘展望公園 1

水澤水埔

5 紅色屋頂之家

2 千代田之丘觀景台

拓真館

JR美馬牛站

3 四季彩之丘

若打算騎自行車遊逛，建議從美馬牛站出發。車站後方有自行車出租店

拼布狀的農地一覽無遺

1 能將五顏六色的山丘一覽無遺的觀景公園

三愛之丘展望公園

●さんあいのおかてんぼうこうえん

往東北能看到大雪山、十勝岳連峰，往西南能在交疊的山丘中看到美馬牛小學的紅色屋頂。廁所也很完備，適合在散步途中休息片刻。

MAP 附錄③13 C-4

美瑛站 **南側**

交疊的美麗山丘

全景之路

推薦行程
開車約3小時
出租自行車約5小時

START
JR美瑛站

約5km

1 三愛之丘展望公園

約2km

2 千代田之丘觀景台

約5km

3 四季彩之丘

約4km

4 新榮之丘展望公園

約3km

5 紅色屋頂之家

約5km

GOAL
JR美瑛站

位 於高地的景點很多，在這個區域更能欣賞低緩的山丘風景與遼闊美景。移動距離比拼布之路更長，且道路不規則交叉，最好透過在「四季情報館」得到的地圖事先調查好路線。

3 充滿樂趣的觀景花田

四季彩之丘

●しきさいのおか

席大花田中以薰衣草為首，有大約30種花卉盛放。園內也有商店，能品嘗使用美瑛產生乳做成的霜淇淋。也有附設能與羊駝互動的牧場。

MAP 附錄③13 B-5

●也可以搭乘拖拉機巴士（收費）遊園

能眺望美瑛的田園風景與群山全景的觀景點

2 從尖頂觀景台俯瞰全景風景

千代田之丘觀景台

●ちよだのおかみはらしだい

從裝設玻璃窗的觀景台2樓，能遠眺視野毫無遮蔽的美瑛之丘絕景。天氣好的時候還能看到十勝岳連峰、大雪山，甚至是北側的水澤水壩。

MAP 附錄③13 C-5

有牧草捲擺飾物件，適合拍照留念的場所

4 能眺望美麗夕景的山丘

新榮之丘展望公園

●しんえいのおかてんぼうこうえん

可以欣賞北海道特有樸實風景的觀景公園。低緩的山丘上有大片馬鈴薯田、玉米田及麥田等。農田被夕陽染紅的時段也極美。

MAP 附錄③13 B-4

📷 也感受一下**專家的觀點**

拓真館
●たくしんかん

MAP 附錄③13 C-5

📞0166-92-3355

↑展示美麗的風景照

已故攝影師前田真三的相片展覽館。以他拍攝的美瑛風景代表作「麥秋鮮烈」為主，展示以美瑛四季為主題的作品。

🕘9:00～16:45(11月～4月為10:00～15:45) 休4月～1月為週三，2～3月為週二～四(逢假日則開館。可能變更，需至拓真館網路商店確認) ¥免費 所美瑛町拓進 🚃JR美瑛站開車15分 Ｐ80輛

📋 參觀時的重點

●**在道路上參觀就好，不要踏入農地**
周邊幾乎都是作為農地使用的地方，為了避免農作物生病、保護周圍景觀不受破壞，請站在鋪設的馬路參觀就好。千萬不要走到農田中。

●**留意看板**
為了避免在遊逛山丘時迷路，建議在欣賞過程中也要留意設置在町內各處的導覽看板。看板下方標示的號碼與「四季情報館」免費發送的「美瑛道路地圖」連動，不妨活用手中的地圖。

●**移動時搭觀光計程車較方便**
美瑛之丘有許多斜坡。雖然也很推薦租自行車巡遊，但如果想逛得更有效率，最好搭乘來回美瑛站的觀光計程車。費用能夠以時間或路線為單位預約。通常費用落在1小時約6460円起。相關內容及費用請致電美瑛包租計程車（📞0166-92-1181）洽詢。

5 彷彿繪本般的風景呈現眼前

紅色屋頂之家

●あかいやねのいえ

層層交疊的山丘中央有一棟紅色屋頂住宅。此為已故攝影師前田真三曾經拍過的風景，或許也是最具美瑛特色的風景。不分專業或業餘，眾多攝影師聚集在此。

MAP 附錄③13 B-4

能見識大自然的神祕
青池 絕景兜風

位於美瑛東部的白金以絕景景點「青池」聞名。海拔2077公尺的十勝岳雄偉景色與高山植物也值得一看。享受親近大自然的暢快兜風吧。

推薦行程

總距離 約47km	時間 約4小時

JR美瑛站
↓17km／25分
1 白金 青池
↓1km／2分
2 白樺街道
↓2km／3分
3 白鬚瀑布
↓5km／9分
4 十勝岳望岳台
↓22km／40分
JR上富良野站

絕景 Memo

會隨時間、天氣變色

池水會隨著天空及周圍樹木的顏色呈現不同色澤。夏季時周邊道路壅塞，建議早晨前往。

↑早晨時晨靄瀰漫的青池

枯萎的日本落葉松很夢幻

↑走林道前往。從停車場步行約7分可至

1

白金 青池 ●しろがねあおいいけ

停留時間 20分

☎0166-94-3355(美瑛「白金BIRKE」公路休息站) **MAP** 附錄③20 F-6

進行防災（防砂）工程時，突然在美瑛川誕生的神祕水池，以別名「美瑛藍」廣為人知。池水之所以呈現藍色，可能是美瑛川與瀑布的地下水混合形成膠體所致。水池四周為白樺林。

🚶自由參觀　🏠美瑛町白金　🚗JR美瑛站開車20分　🅿270輛(收費)

從新綠6月起連續晴朗的日子，池水的藍色會變深，顯得特別美

左側直排導航：
札幌 ／ 從札幌再走遠 ／ 小樽 ／ 從小樽再走遠 ／ 富良野・美瑛・旭川

周邊的 咖啡廳&商店

森林中的隱蔽咖啡廳
Café de La Paix ●かふぇどらぺ

☎0166-92-3489 **MAP** 附錄③13 D-5

↓拉克萊特（1人份）為2500円

在有花藝裝飾的外國風店內，品嘗分量十足的料理。
⏰4月上旬～的10:00～18:00（晚上需預約，冬季需洽詢） 休週四（逢假日則營業） 📍美瑛町美沢希望19線 🚗JR美瑛站開車15分 P10輛

自製火腿香腸店
歩人 ●ほびっと

☎0166-92-2953
MAP 附錄③13 D-5

↑拼盤（8種1000円）

餐廳可能休業，需確認。可以外帶。
⏰商店為2月～12月25日的10:00～18:00（餐廳至16:00） 休週二三（8、11月有連休。詳見請參照官網。https://www.hobbito.com） 📍美瑛町美沢美生 🚗JR美瑛站開車15分 P15輛

也順道來這裡！
青池附近的公路休息站
美瑛「白金BIRKE」公路休息站
●みちのえきびえいしろがねびるけ

→也有使用美瑛食材做的漢堡

☎0166-94-3355 **MAP** 附錄③20 F-6

有觀光服務處、出租自行車、戶外品牌商店等能積極暢遊白金地區的設施。
⏰9:00～18:00（9～5月至17:00） 休無休 📍美瑛町白金 🚗JR美瑛站開車18分 P229輛

↑白金森林環繞的公路休息站

地圖標示：
鷹栖、東旭川、旭川鷹栖、旭川、旭川北、とうま、当麻、当麻鍾乳洞、石北本線、あさひかわ、旭川神社、東旭川、旭山動物園、東川、ひがしかわ「道草館」、東神楽、旭川機場、大雪旭岳源水、忠別川、忠別湧水、
START JR美瑛站、Café de La Paix、美瑛びえい「丘のくら」、美瑛「白金BIRKE」公路休息站、① 白金 青池、③ 白鬚瀑布、歩人、四季彩の丘、しろがねダム、四季彩湖、白金溫泉、オウシナイ滝、
JR上富良野站 **GOAL**、② 白樺街道、不動の滝、白金高原、後藤純男美術館、吹上露天之湯、上富良野、十勝岳、十勝岳望岳台、フラワーランドかみふらの、ファーム富田、中富良野、なかふらの、富良野岳、北の峰、七つの滝、十勝岳高原、美瑛富士、富良野、朝日ヶ丘公園、④ 十勝岳望岳台
比例尺 0 5 10km

清爽的道路 成排白樺樹綿延

2 白樺街道 ●しらかばかいどう
停留時間 5分

☎0166-94-3355 （美瑛「白金BIRKE」公路休息站）
MAP 附錄③20 F-6

從JR美瑛站通往「白金 青池」、十勝岳方向的道道966號。這條曾獲選為「北海道自然百選」的街道長約4公里，一直延伸到白金溫泉。道路兩旁林立著井然有序的白樺樹，形成在綠色隧道中奔馳的暢快兜風路線。
⏰自由參觀 📍美瑛町白金 🚗JR美瑛站開車20分

絕景Memo
白與綠的對比
白色樹幹打造出北海道特有的風景。在6月的新綠季節特別舒服。

↑道路寬廣便於奔馳

3 白鬚瀑布 ●しらひげのたき
停留時間 15分

☎0166-94-3355 （美瑛「白金BIRKE」公路休息站） **MAP** 附錄③20 F-6

形似白色鬍鬚，落差30公尺的瀑布。由於十勝岳的伏流水注入美瑛川，孕育出鈷藍色的水，故美瑛川又名為「藍河」。不會結凍，冬季時也能參觀藍色瀑布。
⏰自由參觀 📍美瑛町白金 🚗JR美瑛站開車30分 P使用公共停車場

藍水流動的奇妙瀑布

絕景Memo
型態罕見的瀑布
從斷崖湧出伏流水，而非河川落下形成瀑布，這種型態在日本全國也是相當罕見。

←從岩盤裂縫中湧出
↑旁邊的藍河橋是絕佳觀景點
→受到溫泉影響，冬季也不會結凍

也推薦這個！
森林中的免費露天浴池
吹上露天之湯
●ふきあげろてんのゆ

☎0167-45-6983 （上富良野町企劃商工觀光課） **MAP** 附錄③22 G-1

以連續劇《來自北國》宮澤理惠入浴的場景聞名。顧慮到環境，沒有任何照明設施。
⏰自由入浴 📍上富良野町吹上溫泉 🚗吹上之憩之廣場巴士站即到 P30輛

↓在海拔930公尺的十勝岳望岳台能欣賞大全景

4 十勝岳望岳台 ●とかちだけぼうがくだい
停留時間 15分

☎0166-94-3355 （美瑛「白金BIRKE」公路休息站） **MAP** 附錄③20 F-6

位於十勝岳山腰的觀景台。雄壯的十勝岳聳立在眼前，底下是翠綠的美瑛與富良野的街景。
⏰自由參觀（4月下旬～11月上旬） 休開放期間無休 📍美瑛町白金 🚗JR美瑛站開車40分 P50輛

遙望活火山十勝岳

絕景Memo
高山植物
有能觀賞高山植物的步道，供人享受散步樂趣。

→分布於大雪山系的「雌阿寒金梅」

蔬菜美味的餐廳

享用田地的恩惠

美瑛在北海道也算是屈指可數的農業地帶。巡遊山丘的途中，不妨前往能品嘗活用食材原味的蔬菜料理的餐廳。

主要的 美瑛產蔬菜

洋蔥 8月～4月中旬
→靜置以後能讓洋蔥變得更甜

馬鈴薯 7月中旬～10月中旬
→以鬆軟的「男爵」、甘甜的「北光」為招牌

胡蘿蔔 8月中旬～11月上旬
→在土壤中貯存大量營養，味道相當濃郁

拼布之路
Blanc Rouge
ぶらんるーじゅ

☎0166-92-5820 **MAP** 附錄③13 B-3
推薦使用大量美瑛產馬鈴薯的料理、紅酒燉牛肉（1450円）。
🕐1～11月的11:00～16:00，17:30～19:00(1～6月中旬與9～11月僅白天營業)　休營業期間週四(逢假日則營業，1～3月為週二～四休)　所美瑛町大村村山
🚗JR美瑛站開車5分　P20輛　預算1500円

居家風餐廳 寧靜森林環繞的

↑充滿木質溫暖感的店內

美瑛蔬菜

會隨季節使用不同品種的馬鈴薯

推薦 MENU
法式馬鈴薯千層派 650円
法國的家庭料理，使用美瑛產馬鈴薯及牛乳做成的焗烤料理

拼布之路
bi.blé
びぶれ

☎0166-92-8100
MAP 附錄③13 B-2
理念是「眾人一起分食的家庭料理」。可以透過全餐品嘗以大量北海道小麥及蔬菜做成的料理。
🕐4月中旬～11月的11:00～14:30，17:30～19:30　休週二、11～3月休業　所美瑛町北瑛第2
🚗JR美瑛站開車10分　P30輛
預算 白天3000円／晚上9000円

可以從大窗戶遙望美瑛之丘的風景

美瑛蔬菜

花椰菜等蔬菜使用方圓10公里內採收的美瑛產產品

推薦 MENU
午餐全餐 3200円～
以美瑛之丘為意象的前菜（山丘的高原）、炸物、湯品等7種料理。附窯烤麵包

一邊眺望山丘風景一邊享用優質料理

色香味俱全的當令蔬菜菜單

推薦 MENU
少爺南瓜奶油燉菜（M）
1600円
8月下旬～10月的限定菜色。將奶油燉菜盛入完熟甘甜南瓜內的料理。數量有限

全景之路
caferest 木のいいなかま
かふぇれすとときのいいなかま

☎0166-92-2008 **MAP** 附錄③16 D-3
堅持使用當地產食材的餐廳。使用向合作農家採購的新鮮蔬菜，以美瑛產當令玉米、馬鈴薯及南瓜製成的料理很受歡迎。
🕐3～11月上旬的11:30～14:30　休營業期間週一、第1、3週二(逢假日則翌日休)　所美瑛町丸山2-5-21
🚗JR美瑛站開車5分　P7輛　預算白天1100円

美瑛蔬菜
如水果般甘甜的烤玉米。7月下旬～9月下旬供應

↑綠意環繞的獨棟小木屋

↓店內設置了拼布裝飾等，氣氛沉穩

拼布之路
カフェ あるうのぱいん
かふぇあるうのぱいん

☎0166-92-3229 **MAP** 附錄③16 C-1
使用北海道產小麥與自製天然酵母製作麵包，口感有嚼勁且帶有自然的甜味。將麵包挖空再填入起司做成的「起司鍋」是人氣菜色。
🕐5～10月的11:00～16:00(售完停止點餐)※不可預約　休營業期間週四五(5、6、10月有臨時公休)　所美瑛町大村村山
🚗JR美瑛站開車10分　P10輛　預算白天1600円

以自製麵包為容器填入大量起司

美瑛蔬菜

使用了番茄、萵苣、馬鈴薯等美瑛產蔬菜

↑位於拼布之路途中，最適合休息

推薦 MENU
起司鍋套餐 1600円
越是咀嚼自製麵包，小麥的風味與自然甘甜就越香。添加起司的香腸也分量十足

外帶美食也很豐富

A 美瑛小麥工房
美瑛紅豆麵包
250円
⇨內含多達100克以最優良品種美瑛產「朱鞠紅豆」製成的紅豆粒餡

A 美瑛小麥工房
美瑛黑豆麵包
250円
⇨添加大量美瑛產黑大豆。以美瑛產奶油與吐司麵團烤製而成

C 選果工房
糖漿漬番茄
350円
⇨使用添加番茄精的糖漿醃製糖煮迷你番茄

C 選果工房
奶油
馬鈴薯
300円
⇨2顆蒸熟的大男爵馬鈴薯佐大量鬆軟奶油

C 選果工房
玉米布丁
(純白布丁)
370円
⇨又白又甜的「純白」布丁，8月～9月中旬限定

大塊豬肉

B 選果市場
美瑛濃稠
豬肉咖哩
650円
⇨由含2地美瑛產豬肉的奢侈咖哩調理包

編輯部推薦

B 選果市場
美瑛麵包脆餅
12片入845円
⇨原材料的小麥及奶油皆為美瑛產。奶油風味在口中擴散開來

↑時髦的市場

B 選果市場
山丘點心
骰子牛奶、黑芝麻、玉米、烤玉米、紅豆
324円～
⇨將美瑛產食材冷凍乾燥製成。除了當下酒菜，還能當作冰淇淋或湯品配料

美瑛的在地汽水

B 選果市場
美瑛汽水青池(中)、晚霞之丘(右)、小麥之丘(左)
各230円
⇨「青池」是清爽的檸檬風味，「晚霞之丘」內含美瑛產藍靛果果汁

美瑛選果的人氣系列

香辣多汁

需冷藏

B 選果市場
美瑛粗絞豬肉香腸
(5條入) 580円
⇨使用美瑛產新鮮豬腿肉與粗鹽，再用櫻樹煙燻。軟嫩中帶有香辣粗絞肉的顆粒口感

宣揚美瑛的**美食魅力**

在美瑛選果
採買選購

美瑛產商品應有盡有。還有提供寄送至各地的服務，也很推薦在此一次買齊。

當紅地啤酒

美瑛產新鮮蔬菜

B 選果市場
美瑛小麥啤酒
540円
⇨美瑛產小麥地啤酒。特徵是綿密細緻的泡沫與柑橘香

B 選果市場
美瑛赤麥鮮烈
赤麥啤酒
600円
⇨以美瑛產稀少赤麥釀製的地啤酒。口感相當清爽

B 選果市場
各種蔬菜
價格視商品而異
⇨陳列著番茄、寶塔花菜、櫛瓜等美瑛町產時蔬

容器也好可愛

B 選果市場
各種果醬 780円
⇨使用美瑛產實做成的手工果醬。有藍靛果(左)、櫻桃(中)、不老莓(右)這三種口味

在這裡用餐

在美瑛選果的餐廳**品嘗道地法國料理**

⇦7～8月旺季需預約
↓前菜「使用20種蔬菜的料理」範例

D Restaurant ASPERGES
●れすとらんあすべるじゅ
☎0166-92-5522
MAP 附錄③16 C-2
由北海道的法式料理主廚中道博監製。提供主廚親自到田裡採收的蔬菜。午餐及晚餐皆以全餐為主體。
⌚4～11月的11:00～19:00（視時節而異）
休營業期間週三

美瑛選果
●びえいせんか
☎0166-92-4400 MAP 附錄③16 C-2
以「直銷市場」、「外帶工房」、「美瑛小麥工房」、「蔬菜餐廳」這四種形式提供高品質美瑛產農產品。還有多種以在地食材製成的原創加工品。

設施 MAP

⌚9:30～17:00（可能視季節變動）
休無休（需洽詢）
所美瑛町大町2
㏅JR美瑛站步行10分 P66輛

大自然環繞的富良野、美瑛及旭川，也有許多在地食材製美食、參觀酒廠等本地才有的活動。旭川觀光也要看看附錄②p.16唷！

↑眺望群山的美麗風景也是富良野一大魅力

以雄壯大雪山為背景的四季花海

上川｜景點

大雪 森之花園
だいせつもりのがーでん

☎01658-2-4655　MAP 附錄③20 G-3

位於海拔650公尺高原的庭園。由北海道代表性庭園師上野砂由紀設計森之花園區域。庭園由「森之花園」、「森之迎賓館」及「遊樂森林」三大區域構成。可以在大雪山的懷抱下享受悠閒散步的樂趣。在森林中華麗展開的空間彷彿花之迴廊。腹地內的餐廳「フラテッロ・ディ・ミクニ」，聳立在大自然中的小屋也很受歡迎。還有販售義式冰淇淋的咖啡廳。

🕐4月29日～10月9日的9:00～16:00
🈺開放期間無休
💴入園費800円，4月29日～5月19日僅花園區域免費開放
📍上川町菊水841-8　🚃JR上川站開車15分，有免費接駁巴士　🅿100輛

宿根草花綻放的「森之花園」
種有大約900種宿根草花的華美花園。隨著節季變遷的景緻值得一看，秋季以前都能欣賞為其魅力

花園咖啡廳，除了義式冰淇淋，也有提供輕食

需時 2小時

老店的講究甜點

富良野站周邊｜咖啡廳

菓子司 一久庵
かししいっきゅうあん

☎0167-23-2494　MAP 附錄③16 D-5

富良野的代表性老店。熱門商品為使用富良野天然水製成的蕨餅等，堅持選用北海道產食材的日西式甜點。

🕐10:00～18:30(12～2月為11:00～17:00)
🈺週一、隔週週二(12～2月為週一～四)
📍富良野市日の出町10-22
🚃JR富良野站步行5分　🅿無

↑使用富良野產米穀粉做成的無麩質可麗露
→可以自行客製化的銅鑼燒「DOLIKE」648円起

以旭山動物園的插圖聞名

旭川｜景點

Gallery PuruPuru
ぎゃらりーぷるぷる

☎0166-73-8289　MAP 附錄③14 H-5

主要展示以旭山動物園壁畫聞名的繪本作家阿部弘士的繪本原畫。也有販售這裡才能買到的商品。非常推薦親子同行者、繪本及動物愛好者來參觀。

需時 30分

🕐11:00～17:00(夏季可能變動)　🈺週一二　💴免費
📍旭川市7条通8　🚃JR旭川站步行20分
🅿無

→展示旭川及北海道藝術家的作品

使訪客心靈祥和的英式庭園

富良野｜景點

風之花園
かぜのがーでん

☎0167-22-1111(新富良野王子大飯店)　MAP 附錄③12 A-5

在連續劇《風之花園》化身為白鳥貞三、琉衣、岳培育花卉的英式庭園。園內也有販售原創商品。

需時 1小時

🕐4月下旬～10月中旬的8:00～16:30(可能視季節變動)
🈺開放期間無休　💴大人1000円　📍富良野市中御料
🚃JR富良野站開車10分　🅿使用新富良野王子大飯店停車場(390輛)

↑能感受富良野四季的花園

品嘗牛乳原有滋味的霜淇淋

美瑛｜購物

美瑛放牧酪農場
びえいほうぼくのうじょう

☎0166-68-6777　MAP 附錄③13 C-5

放牧娟珊牛、瑞士褐牛、荷士登牛及蒙貝利亞牛這四種牛的牧場。僅以自製玉米、牛乳與砂糖製成的霜淇淋，可以享受牛乳原有的風味。

🕐10:00～17:00(11～翌4月至16:00)
🈺無休
📍美瑛町新星平和5235
🚃JR美馬牛站開車5分
🅿25輛

→自製玉米牛乳霜淇淋(500円)

森林中的購物區

富良野｜購物

購物區「森林精靈露台」
しょっぴんぐえりあにんぐくてらす

☎0167-22-1111(新富良野王子大飯店)　MAP 附錄③12 A-5

在設有散步道的森林中，散布著小木屋商店、咖啡屋的浪漫購物區。可以買到講究富良野特色的手工藝品。

🕐12:00～20:45　🈺視店舖而異(11月有關閉期間)
📍富良野市中御料　🚃JR富良野站開車10分
🅿使用新富良野王子大飯店停車場(390輛)

↑點燈後的夢幻風景

旭川最古老的酒廠

旭川站周邊｜景點

髙砂酒造
たかさごしゅぞう

☎0166-22-7480(洽詢為9:00～17:30)　MAP 附錄③15 C-4

1899年創業。堅持使用大雪山雪清水的旭川最古老酒廠。不僅能在古老的館內參觀釀酒工廠，還有附設直營商店供人購買酒廠限定酒等。

需時 30分

🕐9:00～17:30，工廠參觀為10:00～、15:00～(需3天前預約，每場次限10位先到客人)　🈺無休　💴免費參觀
📍旭川市宮下通17　🚃JR旭川站步行15分　🅿15輛

↑1909年興建

享受雄偉景色與大自然的恩惠

富良野｜咖啡廳

halu CAFÉ
はるかふぇ

☎0167-22-1266　MAP 附錄③12 A-4

被整片農田包圍的獨棟咖啡廳。正如愛奴語中意指「大自然所賜食物」的店名，可以品嘗使用富良野近郊當令食材製成的料理。

🕐10:00～16:00
🈺週一二
📍富良野市西学田二区
🚃JR富良野站開車10分
🅿15輛

↑富良野產草莓鬆餅1500円(未稅，1～6月限定)

享用以在地牛乳製成的起司

富良野｜購物

富良野チーズ工房
ふらのちーずこうぼう

☎0167-23-1156　MAP 附錄③12 A-5

不僅能參觀使用「富良野牛乳」製作天然起司的工程，製作起司、冰淇淋的體驗工房也很受歡迎。世界上罕見的葡萄酒起司也值得曬目。

🕐9:00～17:00(11～3月至16:00)　🈺無休(維護檢修期間公休)　📍富良野市中五区
🚃JR富良野站開車9分
🅿120輛

↑使用富良野牛乳與起司製成的起司霜淇淋

學習釀酒的歷史及文化

旭川｜景點

男山酒造資料館
おとこやまさけづくりしりょうかん

☎0166-47-7080　MAP 附錄③14 E-2

附設於旭山代表性地酒「男山」的酒廠，展示酒的相關資料。商店也有販售酒廠限定酒等。還有試喝區。

🕐9:00～17:00　🈺無休　💴免費　📍旭川市永山2-7-1-33　🚃JR旭川站搭往永山13丁目的道北巴士20分，永山2條6丁目下車步行3分　🅿50輛

↑展示珍貴的釀酒工具等

旅行一身輕！
聰明 行李打包術

出外旅行的時候，行李比平常更容易增加，
掌握盡可能小型＆輕便的訣竅，
來打包行李吧！

訣竅 1 衣服的摺法
〈不易產生皺褶而且體積小！〉

體積大的衣服只要捲起來就不易產生皺褶，還
能輕易地塞到行李的縫隙間。下身衣物也用一
樣的方法來縮小體積吧！

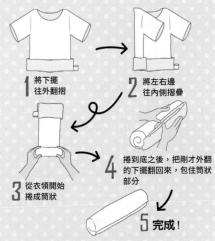

1 將下擺往外翻摺　　2 將左右邊往內側疊

3 從衣領開始捲成筒狀

4 捲到底之後，把剛才外翻的下擺翻回來，包住筒狀部分

5 完成！

訣竅 2 背包的收納法
〈重物也感覺變輕了!?〉

適合在小旅行使用的背包，只要下點功夫收納就
可以使重量感有所改變。打包的時候，記得把重
心保持在較高的地方。

即使回程買了伴手禮也不必擔心，稍微留點空間就行了

重物要放到靠背側的上層

下層盡量收納較輕的物品

訣竅 3 分類、行李的收納法
〈這樣完美了！事先學起來〉

行李較多時會派上用場的硬殼行李箱與軟殼行
李箱。重物要擺在下層是收納重點。

硬殼行李箱
打開的時候，如果箱蓋比較重會很難開，所以書本等重物收納在承重側底部為佳

軟殼行李箱
有時候不耐撞擊，所以衣物收納在外側，容易損壞的物品放中間比較好

富良野

美食

裝在麵包裡熱呼呼的起司鍋
ふらのワインハウス
ふらのわいんはうす

📞 0167-23-4155　　🗺 MAP 附錄③ 12 A-4

能一邊欣賞十勝岳連峰、富良野盆地的全景風景，一邊享用餐點的餐廳。能搭配隔壁葡萄酒工廠的葡萄酒，品嘗以北海道產食材製成的洋食。添加白酒的起司鍋深受歡迎。

↑富良野風起司鍋（2～3人份）2200円

🕐11:00～20:00　休無休　📍富良野市清水山
🚃JR富良野站開車5分　🅿50輛

中富良野

看著絕景吃名產成吉思汗烤肉
ひつじの丘
ひつじのおか

📞 0167-44-3977　　🗺 MAP 附錄③ 12 D-3

一邊欣賞眼前展開的絕景，一邊享用七輪炭烤道地成吉思汗烤肉。從露天座可以看到山丘風景，從室內座能將群山風景盡收眼底。

↑「羊之丘成吉思汗烤肉」為1人份1000円

🕐5月1日～9月底的11:00～15:00
休營業期間無休　📍中富良野町ベベルイ
🚃JR中富良野站開車15分　🅿50輛

旭川

小說《冰點》中登場的咖啡廳
珈琲亭ちろる
こーひーていちろる

📞 0166-26-7788　　🗺 MAP 附錄③ 14 H-6

1939年創業，是旭川歷史最悠久的咖啡廳，也因為在小說《冰點》中登場而聞名。可以品嘗自家烘焙的香醇精品咖啡，以及起司蛋糕、磅蛋糕等使用北海道產食材做成的自製蛋糕。

↑舒芙蕾起司蛋糕550円（飲料套餐1000円）

🕐8:30～17:30　休週日
📍旭川市3条通9左7
🚃JR旭川站步行7分
🅿無

美瑛

滿是北海道產食材的三明治
スイノカゴ／喫茶 木と星
すいのかごきっさきとぼし

📞 080-4505-9983　　🗺 MAP 附錄③ 16 D-2

販售使用北海道產當令食材、分量十足的三明治，以及用炭火烘豆細心沖泡的咖啡等。店內也有附設展示工藝作品的藝廊。

↑自製三明治為540円起

🕐11:30～17:00
休週三四
📍美瑛町中町1-4-34
🚃JR美瑛站步行5分
🅿無

旭川

購物

活用歷史建築質感的店鋪
日本醤油工業直売店
にほんしょうゆこうぎょうちょくばいてん

📞 0800 800-7772　　🗺 MAP 附錄③ 15 B-4

1890年以釀酒店創立，其後轉成製造醬油直到現在。可以在從舊倉庫改建而成的直銷店，一邊試吃一邊挑選醬油、沙拉醬等超過80種商品。

↑利用建於明治時代的木造社屋

🕐10:00～17:30　休無休　📍旭川市曙1条1丁目
🚃JR旭川站步行15分　🅿10輛

旭川

享受在地甜點與花園
壺屋 き花の杜
つぼやきはなのもり

📞 0166-39-1600　　🗺 MAP 附錄③ 15 C-5

旭川的代表性甜點製造商「壺屋」經營的新感覺商店。除了販賣原創點心之外，也有附設能將花園盡收眼底的咖啡廳、手工藝品店等。還能參觀工廠。

↑也有販售限定甜點等

🕐9:30～19:00（視設施而異）　休不定休　📍旭川市南六条通19　🚃JR旭川站開車10分　🅿100輛

中富良野

品嘗名產「聖誕老人的鬍鬚®」
ポプラファーム中富良野本店
ぽぷらふぁーむなかふらのほんてん

📞 0167-44-2033　　🗺 MAP 附錄③ 12 B-2

能享用哈密瓜專賣店特有菜單的商店。哈密瓜上盛滿清爽霜淇淋的「聖誕老人的鬍鬚」，是夏季必定大排長龍的人氣商品。

↑名產「聖誕老人的鬍鬚」1000円起。只有登錄商標的本店才能嘗到的好滋味

🕐9:00～16:30(4月下旬～10月底)
休營業期間無休
📍中富良野町東一線北18号
🚃JR西中站步行7分
🅿100輛

美瑛

講究的炸蝦不容錯過
洋食とCafé じゅんぺい
ようしょくとかふぇじゅんぺい

📞 0166-92-1028　　🗺 MAP 附錄③ 16 D-2

招牌料理是炸蝦丼，價格隨炸蝦數量而異。用白飯包裹炸蝦的原創料理「JUN DOG」也很有名。推薦附沙拉、飲料的划算菜色。

↑炸蝦丼（竹）1320円

🕐11:00～售完打烊　休週一　📍美瑛町本町4-4-10
🚃JR美瑛站步行15分　🅿15輛

【 MM 哈日情報誌系列 43 】

札幌

作者／MAPPLE昭文社編輯部
翻譯／黃琳雅
特約編輯／蔣詩綺
發行人／周元白
排版製作／長城製版印刷股份有限公司
出版者／人人出版股份有限公司
地址／231028 新北市新店區寶橋路235巷6弄6號7樓
電話／（02）2918-3366（代表號）
傳真／（02）2914-0000
網址／www.jjp.com.tw
郵政劃撥帳號／16402311 人人出版股份有限公司
製版印刷／長城製版印刷股份有限公司
電話／（02）2918-3366（代表號）
經銷商／聯合發行股份有限公司
電話／（02）2917-8022
第一版第一刷／2024年5月
定價／新台幣500元
　　　　港幣167元

國家圖書館出版品預行編目（CIP）資料

札幌／MAPPLE昭文社編輯部作；
黃琳雅翻譯. — 第一版. — 新北市：
人人出版股份有限公司, 2024.05
面；公分. —（MM哈日情報誌系列；43）
ISBN 978-986-461-385-4（平裝）

1.CST：旅遊　2.CST：日本北海道

731.7509　　　　　　　113002869

Mapple magazine Sapporo'24
Copyright ©Shobunsha Publications,Inc,2023
All rights reserved. First original Japanese edition
published by Shobunsha Publications, Inc. Japan
Chinese (in traditional characters only) translation
rights arranged with Jen Jen Publishing Co., Ltd
through CREEK & RIVER Co., Ltd.

●版權所有・翻印必究●

開車自駕

最輕鬆最好玩！

幫你輕鬆規劃行程，簡單省時有效率！

體驗休息站美食

1 收錄 20 條以上自駕路線，選擇豐富，資訊超充實！

2 事先掌握國道、行駛距離、時間、休息站等資訊。

3 絕不錯過路上推薦的觀光名勝、風景區、伴手禮店。

4 體驗不同的旅行方式，能盡情深入當地美景。

哈日情報誌・帶您醉心日本　　瞭解更多 ▶ https://www.jjp.com.tw/　　人人出版

嘗鮮好夥伴 定價250元

美食沒有藩籬

最道地的美味都在這裡！

日本旅遊必備！

手帳系列口袋書

▲壽司

壽司指手

給美食家的壽司寶典
坂本一男 監修

吃壽司必攜

走進壽司店之前
魚鮮達人帶您
預習日本時令魚材

常見的壽司 94種

人人出版

▲日本酒

日本酒手帳
Nihonshu Encyclopedia For Gourmet
「唎酒師」認定
SSI 監修

簡單選
暢快酣飲
日本米釀の
薰・熟・爽・醇

手焼肉帳

給美食家的燒肉寶典
東京實籍
出版編集部 編

燒肉店串燒店
菜單全攻略
從此不煩惱 全134種

吃燒肉必攜
您不可不知的
肉知識手冊

人人出版

▲雞尾酒

雞尾酒手帳
Cocktail Encyclopedia For Gourmet
上田和男 監修

上癮
繽紛&夢幻的
雞尾酒世界

人人出版

これをください
お願いします

▲燒肉

手指圖片輕鬆點餐
美食立刻上桌♪

哈日情報誌・帶您醉心日本

★**北海道地區：**北海道Best Plan、函館、北海道自駕遊、知床・道東、札幌
★**東北地區：**東北、青森、仙台、山形、秋田、岩手、東北自駕遊
★**關東、中部地區：**東京、東京觀光、日光、輕井澤、伊豆箱根、富士山、河口湖、北陸金澤、岐阜、伊勢志摩、上高地、富山・立山黑部、新潟・佐渡、關東親子遊
★**關西地區：**京阪神、京都、城崎天橋立、滋賀、關西親子遊、京都一日乘車券
★**山陰山陽、四國地區：**廣島宮島、山陰、岡山倉敷、四國、中國四國自駕遊
★**九州地區：**九州自駕遊、親子遊九州、九州
★**沖繩地區：**沖繩Best spot

MM哈日情報誌43：札幌
ISBN 978-986-461-385-4

定價：新台幣500元
港幣167元

00500
9 789864 613854